U0791897

电控发动机构造与维修

主编：胡波勇

電子工業出版社
Publishing House of Electronics Industry
北京 · BEIJING

内容简介

本书根据汽车专业教学标准及从事汽车相关职业的在岗人员对基础知识、基本技能和基本素质的需求，结合汽车专业人才培养的目的编写，内容主要包括汽油发动机电控系统概述、电控燃油喷射系统的构造与维修、电控点火系统的构造与维修、辅助控制系统的构造与维修、电控发动机综合故障诊断等。

本书讲解清晰简练，直观明了。本书适合作为职业院校汽车专业的教材，也可作为汽车售后服务站专业技术人员的培训教材。

图书在版编目（CIP）数据

电控发动机构造与维修 / 胡波勇主编 . -- 北京 : 电子工业出版社 , 2021.10

ISBN 978-7-121-42271-3

Ⅰ . ①电… Ⅱ . ①胡… Ⅲ . ①汽车 – 电子控制 – 发动机 – 构造②汽车 – 电子控制 – 发动机 – 车辆修理 Ⅳ . ① U472.43

中国版本图书馆 CIP 数据核字（2021）第 220870 号

责任编辑：张 凌

印　　刷：北京捷迅佳彩印刷有限公司

装　　订：北京捷迅佳彩印刷有限公司

出版发行：电子工业出版社

北京市海淀区万寿路 173 信箱 邮编 100036

开　　本：787 × 1 092 1/16 印张：12.75 字数：326.4 千字

版　　次：2021 年 10 月第 1 版

印　　次：2025 年 2 月第 4 次印刷

定　　价：46.00 元

凡所购买电子工业出版社图书有缺损问题，请向购买书店调换。若书店售缺，请与本社发行部联系，联系及邮购电话：（010）88254888，88258888。

质量投诉请发邮件至 zlts@phei.com.cn，盗版侵权举报请发邮件至 dbqq@phei.com.cn。

本书咨询联系方式：（010）88254583，zling@phei.com.cn。

前言 Preface

随着我国科学技术和汽车工业的发展，汽车技术日新月异，特别是大量新技术的应用促使汽车的结构和性能发生了很大变化，新的结构原理和电子控制装置不断出现。它们在大幅度提高汽车综合性能的同时，也使得汽车的故障诊断与维修问题日益突出。为提高职业院校汽车类专业学生及本行业技术人员的维修及故障诊断水平，以及提高汽车维修行业的整体工作效率，特编写本书。

为了适应新形势的发展需要，为汽车服务企业培养可用人才，本书力求贴近企业实际作业情况，融合编者多年教学与实践经验，力图体现学习与工作的完美结合。编者本着突出实践技能、理论知识够用的原则，在内容的编排上突出重点，力求构建具有职业教育特色的精品教材。

“电控发动机构造与维修”在汽车运用与维修专业教学中是一门理论性与实践性都很强的专业核心课程。本书分为 5 个项目共 17 个任务，内容包括汽油发动机电控系统概述、电控燃油喷射系统的构造与维修、电控点火系统的构造与维修、辅助控制系统的构造与维修、电控发动机综合故障诊断。通过学习本课程，学生应具备从事汽车电控发动机检修的技能，并具有一定的分析问题和解决问题的能力。同时，为了打造“互联网 +”新型教材，本书在传统纸质教材的基础上，加入了数字化教学资源，顺应了新形态一体化教材的建设趋势，为使用本书的师生、读者提供更多的便利。

此外，本书在内容阐述上，力求简明扼要、层次清楚、图文并茂；在内容安排上，力求深入浅出、循序渐进；在内容设计上，强调典型性、实用性和可操作性。

由于编者水平有限，书中难免存在不妥与疏漏之处，恳请读者批评指正。

编　者

目录 Contents

项目一

汽油发动机电控系统概述

项目描述

汽车电控技术从含义上讲并不完全等同于汽车电子技术，汽车电子技术早在 20 世纪 60 年代就已经在汽车上广泛应用了，如硅整流发电机、车用晶体管收音机、有触点式晶体管点火装置等。真正意义上的汽车电控技术是伴随着微型计算机在汽车控制技术上的广泛应用而发展起来的，起始于 20 世纪 70 年代，发展于 80 年代，到了 90 年代才得到广泛应用。

任务一
汽油发动机电控技术

任务目标

完成本学习任务后，你应当达到以下目标。

1. 知识目标

（1）了解发动机电控技术的发展过程。

（2）掌握电控技术对发动机性能的影响。

（3）熟悉电控技术在发动机上的应用。

2. 能力目标

（1）能理解电控发动机技术中各系统的作用及原理。

（2）能说出汽油机上采用电控技术的主要部件。

任务引入

发动机作为汽车的动力源，其性能直接影响整车的性能。作为节能与减排手段而发展起来的汽车电子控制技术已经得到了广泛的应用，电子控制技术已经成为车用发动机不可缺少的部分。

相关知识

一、发动机电控技术的发展

发动机电控技术发展的根本原因有两方面：一方面是电子技术水平不断提高，这是汽车电子控制技术发展的基础；另一方面是全球能源紧缺、环境保护和交通安全问题，促使汽车油耗法规、排放法规不断完善。

汽油机电子控制技术是伴随着汽油机燃油供给技术而发展的。为适应降低汽油机燃油消耗和有害物排放量的要求，汽油机燃油供给技术经历了从机械控制汽油喷射到现在的发动机集中管理系统，以及目前正在迅猛发展的缸内直喷技术。

1934 年，德国怀特兄弟发明了向发动机进气管内连续喷射汽油来配制混合气的技术，并研制成功了第一架采用燃油喷射式发动机的军用战斗机。

1952 年，德国 Bosch 公司研制成功了第一台机械控制缸内喷射汽油机，并成功地安装在戴姆勒—奔驰 300L 型赛车上。

1958 年，Bosch 公司研制成功了机械控制进气管喷射汽油机，并成功地安装在梅赛德斯—奔驰 220S 型轿车上。

从 20 世纪 50 年代开始，美国、欧洲和日本先后颁布了对汽车有害排放进行限制的各种法规，70 年代的能源危机催生了对汽车燃油消耗进行限制的法规。这些法规的颁布，推动了以环保和节能为主要目标的电子控制汽油喷射技术的发展，也加快了汽车电子控制技术的发展进程。

1953 年美国本迪克斯公司开始研制由真空管电子控制系统控制的汽油喷射装置，并在 1957 年研制成功。该系统根据进气压力，由设在各个节气门前的喷油器与进气行程同步喷油，遗憾的是该专利技术并未被推广应用。

1967 年，德国 Bosch 公司根据美国本迪克斯公司的专利技术，开始批量生产利用进气歧管绝对压力信号和模拟式计算机来控制发动机空燃比的 D 型燃油喷射系统（D 型燃油喷射系统用电子电路控制喷油器阀门的开启时刻与开启时间），装备在德国大众汽车公司生产的 VW-1600 型和奔驰 280SE 型轿车上，率先达到了当时美国加利福尼亚州的排放法规要求，开创了汽油发动机电子控制燃油喷射技术的新时代。

1973 年，德国 Bosch 公司在 D 型燃油喷射系统的基础上进行改进，推出了 L 型燃油喷射系统。L 型喷射系统利用翼片式空气流量传感器直接测量进气管内进入发动机的空气的体积流量，与利用进气歧管绝对压力来间接测量进气量的 D 型喷射系统相比，检测精度和控制精度大大提高。

在电控汽油喷射系统开发和不断完善的过程中，汽油机电控点火系统的研究开发也取得了重大进展。1973—1974 年，美国通用汽车公司生产的汽车装上了集成电路（IC）点火控制器，次年高能点火装置 HIC 点火控制器投入实际应用。

1976 年，美国克莱斯勒汽车公司研制成功微机控制点火系统，取名为“电子式稀混合气燃烧系统”（ELBS）。该系统由模拟计算机对点火进行控制，根据大气压力、进气温度、发动机冷却液温度、发动机负荷与转速等信号计算出最佳点火时刻，控制 200 多个参数，对实际点火提前角进行最佳控制。

1977 年，美国通用汽车公司研制成功了数字式点火控制系统。该系统由中央处理器（CPU）、存储器（RAM 和 ROM）和模 / 数（A/D）转换器等组成，是一种真正的计算机控制系统。1978 年，美国通用汽车公司研制成功了同时具有点火时刻控制、空燃比反馈控制、废气再循环控制、怠速转速控制、故障自诊断和带故障运行控制功能的电子控制系统。

1979 年，德国 Bosch 公司在 L–Jetronic 系统的基础上，将电控点火系统和电控燃油喷射系统组合在一起，采用数字计算机进行控制，开发出了 M–Motronic 系统，即发动机集中管理系统。

1979 年，日本日产（Nissan）汽车公司研制成功了集点火时刻控制、空燃比控制、废气再循环控制和怠速转速控制于一体的发动机集中控制系统（ECCS），该系统具有自诊断功能，装备在公子（Cedric）牌和光荣（Gloria）牌轿车上。

1980 年，日本丰田（TOYOTA）公司开发出了具有汽油喷射控制、点火控制、怠速转速和故障自诊断功能的丰田计算机控制系统（TCCS）。同年，三菱（MITSUBISHI）汽车公司研制成功了采用卡尔曼涡流式空气流星传感器的电子控制燃油喷射系统。

1981 年，Bosch 公司在 L–Jetronic 系统的基础上，开发出了 LH–Jetronic 系统，该系统采用新颖的热线式空气流量传感器，能直接测出进入发动机的空气的质量和流量。1987—1989 年，Bosch 公司又相继开发出了用于中小型乘用车的电控单点汽油喷射系统，即 Mono–Jetronic 系统和 Mono–Motronic 系统。

20 世纪 90 年代，为了满足更加严格的排放指标和根据“京都议定书”确定的分阶段降低汽车 CO 排放量的要求，世界各主要汽车公司除了逐步增加发动机集中管理系统的控制功能，以满足当时排放法规的要求外，还加大了能满足未来法规要求的其他技术的开发力度，尤其是缸内直喷技术。

1995 年，日本三菱汽车公司推出了电控缸内直喷汽油机（即 GDI 系统），采用汽油缸内直喷技术，可以实现汽油机的分层稀薄燃烧。然而，由于当时技术并不成熟，导致该系统的低速 NO_X 排量相当惊人，其随即被许多注重环保的国家拒于门外。2001 年，Volkswagen/Audi 集团研制出独有的 FSI 缸内直喷系统。另外，还有凯迪拉克的 SIDI 双模直喷发动机、奔驰的 CGI 直喷发动机、马自达的 DISI 直喷系统等。在此期间，Bosch 公司也开发成功了具有节气门控制功能的 ME–Motronic 系统和采用缸内直喷技术的 MED–Motronic 系统。

我国在轿车汽油机电子控制技术应用方面起步较晚，1994 年上海大众推出采用 D–Jetronic 电控汽油喷射系统的桑塔纳 2000 型轿车。2000 年，我国政府规定：5 人座以下的化油器式发动机汽车自 2001 年 1 月 1 日起停止生产。

目前，汽车电控燃油喷射发动机的应用越来越广泛。

二、电控技术对发动机性能的影响

汽车发动机的运行工况是多变的，电控技术的应用对汽车发动机的综合性能进行了全面的优化处理，从而提高了发动机整体性能。

1. 提高发动机的动力性

在汽油发动机上，电控燃油喷射取代了传统的化油器，减小了进气系统中的进气阻力，部分发动机上还采用了进气控制系统等，提高了充气效率，而且电控系统可保证进入发动机汽缸的空气得到充分利用，从而提高发动机的动力性。

2. 提高发动机的燃油经济性

在各种运行工况和运行环境下，电控系统均能精确控制发动机工作所需的混合气浓度，使燃烧更完全、燃油利用更充分，从而提高发动机的燃油经济性。

3. 降低发动机的排放污染

电控系统对发动机进行各种运行工况和运行环境下的优化控制，提高了燃烧质量，同时各种排放控制系统在汽车上的应用，都使发动机的排放污染大大降低。

4. 改善发动机的加速和减速性能

在加速或减速运行的过渡工况下，电子控制单元的高速处理功能，使控制系统能够迅速响应，使汽车加速或减速反应更迅速。

5. 改善发动机的启动性能

在发动机启动和暖机过程中，控制系统能根据发动机温度变化，对进气量和供油量进行精确控制，从而保证发动机顺利启动和平稳经过暖机过程，可明显改善发动机的低温启动性能和热机运转性能。

此外，由于自我诊断和报警系统的广泛应用，使得电控发动机系统的故障发生率大大降低，提高了电控系统的可靠性，具有良好的社会效益和经济效益。

三、电控技术在发动机上的应用

汽车发动机有两大类：汽油机和柴油机。下面分别讲解电子控制技术在这两类发动机上的应用情况。

1. 汽油机上的电控技术

汽油机上采用电控技术的主要内容是电控汽油喷射（EFI）系统、点火控制、怠速转速控制及燃油泵控制。有的发动机还可进行可变节气门的正时控制或采用可变进气系统，以及采用能减轻变速冲击的自动变速器。

汽油机用 EFI 技术是一种高级的发动机电子管理系统。它经历了由模拟控制到数字控制、由晶体管集成电路控制到微机控制的发展过程。

EFI 的基本原理是：利用各种传感器采集各种信号（如发动机负荷、转速、进气温度等），送给电控单元进行处理，然后由控制执行元件根据发动机各种工况的实际需要来控制喷油量。为了保证发动机在各种工况下最佳运行，还设有温度传感器、节气门位置传感器等装置，它们对主要供油量进行修正，同时保证启动、怠速、暖机等各种工况对混合气的特殊要求。

电控汽油喷射系统一般由燃油供给系统、空气供给系统与电控单元三部分组成。

1）燃油供给系统

燃油从燃油箱→电动汽油泵→燃油滤清器→燃油分配管→压力调节阀，使其保持压力恒定。过量的燃油通过压力调节阀返回到油箱。调节后的燃油通过分配管到各喷油器，受电控单元的指令控制，燃油喷至进气门的上方，当进气门打开时，才将燃油与空气同时吸入汽缸中。

2）空气供给系统

空气经空气滤清器后流经空气流量传感器，经过计算后，气流沿着节气门通道进入进气歧管，再到各个汽缸中。

3）电控单元

电控单元的主要功能是控制喷油器的喷油量。燃油混合气中的空气量是由节气门开度来确定的。各信号输入电控单元后，经过综合判断与计算，由控制单元确定喷油器的开启时间，然后将指令送给喷油器，从而产生喷油动作。

2. 柴油机上的电控技术

柴油机采用电控系统控制可以实现柴油机的最优控制，响应速度快、控制精度高，从而可以改善柴油机的动力性能、经济性能和降低排放。

在柴油机的电控技术发展过程中，燃油喷射是其主要内容，而电控单元（ECU）又是高速柴油机电控系统的核心部分，ECU 主要由硬件和软件两大部分构成，它完成发动机各种参数的采集和喷油量、喷油定时的控制，决定整个电控系统的功能。

对于喷油量的控制，其原理是根据发动机的转速和油门踏板位置两个信号在发动机的喷油量脉谱图上得出理论喷油量，通过大气压力、燃油温度和冷却温度进行修正，将修正后的曲线与反馈的油门位置信号进行比较，通过控制器进行调节，从而实现控制。

柴油机电控燃油喷射系统种类繁多，按照喷射系统的工作原理及控制方式，总体上可分为三个发展阶段。

1）第一阶段

20 世纪 70 年代开发的最基本的机械式供油和喷射系统，用以计算机为核心的位置伺服控制系统取代机械调速器和提前器，实现供油量和喷油定时的调节，所以它又称为位置控制式电控燃油喷射系统。

2）第二阶段

20 世纪 80 年代开发的电控燃油喷射系统，维持传统脉动式柱塞泵供油，但油量和定时的调节则由计算机控制的强力快速响应电磁阀的开闭时刻来决定，因此它又称为时间控制式电控燃油喷射系统。

3）第三阶段

第三阶段采用压力 / 时间计量原理，对应的系统称为压力控制式电控燃油喷射系统。油泵并不直接产生高压，而是向公共油道供油以维持所需的共轨压力，通过连续调节共轨压力使增压活塞增压后达到喷射高压，因此这种系统又称为共轨式电控燃油喷射系统。

综上所述，对于整个汽车发动机而言，其电子控制项目有燃油喷射控制、电子点火控制、怠速控制等。

四、发动机电控技术中各系统的原理与作用

1. 电控燃油喷射系统

发动机发展到今天，其电控技术也得到了一定程度的改进。发动机的转速及发动机工作时的温度、进气温度、空气流量等参数都是电控燃油喷射系统的重要参数。其结合实际，从根本上对发动机的电控技术进行了一定的改进，提高了发动机的性能。并且其技术较为先进，大幅降低了汽油机的油耗。

2. 电子点火控制系统

电子点火控制系统是由执行元件、传感器、传感器的接口及微处理器等组成的。其原理与电控燃油喷射系统有很大的差异，经过运算、判断，由传感器测得的参数对点火时刻进行调节，进而在具体的时间内对最佳点火提前角进行确定，让发动机在此时间内运行、工作，将发动机的作用发挥到最大，且对其排放与油耗也有一定程度的降低。

3. 怠速控制系统

怠速性能的好坏，直接决定了油耗的多少、排污严重与否。因此， 在经济现代化、科技现代化的今天，应该注重怠速控制。其原理是从传感器出发，比较发动机的实际转速与目标转速，通过运算得出具体的差值来明确转速的控制量，再进行空气量的控制，从根本上对怠速转速进行控制，让怠速转速在控制的范围内趋于稳定。

4. 排气再循环系统

废气的排放是汽车对环境造成危害的一个重要因素，汽车排气系统是否合理，在很大程度上决定了汽车运行时所造成的污染，要想让汽车更为环保，就必须从其排气抓起。而废气中的氮氧化物是废气的主要组成物质，要想让排气系统更为有效地对废气进行控制，就必须降低废气中氮氧化物。在汽车上安装排气再循环系统，是降低氮氧化物最有效的途径之一。

5. 增压电控系统

发动机进气效率是影响发动机运行的一个重要因素，提高进气效率，能够让发动机更好的满足市场的要求，让企业的发展空间更为开阔。而电控技术中的增压电控系统，则是一个能有效地提高进气效率的系统。然而，增压技术带来了一个不可忽视的负面影响，就是燃烧爆震的概率增加了。为此，专门用爆震传感器对点火系统进行反馈控制，即爆震控制。

6. 故障自诊断系统

现代轿车的电控系统中有些故障诊断系统可以自行检测，并且可诊断发动机控制系统各部分的故障。仪表板上的故障指示灯闪烁报警时，证明各控制系统出现故障，可以通过手册查出故障原因，也可以通过检测仪器以数字形式显示故障代码。

7. 故障保护系统

当 ECU 中的故障保护系统自动启动时，则证明自诊断系统检测传感器及其电路发生故障，因此用程序中固定的数据代替故障部分输入的非正常信号进行直接控制。当主要传感器或微机出现故障时，ECU 就会自行将主控权由微机切换到故障备用系统，以保证轿车缓慢行驶到维修厂维修。

8. 进气涡流电控系统

一些轿车采用了进气涡流电控技术。这种技术主要是通过在进气口附近增设涡流控制阀，再通过 ECU 采集转速、冷却水温等信号，控制节气门开度和旋转角度，引导气流，产生涡流，再调节涡流比，对涡流实现控制，促进汽油蒸发及其与空气的混合，使燃烧效率得到有效的提高。

任务练习

一、填空题

1. 汽油机上采用电控技术的主要内容是________、________、________及________等。

2. 电控单元主要由__________和__________两大部分构成。

3. 电控汽油喷射系统一般由_________、_________与_________三部分组成。

二、问答题

1. 发动机电控系统中的自诊断系统有何作用？

2. 电控技术对发动机性能有何影响？

任务二
汽油发动机电控系统的基本组成

任务目标

完成本学习任务后，你应当达到以下目标。

1. 知识目标

（1）了解电控系统的控制类型。

（2）掌握发动机电控系统的基本组成。

（3）熟悉传感器、执行元件、控制单元的组成及作用。

2. 能力目标

（1）能够理解传感器的类型及作用。

（2）能够理解电子控制单元的基本功能 。

任务引入

汽车电控系统是汽车电子控制系统的简称，是指由传感器、电控单元和执行元件组成，能够提高整车性能的机电一体化控制系统。其主要功能是提高汽车的整体性能，包括动力性、经济性、排放性、安全性、舒适性、操纵性等。

相关知识

一、电控系统的组成

电子控制系统（简称电控系统）是指采用计算机等电子设备作为控制装置的自动控制系统。任何一种电子控制系统，其基本组成都可分为信号输入装置、电子控制单元（ECU）和执行元件三大部分，如图 1-1 所示。

图 1-1　电控系统的基本组成

电子控制系统中的信号输入装置是各种传感器。传感器的功用是采集控制系统所需的信息，并将其转换成电信号通过线路输送给 ECU。

电子控制单元是一种综合控制电子装置，其功用是给各传感器提供参考电压，接收传感器或其他装置输入的电信号，并对所接收的信号进行存储、计算和分析处理，根据计算和分析的结果向执行元件发出指令。

执行元件是受 ECU 控制，具体执行某项控制功能的装置。

二、电控系统的类型

电子控制系统有两种基本类型：开环控制系统和闭环控制系统。

1. 开环控制系统

开环控制系统的控制方式比较简单，系统只根据输入量和干扰量进行控制，而输出端和输入端之间不存在反馈回路，输出量对系统的控制不产生任何影响，其基本结构如图 1-2 所示。

图 1-2　开环控制系统的基本结构

2. 闭环控制系统

如果系统的输出端和输入端之间存在反馈回路，输出量对控制过程产生直接影响，则这种系统称为闭环控制系统，其基本结构如图 1-3 所示。

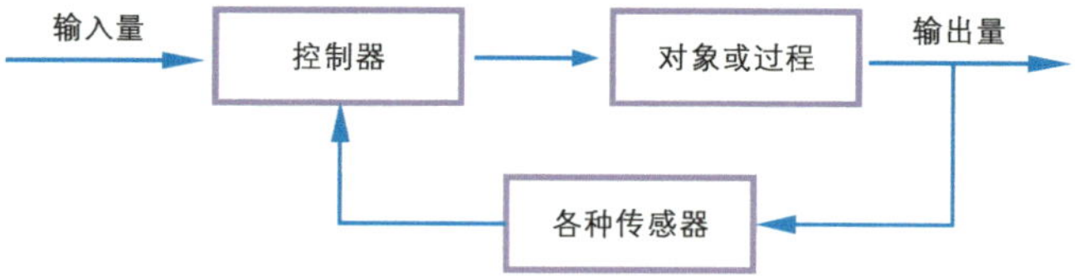

图 1-3　闭环控制系统的基本结构

3. 开环控制系统和闭环控制系统的特点

开环控制系统不能检测误差，也不能校正误差，控制精度和抑制干扰的性能都比较差，而且对系统参数的变动很敏感，一般仅用于可以不考虑外界影响，或惯性小、精度要求不高的一些场合。闭环控制系统不管出于什么原因（外部扰动或系统内部变化），只要被控制量偏离规定值，就会产生相应的控制作用来消除偏差。

开环控制系统没有检测设备，组成简单，但选用元器件时要求严格。闭环控制系统具有抑制干扰的能力，对元件特性变化不敏感，并能改善系统的响应特性。

开环控制系统的稳定性比较高。闭环控制系统中反馈回路的引进增加了系统的复杂性。

三、传感器的类型及作用

传感器是一种信号转换装置，安装在发动机的各个部位，其作用是检测发动机运行状态的各种电量参数、物理量和化学量等，并将这些参量转换成计算机能够识别的电信号输入电控单元。

电控发动机传感器主要包括空气流量计、进气歧管压力传感器、曲轴位置传感器、凸轮轴位置传感器、节气门位置传感器等，具体见表 1-1。

表 1-1　电控发动机主要传感器

传感器	分类	一般安装位置	作用
空气流量计（AFS）	翼片式、热线式、热膜式、卡门旋涡式、量芯式	进气管上	检测进入发动机的空气量信号并输入电控单元。空气量信号是确定基本燃油喷射量的基本信号
进气歧管压力传感器（MAP）	压敏电阻式、电容式、膜盒式、表面弹性波式	进气歧管上	根据发动机的负荷大小测出进气歧管内的绝对压力，并转换成电信号一起送入 ECU，作为决定基本喷油量的依据
曲轴位置传感器（CPS）	磁感应式、光电式、霍尔式	分电器或曲轴前端皮带轮之后	检测发动机曲轴转角和转速信号，这是发动机燃油喷射控制和点火控制的基本信号
凸轮轴位置传感器（CIS）	磁感应式、光电式、霍尔式	分电器或曲轴前端皮带轮之后	检测活塞上止点位置，判断哪个缸将做功。有些分电器车型里面并不需要凸轮轴位置传感器信号。在相当一部分汽车上，曲轴位置传感器和凸轮轴位置传感器是做成一体的，统称曲轴位置传感器

（续表）

传感器	分类	一般安装位置	作用
节气门位置传感器（TP）	磁感应式、光电式、霍尔式	节气门体上	其功用是检测节气门开度和加、减速信号，如节气门全开、全闭和部分开启等，通过微机对节气门开度信号进行处理，即可得到加、减速信号，用于燃油喷射控制及其他辅助控制（如 EGR、开闭环控制等）
进气温度传感器（IAT）	磁感应式、光电式、霍尔式	进气管上	其作用是检测供给发动机的空气温度信号，作为计算空气量的修正信号。一般用于 D 型电控系统中
冷却液温度传感器（CTS）	负温度系数热敏电阻式	冷却水道上	亦称“水温传感器”。其作用是检测发动机冷却液温度信号，用于启动控制、空调控制、风扇控制等
氧传感器（O2S）	氧化钛式、氧化锆式	排气管上	通过检测废气中氧离子的含量得到空燃比信号，ECU 根据氧传感器的反馈信号对喷油量进行修正，控制混合气的成分
爆燃传感器（DS）	共振型、非共振型、垫圈型	发动机缸体上（垫圈型一般装于火花塞垫圈与汽缸盖之间）	检测发动机有无爆燃信号，是用于点火提前角的反馈信号

由于电子技术在汽车上的应用越来越广泛，集成控制、智能控制成为未来汽车的发展趋势。车用传感器将变得越来越重要，种类也会越来越多。

四、执行元件的类型及作用

执行器又称为执行元件，是控制系统的执行机构，其功用是接收电控单元的控制指令，完成具体的控制动作。发动机电子控制系统中常见的执行元件如下。

1. 电动燃油泵

电动燃油泵供给燃油喷射系统规定压力的燃油。

2. 喷油器

根据 ECU 的喷油脉冲信号，精确计量燃油喷射量。

3. 冷启动喷油器及热限时开关

它根据 ECU 的喷油脉冲信号和发动机冷却液温度信号，控制发动机启动时的喷油量和喷油持续时间。

4. 怠速控制阀 ISC 或 ISCV

怠速控制阀 ISC 或 ISCV 控制发动机的怠速转速。控制内容包括两个方面，一方面是在发动机正常怠速运转时稳定怠速转速，达到防止发动机熄火和降低燃油消耗的目的；另一方面是在发动机怠速运转状态下，当发动机负载增加（如接通空调器、动力转向器或液力变矩器等）时，自动提高怠速转速（即快怠速），防止发动机熄火。

5. 活性炭罐电磁阀（VSV）

活性炭罐电磁阀根据电控单元的控制指令信号，回收发动机内部的燃油蒸气，以便减少排气污染。

6.EGR 电磁阀

根据电控单元的控制指令信号，接通真空与 EGR 电磁阀，使得部分废气被吸入进气歧管，进入汽缸燃烧，以便降低发动机功率、降低发动机温度，有效控制废气中 NO_X 含量，改善尾气排放，同时有助于防止爆燃的发生。

五、电子控制单元的基本功能

电子控制单元简称电控单元（ECU 或 ECM），是发动机控制系统的核心部件（见图 1-4 所示为丰田 5A-FE 型发动机 ECU）。其功用是根据各种传感器和控制开关输入的信号参数，对喷油量、喷油时刻和点火时刻等进行实时控制。

电控单元主要由以下几个部分组成。

1. 中央处理器

中央处理器是汽车电子控制单元的核心，是具有译码指令和数据处理能力的电子部件。它对各种反映汽车工况的输入信号进行数学运算和逻辑判定，确定在此工况下汽车运行的最佳控制参数。

2. 存储器

存储器分为只读存储器（ROM）和随机存储器（RAM）两种。只读存储器一旦写入程序则不能再更改，因此，在汽车电控系统，用来存储汽车厂家编制的控制程序、运行程序和原始数据（如喷射系统最佳混合气的喷油三维脉谱图数据、最佳点火提前角三维脉谱图数据等）。随机存储器因内部信息可随时写入或读出，也可随时改写，同时会因突然断电而导致信息丢失，因此，只用来存储单片机工作时暂时需要存储的数据（如故障代码、空燃比修正数据等）。

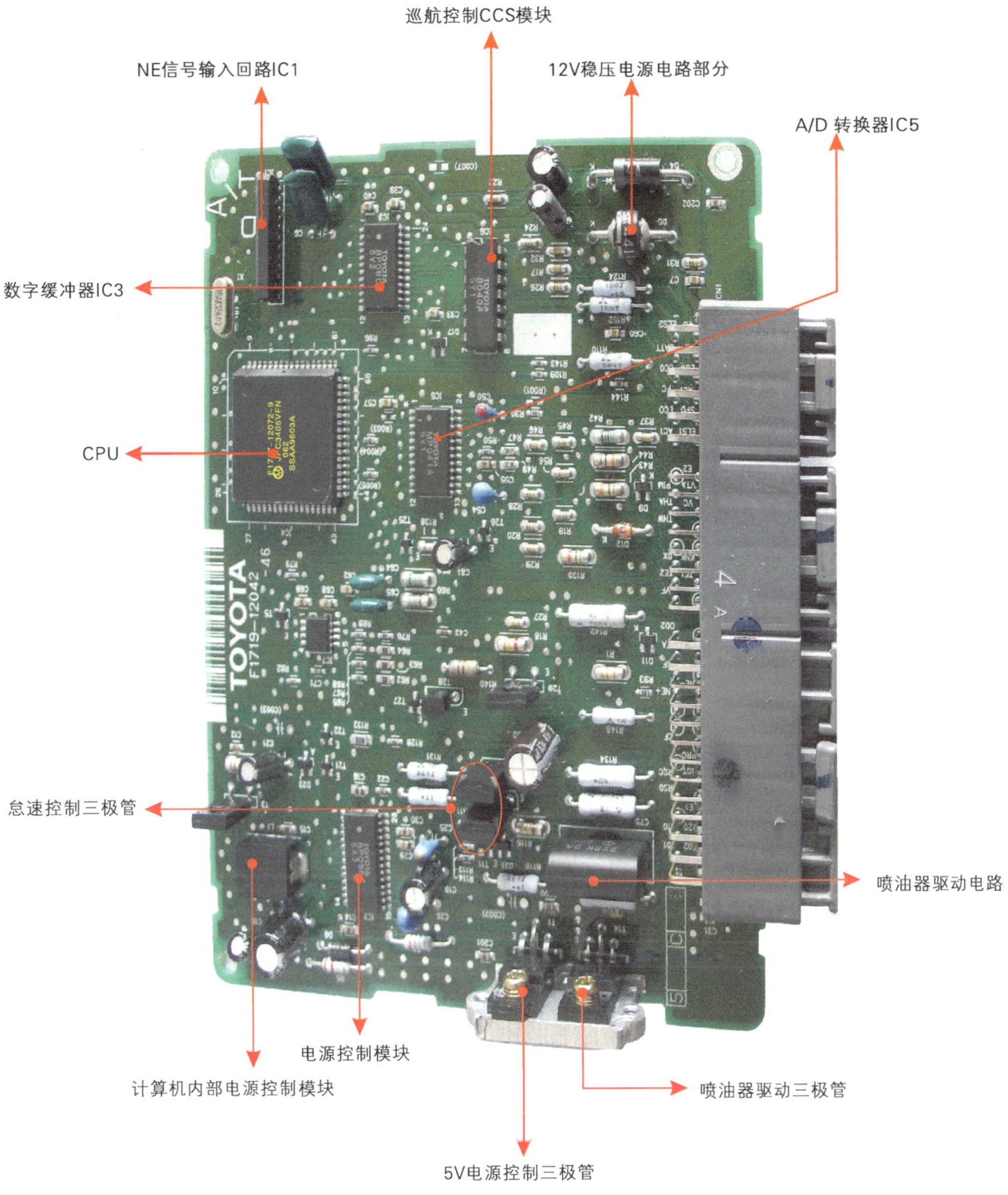

图 1-4　丰田 5A-FE 型发动机 ECU(一汽威驰)

3.I/O 接口

I/O 接口是 CPU 与传感器或执行元件之间进行数据交换和下达控制指令的通道。其作用是协调和控制各种传感器或执行元件的信号速度、频率等并与 CPU 匹配。

4. 总线

总线是微机内部传递信息的电路连线。在单片机内部，CPU、ROM、RAM 与 I/O 接口的信息交换都是通过总线来实现的。按传递信息的不同，可分为数据总线、地址总线、控制总线三种。

5. 驱动回路

由于微机只能输出微弱的电信号，不能直接驱动各种执行元件，因此须进行放大、译码等步骤。驱动回路作为单片机与执行元件之间的中继站，其作用是根据微机发出的指令控制执行元件动作，主要包括喷油驱动器、点火控制器、怠速电机驱动模块等。

任务练习

一、填空题

1. 在电控系统中执行元件受__________控制。

2. 传感器的功用是采集控制系统所需的信息，并将其转换成______________通过线路输送给_________________________。

3. 电子控制系统有___________、___________两种。

二、问答题

1. 开环控制和闭环控制有何特点？

2. 电子控制单元是根据什么信息实现精准控制的？

项目二

电控燃油喷射系统的构造与维修

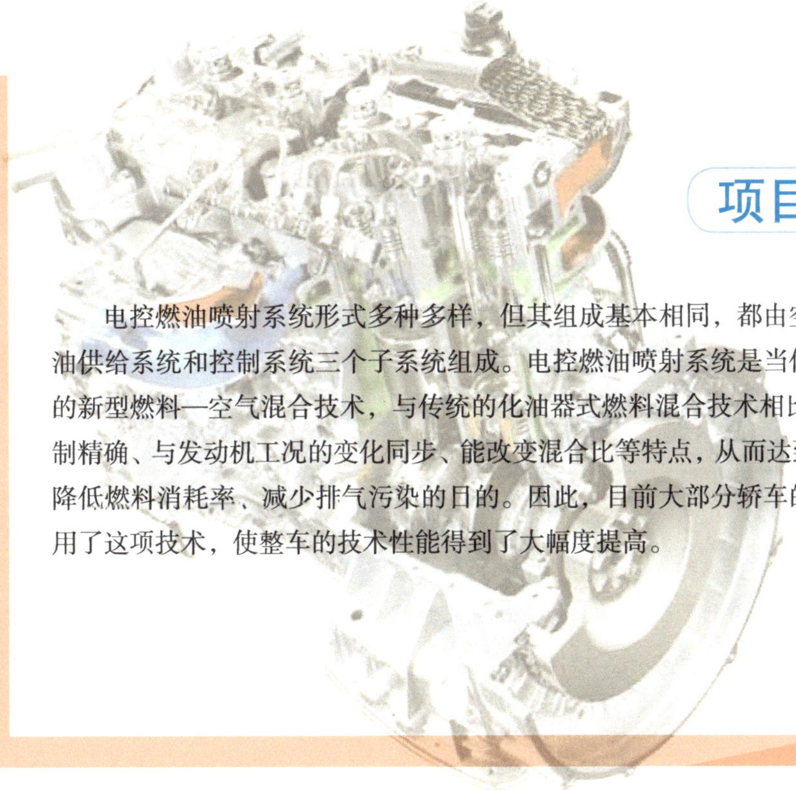

项目描述

电控燃油喷射系统形式多种多样，但其组成基本相同，都由空气供给系统、燃油供给系统和控制系统三个子系统组成。电控燃油喷射系统是当代汽油发动机采用的新型燃料—空气混合技术，与传统的化油器式燃料混合技术相比，具有混合比控制精确、与发动机工况的变化同步、能改变混合比等特点，从而达到了提高动力性、降低燃料消耗率、减少排气污染的目的。因此，目前大部分轿车的汽油发动机都采用了这项技术，使整车的技术性能得到了大幅度提高。

任务一　电控燃油喷射系统概述

任务目标

完成本学习任务后，你应当达到以下目标。

1. 知识目标

（1）了解电控燃油喷射系统的发展历程。

（2）掌握电控燃油喷射系统的类型。

（3）熟悉电控燃油喷射系统的功能。

2. 能力目标

（1）能够理解电控燃油喷射系统的特点。

（2）能够说明电控燃油喷射系统的功能及实现方法。

任务引入

电控燃油喷射系统（简称 EFI 系统）对发动机混合气的配制与化油器不一样，它以直接或间接测出的空气量信号为基础，计算出发动机燃烧必需的汽油量，通过喷油器的开启给发动机提供适量的燃油，精确控制空燃比。

相关知识

一、电控燃油喷射系统的发展历程

1934 年，德国研制成功第一架装用汽油喷射发动机的军用战斗机。第二次世界大战后期，美国开始采用机械式喷射泵向汽缸内直接喷射汽油的供油方式。

1952 年，曾用于二战德军飞机的机械式汽油喷射技术被应用于轿车，德国戴姆勒—奔驰 300L 型赛车装用了德国 Bosch 公司生产的第一台机械式汽油喷射装置。

1957 年，美国 Bendix 公司的电子控制汽油喷射系统问世，并首次装于克莱斯勒豪华型轿车和赛车上。

1967 年，德国 Bosch 公司研制成功 K–Jetronic 机械式汽油喷射系统，并成功开发出增加了电子控制系统的 KE–Jetronic 机电结合式汽油喷射系统，使该技术得到了进一步的发展。

1967 年，德国 Bosch 公司率先开发出一套 D–Jetronic 全电子汽油喷射系统并应用于汽车上，于 20 世纪 70 年代首次批量生产，在当时率先达到了美国加利福尼亚州废气排放法规的要求，开创了电子控制汽油喷射系统的新时代。

1973 年，在 D 型汽油喷射系统的基础上，Bosch 公司开发了质量流量控制的 L 型电控汽油喷射系统。之后，L 型电控汽油喷射系统又进一步发展成为 LH–Jetronic 系统，后者既可精确测量进气质量，补偿大气压力，又可降低温度变化带来的影响，而且进气阻力进一步减小，使响应速度更快，性能更加卓越。

1979 年，德国 Bosch 公司开始生产集电子点火和电控汽油喷射于一体的 Motronic 数字式发动机综合控制系统，它能对空燃比、点火时刻、怠速转速和废气再循环等方面进行综合控制。

1980 年，美国通用公司首先研制成功一种结构简单、价格低廉的节流阀体喷射（TBI）系统，它开创了数字式计算机发动机控制的新时代。TBI 系统是一种低压燃油喷射系统，它控制精确，结构简单，是一种成本低且效益较好的供油装置。

1983 年，德国 Bosch 公司也推出了自己的单点汽油喷射系统，即 Mono–Jetronic 系统。

随着排放法规的不断完善，EFI 系统因具有更优越的性能而成为现代车用汽油燃料供给系统的主流。

二、电控燃油喷射系统的特点

随着科技越来越发达，轿车和轻型载重汽车开始采用电子控制燃油喷射系统代替传统的化油器。在应用较广的多点燃油喷射系统中，每个汽缸有一个喷油器，汽油直接喷入进气管与空气混合后进入各缸燃烧室。

电控燃油喷射式发动机与传统化油器式发动机相比，突出的优点是能精确控制混合气的质量，保证汽缸内的燃料燃烧完全，使废气排放降低，燃油消耗量减少，同时提高发动机充气效率，增大发动机的功率和转矩。电控燃油喷射装置的缺点是成本比化油器高，故障率虽然低，但一旦坏了就难以修复。

三、电控燃油喷射系统的类型

电控燃油喷射（EFI）系统以电控单元（ECU）为控制中心，并利用安装在发动机上的各种传感器测出发动机的各种运行参数，再按照计算机中预存的控制程序精确地控制喷油器的喷油量，使发动机在各种工况下都能获得具有最佳空燃比的可燃混合气。目前，各类汽车上所采用的电控燃油喷射系统在结构上往往有较大的差别，在控制原理及工作过程方面也各具特点。

1. 按喷油器的数量不同分类

按喷油器的数量可分为单点喷射系统（SPI）和多点喷射系统（MPI），如图 2-1 所示。

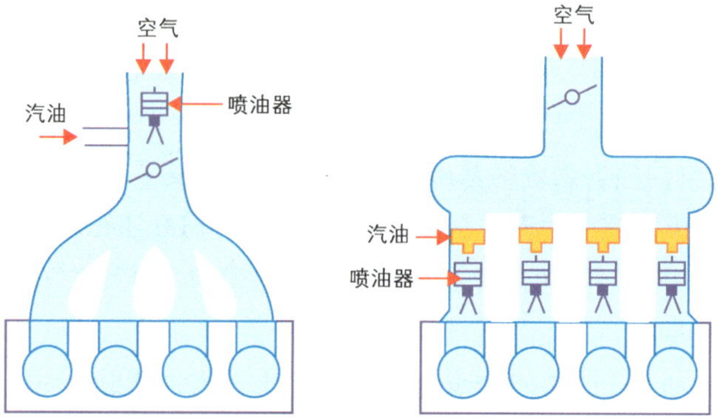

（a）单点喷射系统　（b）多点喷射系统

图 2-1　按喷油器的数量不同分类

1）多点喷射系统

每个汽缸进气门处设一个喷油器，由电子控制单元控制喷油，因此多点喷射又称为多气门喷射。多点喷射可保证各缸混合气的均匀性和空燃比的一致性。

2）单点喷射系统

在节气门上方装一个中央喷射装置，用 1 或 2 个喷油器将燃油喷射在节气门的前方，燃油喷入后随空气流入进气歧管内，再进入汽缸。单点喷射又称为节气门体喷射（TBI）或中央喷射（CFI）。其结构简单，工作可靠，对发动机本身改动量小，成本低，安装性好。

2. 按对空气量的计量方式不同分类

电控燃油喷射系统必须对进入汽缸的空气量进行精确的计算，才能通过对喷油量的控制，实现混合气浓度的高精度控制。按对进气量的计量方式不同，电控燃油喷射系统可分为 D 型和 L 型。

1）D 型电控燃油喷射系统

D 型电控燃油喷射系统利用绝对压力传感器检测进气管内的绝对压力，计算机根据进气管内的绝对压力和发动机转速推算出发动机的进气量，再根据进气量和发动机转速确定基本喷油量。D 型电控燃油喷射系统的基本工作原理如图 2–2 所示。

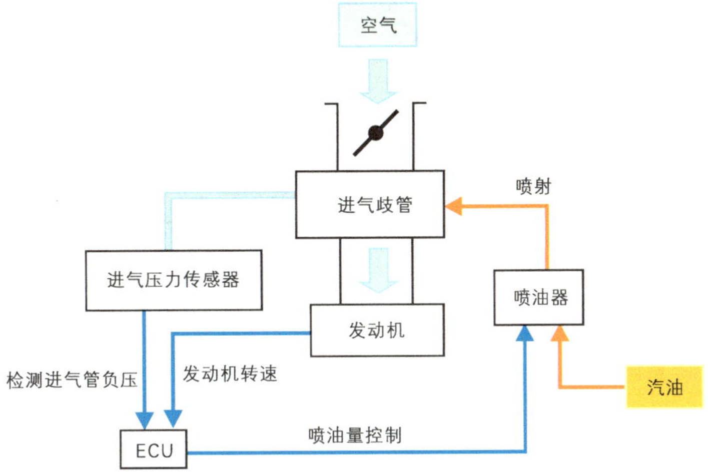

图 2–2 D 型电控燃油喷射系统的基本工作原理

2）L 型电控燃油喷射系统

L 型电控燃油喷射系统利用空气流量计直接测量发动机的进气量，计算机不必进行推算，即可根据空气流量计信号计算与该空气量相应的喷油量。其测量的准确程度高于 D 型，故对混合气浓度的控制更精确。L 型电控燃油喷射系统的基本工作原理如图 2–3 所示。

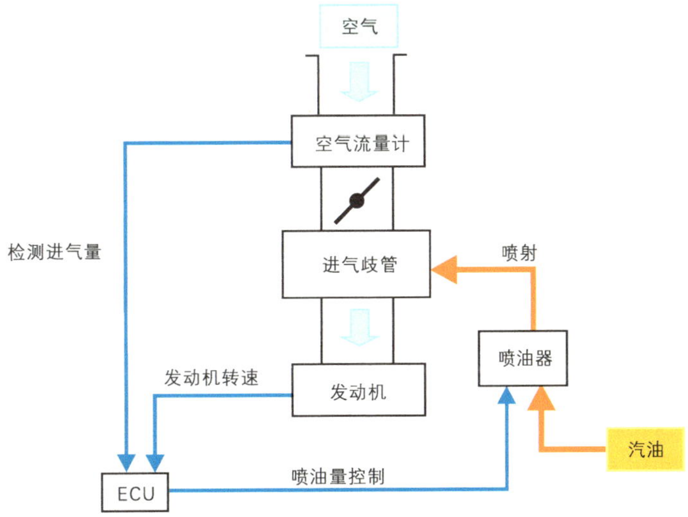

图 2–3 L 型电控燃油喷射系统的基本工作原理

3. 按喷射位置不同分类

按燃油喷射部位的不同，电控燃油喷射系统可分为缸内喷射系统和缸外喷射系统两种类型，如图 2-4 所示。

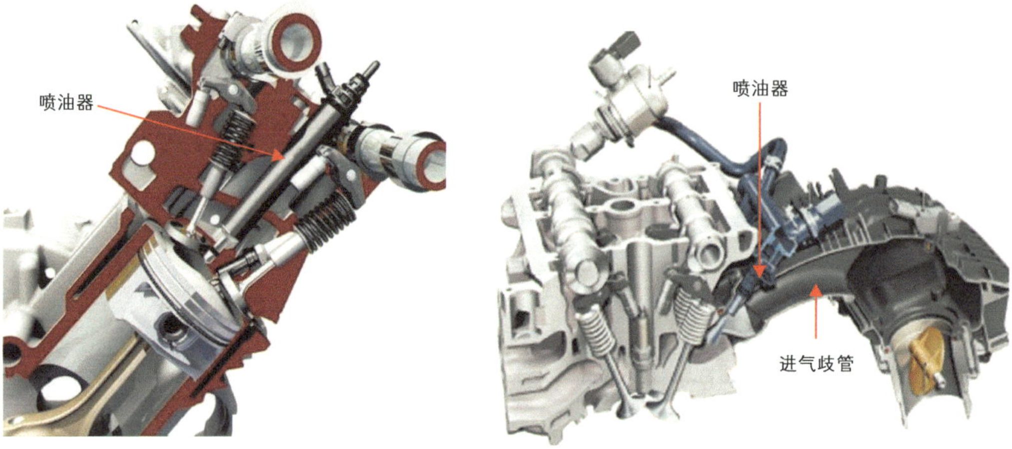

（a）缸内喷射系统　　（b）缸外喷射系统

图 2-4　按燃油喷射位置不同分类

1）缸内喷射系统

缸内喷射是将喷油器安装在汽缸盖上，把燃油直接喷入汽缸，配合缸内的气体流动形成可燃混合气，容易实现分层燃烧和稀混合气燃烧，可进一步提高汽油发动机的经济性和排放性。由于汽油黏度低而喷射压力高，且缸内工作条件恶劣（高温、高压），因此对喷油器的技术条件和加工精度要求较高，目前在四冲程发动机上应用较少。但缸内喷射是发动机燃油喷射技术的发展方向，未来将逐步取代传统的进气道喷射系统。

2）缸外喷射系统

喷油器安装在进气歧管或进气门前，按照一定的规律适时将汽油喷入进气管。这种喷油器的工作条件没有缸内喷射用的喷油器苛刻，制造难度及成本较低，目前汽车上应用的电控燃油喷射系统多采用这种方式。

4. 按燃油喷射时间不同分类

按燃油喷射时间的不同，电控燃油喷射系统可分为连续喷射和间歇喷射两种。

1）连续喷射

连续喷射是指在发动机运转期间汽油被连续不断地喷射，喷油量的大小取决于燃油系统压力的高低。只要燃油压力足够，汽油就会连续不断地被喷射在进气道内，电控燃油喷射一般不采用此种喷射方式。

2）间歇喷射

间歇喷射又称为脉冲喷射，是指在发动机运转期间汽油被间断地喷射。目前广泛采用间歇喷射方式的多点电控燃油喷射系统，该系统中各缸喷油器的喷射顺序可分为同时喷射、顺序喷射和分组喷射，如图 2–5 所示。

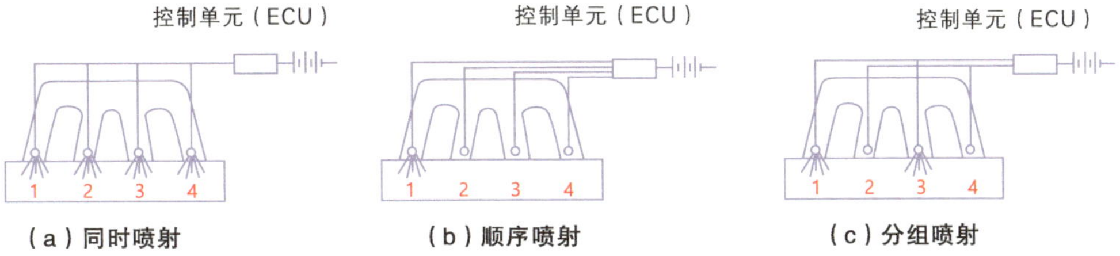

图 2–5　喷油器喷射顺序

（1）同时喷射。

同时喷射是将各缸的喷油器并联，在发动机运转期间，所有喷油器由计算机的同一个喷油指令控制，同时喷油、同时断油。采用此种喷射方式，对各缸而言，喷油时刻不可能都是最佳的，其性能较差，一般用在部分缸数较少的汽油发动机上。

采用同时喷射方式的电控燃油喷射系统，一般都是曲轴每转一圈，各缸同时喷油一次。对每个汽缸来说，每一次燃烧所需的供油量需要喷射两次，即曲轴每转一圈喷射 1/2 的油量。

（2）顺序喷射。

顺序喷射是指各喷油器由计算机分别控制，按发动机各缸的工作顺序喷油。多缸发动机电控燃油喷射系统采用分组喷射或顺序喷射方式较多。

（3）分组喷射。

分组喷射是指将各缸的喷油器分成几组，它是同时喷射的变形方案，计算机向某组喷油器发出喷油或断油指令时，同一组的喷油器同时喷油或断油。

5. 按有无反馈信号分类

电控燃油喷射系统按有无反馈信号可分为开环控制系统和闭环控制系统。

1）开环控制系统

将接收的传感器信号与预先存储的各工况下的最佳供油参数对比，计算最佳供油量，后经功率放大器控制喷油器的喷油时间，从而控制空燃比。开环控制方式是把在台架试验中获得的发动机各运行工况的最佳控制参数（包括喷油量和点火提前角等）存入 ECU 的存储器中，发动机运行时各个传感器采集信息（转速、进气量等），由计算机判断发动机的实际运行工况，并从事先存入 ECU 的数据中查出最佳控制参数，发出控制指令，由执行机构控制喷油器的喷油量。其优点是控制过程简单，ECU 计算工作量小。但控制系统复杂，需要较多的传感器协同工作。

2）闭环控制系统

闭环控制方式是在发动机排气管上安装氧传感器，根据废气中氧含量的变化，计算出燃烧过程中混合气的空燃比，并与 ECU 存储器中所设定的目标值进行比较，发出控制喷油量的指令，由执行机构控制喷油器的喷油量。在运行过程中控制系统不断进行测试和调整，使实际空燃比保持在最佳值附近，达到最佳控制的目的。

闭环控制系统可达到较高的空燃比控制精度，并消除因产品差异和磨损等引起的性能变化，工作稳定性好，抗干扰能力强。为了满足发动机不同工况下的需求，目前普遍采用开环和闭环相结合的控制方式。

四、电控燃油喷射系统的功能

电控燃油喷射系统，以 ECU 为控制中心，以进气量与发动机转速为基本参数，以点火器（点火正时）、喷油器（喷油脉宽）及怠速装置（怠速空气量）为执行元件。发动机电控燃油喷射系统的功能包括主要控制及辅助控制功能，如图 2-6 所示。

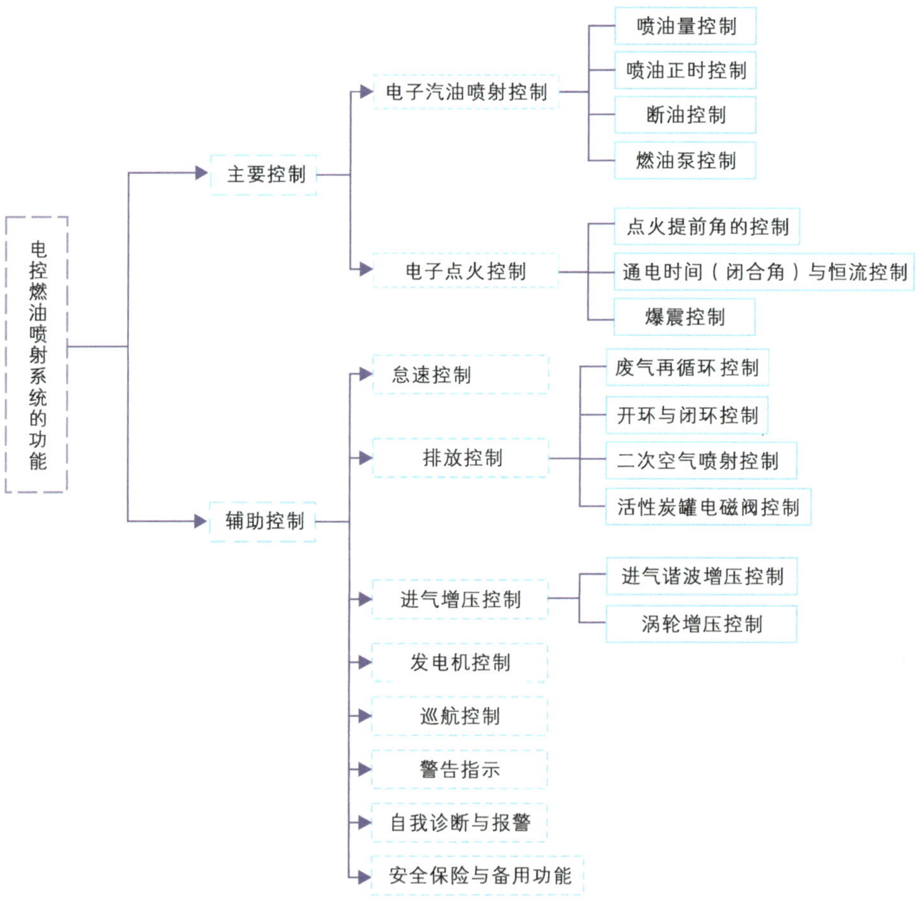

图 2-6 电控燃油喷射系统的功能

1. 主要控制

1）电子汽油喷射控制

（1）喷油量控制。

电子控制单元把发动机的转速和负荷信号作为主要控制信号，以确定喷油脉冲宽度（即基本喷油量），并根据其他信号加以修正，如冷却液温度信号等，最后确定总喷油量。

（2）喷油正时控制。

当发动机采用多点顺序燃油喷射系统时，ECU 除了控制喷油量以外，还要根据发动机的各缸点火顺序，将喷油时间控制在最佳时刻，以使汽油充分燃烧。

（3）断油控制。

在正常行驶中，驾驶员突然放松加速踏板时，ECU 将自动切断燃油喷射控制电路，使燃油喷射中断，目的是降低减速时 HC 和 CO 的排放量，而当发动机转速下降至临界转速时，又能自动恢复供油。

（4）燃油泵控制。

当打开点火开关后，ECU 将使燃油泵工作 2~3s，用于建立必需的油压。若此时发动机不启动，ECU 将会切断电动燃油泵控制电路，使燃油泵停止工作。在发动机启动和运转过程中，ECU 控制燃油泵保持正常运转。

2）电子点火（ESA）控制

（1）点火提前角的控制。

在 ECU 的存储器中存储着发动机在各种工况下最理想的点火提前角。发动机运转时，ECU 根据发动机的转速和负荷信号确定基本点火提前角，并根据其他信号进行修正，确定最终的点火提前角。然后，向电子点火控制器输出点火信号，以控制点火系统的工作。

（2）通电时间（闭合角）与恒流控制。

点火线圈初级电路在断开时需要保证足够大的断开电流，以使次级线圈产生足够高的次级电压。与此同时，为防止通电时间过长而使点火线圈过热损坏，ECU 根据蓄电池电压及发动机转速信号等，控制点火线圈初级电路的通电时间。

在现代汽车点火系统电路中，还增加了恒流控制电路，使初级电流在极短的时间内迅速增长到额定值，减少转速对次级电压的影响，改善点火特性。

（3）爆震控制。

当 ECU 接收到爆震传感器输入的电信号后，ECU 对该信号进行处理并判断是否即将产生爆震，当检测到爆震信号后，ECU 立即推迟发动机点火提前角，采用反馈控制方式避免爆震产生。

2. 辅助控制

1）怠速控制（ISC）

在汽车制动、空调压缩机工作、变速器挂入挡位或发动机负荷加大等不同的怠速工况下，由 ECU 控制怠速控制阀，使发动机在最佳怠速转速下稳定运转。

2）排放控制

（1）废气再循环（EGR）控制。

当发动机的废气排放温度达到一定值时，ECU 根据发动机的转速和负荷，控制 EGR 阀的开启动作，使一定量的废气进行再循环燃烧，以降低 NO_X 的排放量。

（2）开环与闭环控制。

在装有氧传感器及三元催化转化器的发动机中，ECU 根据发动机的工况及氧传感器反馈的空燃比信号，确定开环控制或闭环控制。

（3）二次空气喷射控制。

ECU 根据发动机的工作温度，控制新鲜空气喷入排气歧管或三元催化转化器，用以减少排气造成的污染。

（4）活性炭罐电磁阀控制。

ECU 根据发动机的工作温度、转速和负荷信号，控制活性炭罐电磁阀的开启动作，将活性炭吸附的汽油蒸气吸入进气管，进入发动机燃烧，降低排放。

3）进气增压控制

（1）进气谐波增压控制。

ECU 根据转速传感器检测到的发动机转速信号，控制进气增压控制阀的开闭，改变进气管的有效长度，实现中低转速区和高转速区的进气谐波增压，提高发动机的充气效率。

（2）涡轮增压控制。

ECU 根据进气压力传感器检测到的进气压力信号，控制废气增压器的废气放气阀或可变喷嘴环，以获得增压压力。

4）发电机控制

ECU 根据发电机输出电压的变化，调节发电机的励磁电流，使发电机输出的电压保持稳定。

5）巡航控制

汽车在正常行驶时，ECU 可以通过巡航控制系统根据行驶阻力的变化，自动增减节气门开度，不需要驾驶员操纵加速踏板，就能使汽车处于定速巡航行驶状态。

6）警告指示

ECU 控制各种指示仪表和警告装置，显示有关控制装置的工作状态，当控制装置出现异常情况时会及时发出警告信号，如氧传感器失效、催化转化器过热等。

7）自诊断与报警

当电子控制系统出现故障时，ECU 会点亮仪表盘上的“”指示灯提醒驾驶员，发动机已出现故障，应立即停车检查修理。ECU 将故障以代码的形式存储在 ECU 的存储器中，维修人员可通过故障诊断插座，使用专用故障诊断仪或以跨接导线的方法调出故障信息，以便进行分析。

8）安全保险与备用功能

当 ECU 检测到电控系统出现故障时，会自动按照 ECU 预先设定的参数，使发动机保持运转，但发动机的性能有所下降，以便尽快将车送到维修站检修。

当 ECU 本身发生故障时，会自动启用备用系统，使发动机进入跛行状态，以便尽快将车送到维修站检修。

任务练习

一、填空题

1. 电控燃油喷射系统按燃油喷射时间的不同可分为__________和__________两种。
2. 间歇喷射又称为__________。
3. 间歇喷射按各缸喷油器的喷射顺序又可分为__________、__________和__________。
4. 多点喷射可保证各缸混合气的均匀性和__________的一致性。

二、判断题

1. 间歇喷射又称为脉冲喷射，是指在发动机运转期间汽油被间断地喷射。 ( )
2. 目前广泛采用间歇喷射方式的多点电控燃油喷射系统。 ( )
3. 目前汽车上应用的电控燃油喷射系统多采用缸外喷射系统。 ( )

三、选择题

1. 下列关于喷油量的控制说法正确的是（ ）。

A. 不需要发动机转速信号即可实现喷油控制
B. 不需要发动机负荷信号即可实现喷油控制
C. 不需要传感器信号即可实现喷油控制
D. 以上说法都不对

2. 采用缸内喷射，燃油通过喷油器喷射在（ ）。

A. 燃烧室内
B. 空气滤清器处
C. 节气门处
D. 进气门

四、问答题

1. 闭环控制和开环控制有何区别？

2. 缸内喷射和缸外喷射系统有何特点？

任务二 电控燃油喷射系统的组成与基本原理

任务目标

完成本学习任务后，你应当达到以下目标。

1. 知识目标

（1）掌握燃油喷射系统的主要组成部分。

（2）熟悉燃油喷射系统各组成部分的原理。

2. 能力目标

（1）能说出燃油喷射系统的各组成部分及其功能。

（2）会描述燃油喷射系统各组成部分的原理。

任务引入

汽油喷射是用喷油器将一定数量和压力的汽油直接喷射到汽缸或进气歧管中，与进入的空气混合形成可燃混合气。燃油喷射系统出现的故障主要就是喷油过多或过少、喷油延迟或提前及燃油的雾化程度不佳。当我们对系统有一个整体的认识后，对故障的诊断就不再困难了。

相关知识

发动机电控燃油喷射系统主要由燃油供给系统、空气供给系统和电子控制系统三部分组成，如图 2–7 所示。

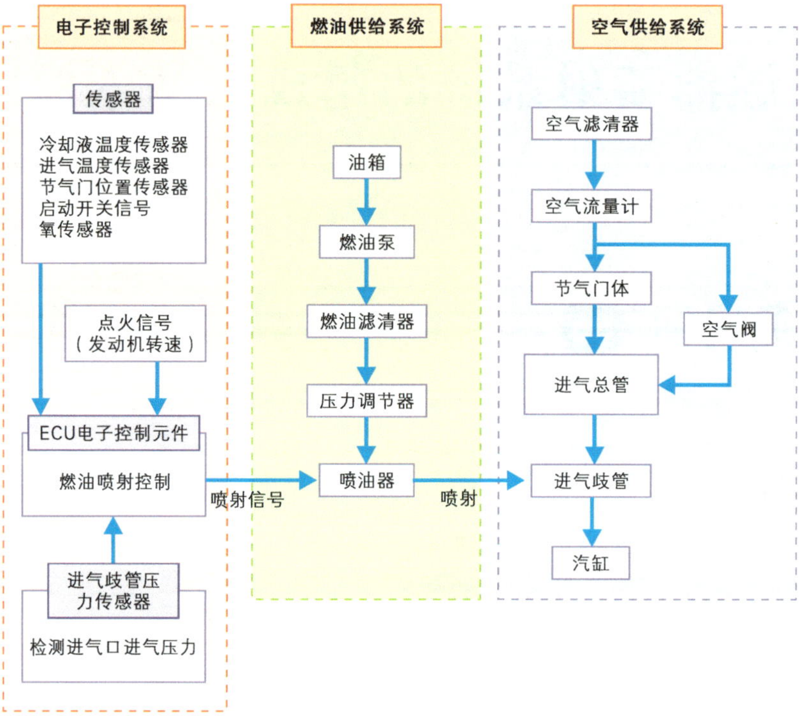

图 2–7　电控燃油喷射系统的组成

一、燃油供给系统

燃油供给系统的功用是给喷油器提供一定压力的燃油。喷油器则根据 ECU 指令喷油。

燃油供给系统的原理如图 2–8 所示。当发动机工作时，电动燃油泵将汽油从油箱内吸出；汽油经燃油滤清器过滤后，由燃油压力调节器调压，并通过油管输送给喷油器；喷油器根据 ECU 指令向进气歧管喷油。燃油泵供给的多余汽油经回油管流回油箱。燃油泵一般装在油箱内。有些早期的发动机还装有冷启动喷油器，安装在进气总管上，仅在发动机低温启动时喷油，以改善发动机的低温启动性能。

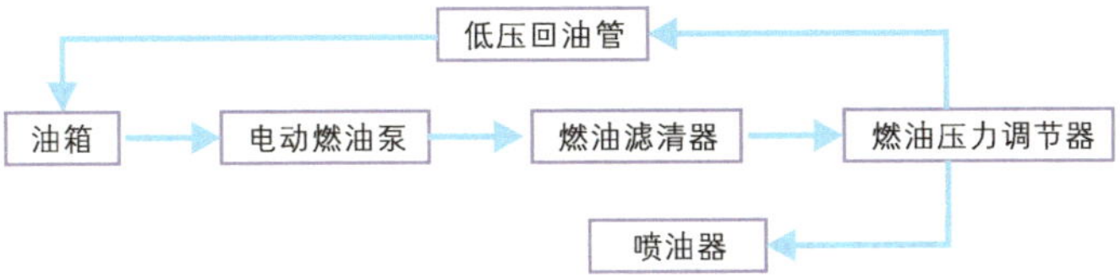

图 2-8　燃油供给系统的原理

二、空气供给系统

空气供给系统的作用是测量和控制汽油燃烧所需要的空气量。以 D 型和 L 型为例，其工作原理如图 2-2、图 2-3 所示。当发动机工作时，空气经空气滤清器过滤后，通过空气流量计（L 型）、节气门体进入进气总管，再通过进气歧管分配给各缸。节气门体上设有节气门片（见图 2-9），用以控制进入发动机的空气量，从而控制发动机的输出功率。在节气门体外部或内部设有与主进气道并联的旁通怠速进气通道，并由怠速控制阀控制怠速时的进气量。

在 D 型电控燃油喷射系统中，绝对压力传感器测量的是进气管内的绝对压力，流经怠速控制阀的空气也在测量范围内。而在 L 型电控燃油喷射系统中，流经怠速控制阀的空气首先经过空气流量计测量，而怠速控制阀直接由 ECU 控制。

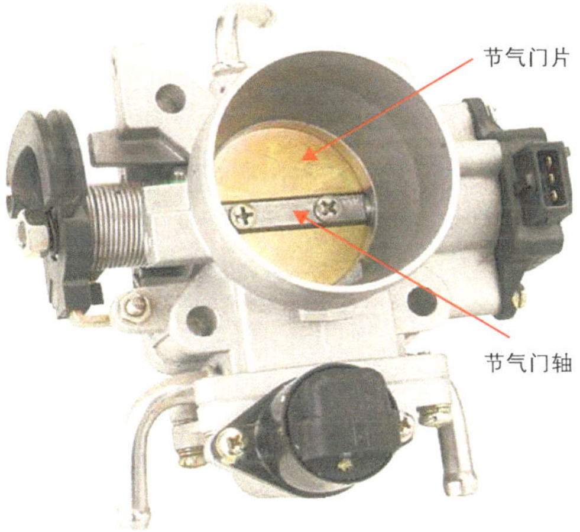

图 2-9　节气门体上的节气门片

三、电子控制系统

电子控制系统主要由传感器、电子控制单元和执行元件三部分组成。

传感器的功能是将反映发动机运行状态的各种非电量信号转变为电信号并输入电子控制单元。发动机电子控制系统采用的传感器主要有空气流量计（或进气歧管绝对压力传感器）、曲轴位置传感器、凸轮轴位置传感器、节气门位置传感器、冷却液温度传感器、进气温度传感器、车速传感器等。

电子控制单元的作用是接收来自各种传感器的信息，经过快速处理、运算、分析和判断后，适时地输出控制指令控制执行元件动作，从而控制发动机的运行。

执行元件的功能是执行 ECU 发出的指令，完成各项控制任务。常见的执行元件有喷油器、电动燃油泵、点火线圈、各种继电器、各种电磁阀等。

在电控燃油喷射系统中，电子控制单元根据空气流量信号和发动机转速信号确定基本喷油量，再根据其他传感器信号对喷油量进行修正，通过 ECU 中存储的数据确定总喷油量，向喷油器发出指令，使喷油器喷油或断油。电子控制系统原理如图 2-10 所示。

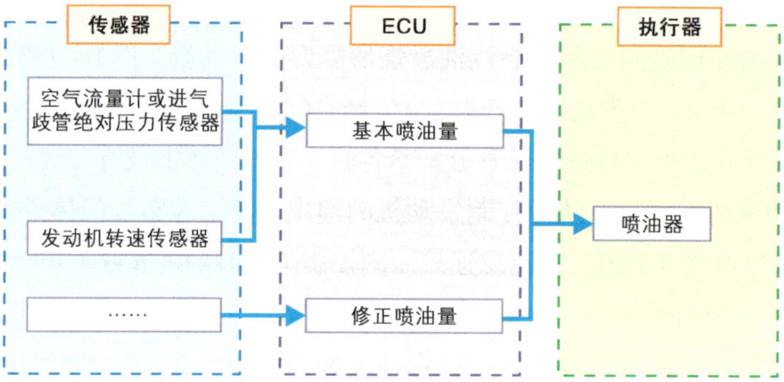

图 2-10　电子控制系统原理

任务练习

一、填空题

1. 电子控制系统主要由__________、__________和__________三部分组成。
2. 空气供给系统的作用是__________和__________所需要的__________。
3. 燃油供给系统的作用是给__________提供一定压力的燃油。

二、问答题

1. 燃油供给系统中的喷油器是如何实现喷油的？

2. 电子控制系统由哪几部分组成？各有何功能？

任务三
空气供给系统主要部件的构造与维修

任务目标

完成本学习任务后，你应当达到以下目标。

1. 知识目标

（1）掌握空气供给系统的组成及作用。

（2）掌握各种空气流量计的结构原理及检测方法。

（3）掌握节气门位置传感器的作用及检测方法。

2. 能力目标

（1）能够正确理解空气供给系统主要元件的结构原理。

（2）能够正确分析空气供给系统主要元件的控制电路及控制过程。

任务引入

空气供给系统用于将大气中的空气过滤后，按照发动机负荷的不同向发动机提供不同量的清洁空气。负荷越大，所提供的空气越多；反之，负荷越小，所提供的空气也越少。当空气供给系统发生阻塞、泄漏等故障时，必将引起进气量与发动机负荷不相适应，从而导致发动机因进气不畅而动力不足，直至不能运转。

相关知识

一、空气供给系统的基本组成与工作原理

空气供给系统主要由空气滤清器、进气总管、空气流量计、进气歧管绝对压力传感器（MAP）、节气门体及节气门位置传感器（TPS）和进气歧管等组成。

空气供给系统向汽油机提供与发动机负荷相适应的清洁空气，同时对流入发动机汽缸的空气量进行直接或间接计量。直接法是利用空气流量计直接测定空气流量，从而进行燃油定量，称为 L 型电控空气供给系统。间接法是通过进气歧管绝对压力传感器测定进气歧管绝对压力，再结合发动机转速间接地确定吸入的空气量，从而进行燃油定量，称为 D 型电控空气供给系统。两者的目的都是使喷油器喷出的汽油形成空燃比符合要求的可燃混合气。

1.D 型电控空气供给系统

D 型电控空气供给系统由于没有空气流量计，其进气系统结构简单，但由于其控制精度不高，目前已很少使用，其结构原理示意图如图 2–11 所示。

发动机工作时，经空气滤清器滤清后的空气，通过进气道和节气门组件流入进气总管，然后被分配到各缸进气歧管，再进入汽缸。流入进气总管的空气量取决于节气门的开度和发动机转速。其中，怠速控制阀、进气温度传感器、进气歧管绝对压力传感器、节气门位置传感器均安装在进气系统中。

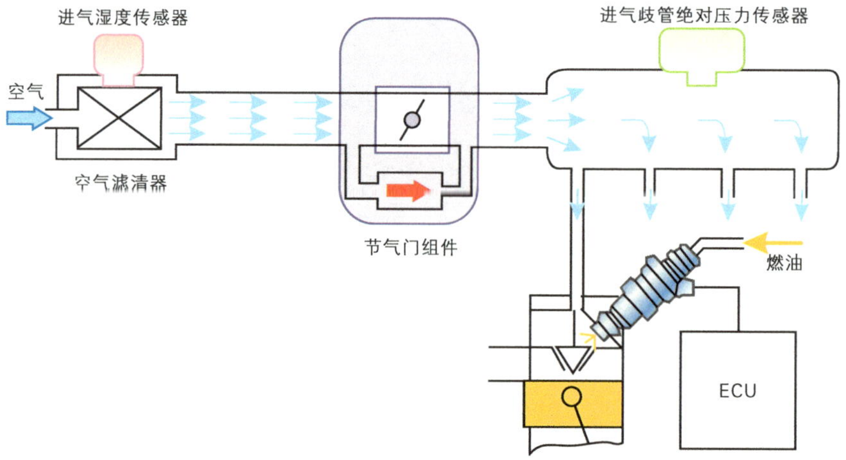

图 2–11　D 型电控空气供给系统结构原理示意图

2.L 型电控空气供给系统

L 型电控空气供给系统对空气量的测量更精确，现已广泛采用。其结构原理示意图如图 2–12 所示。

与 D 型电控空气供给系统相比，L 型电控空气供给系统中增设了空气流量计，而取消了进气歧管绝对压力传感器和稳压箱。

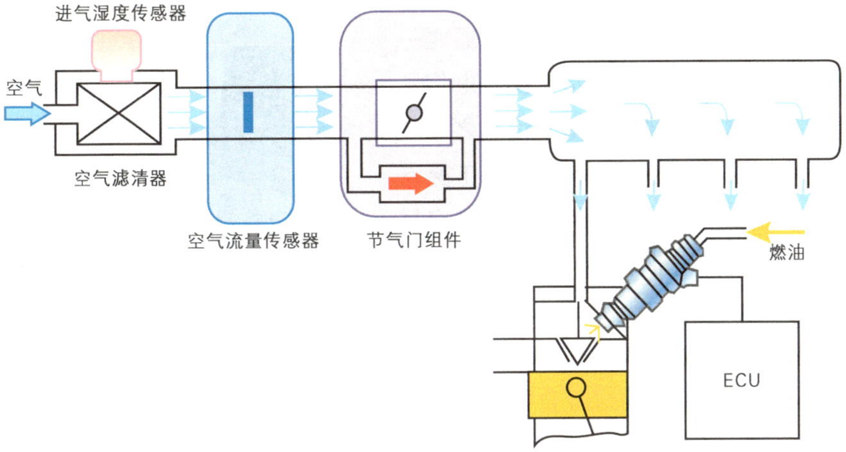

图 2–12　L 型电控空气供给系统结构原理示意图

二、主要部件的构造与维修

1. 空气滤清器

1）空气滤清器的功用

燃油燃烧需要大量的空气。如此大量的空气进入汽缸，如果不过滤空气中的杂质或灰尘，必然加速汽缸的磨损，缩短发动机的使用寿命。因此，使用空气滤清器来完成这个任务。

空气滤清器的主要功用是过滤掉悬浮于空气中的颗粒杂质，减少汽缸、活塞、活塞环、气门和气门座的早期磨损，让洁净的空气进入汽缸。

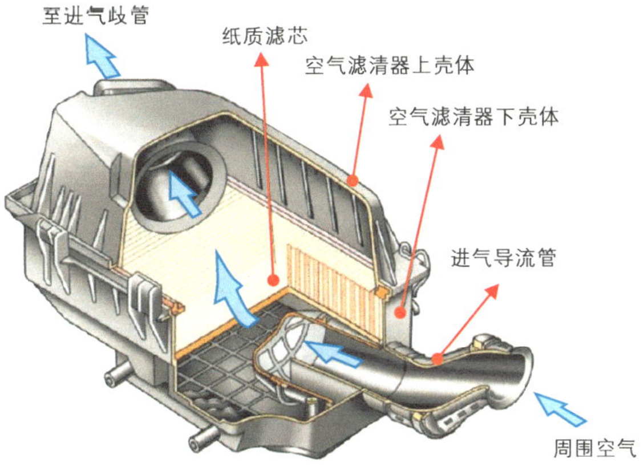

图 2–13　空气滤清器的结构

2）空气滤清器的结构

用于汽车发动机上的空气滤清器有多种结构形式，一般由进气导流管、空气滤清器盖、空气滤清器外壳和滤芯等组成，如图 2–13 所示。

2. 空气流量计

1）空气流量计的作用

空气流量计是电控发动机的重要传感器之一（见图 2–14），它将吸入的空气量转换成电信号送至电控单元作为确定喷油量的基本信号之一。电子控制汽油喷射发动机为了在各种运转工况下都能获得最佳浓度的混合气，必须正确地测定每一瞬间吸入发动机的空气量，以此作为 ECU 计算喷油量的主要依据。如果空气流量计或线路出现故障，ECU 得不到正确的进气量信号，就不能正常地进行喷油量的控制，将造成混合气过浓或过稀，使发动机运转不正常。

图 2–14　空气流量计的安装位置

2）空气流量计的分类与结构原理

空气流量计一般分为叶片式（翼片式）空气流量计、卡门旋涡式空气流量计、热线式空气流量计和热膜式空气流量计。目前应用最广泛的是热线式及热膜式。

（1）叶片式空气流量计的结构原理。

叶片式空气流量计一般装在空气滤清器和节气门体之间。其作用是计量进气量，把它转换成电压信号输入 ECU。因此，它由空气流量计和电位计两部分组成，如图 2–15、图 2–16 所示。

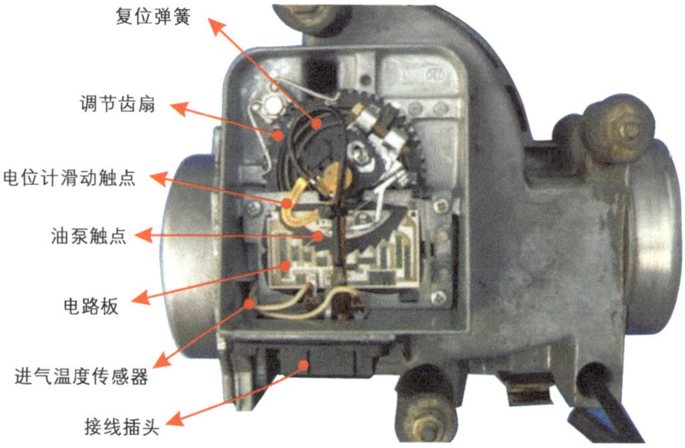

图 2–15　叶片式空气流量计的结构

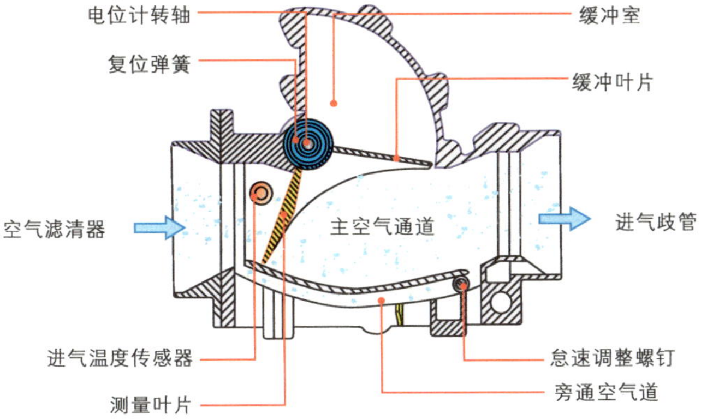

图 2–16　电位计的结构

叶片式空气流量计的工作原理是空气经过滤清器过滤后进入流量计推动叶片旋转。当叶片旋转到空气的推动力与复位弹簧的弹力相平衡时，叶片停止运动，而叶片旋转角度与进气量成正比。叶片轴上装有电位计，它与叶片同步旋转，电位计上滑片电阻的变化被转换成电压信号后输入 ECU，叶片式空气流量计内部电路如图 2–17 所示。

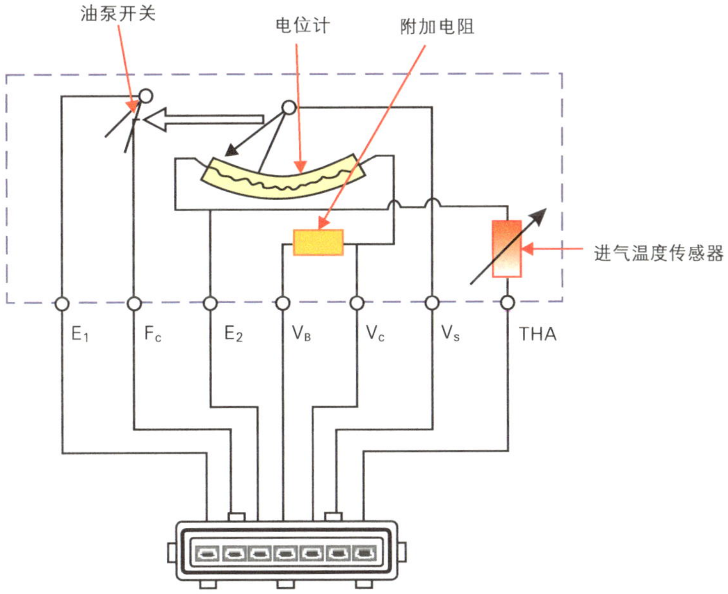

图 2–17　叶片式空气流量计内部电路

在电位计上还装有燃油泵控制开关。当发动机启动后，叶片张开一定角度，油泵开关闭合，油泵电路接通使之工作。而当发动机停止运转时，点火开关在闭合位置，油泵不工作。进气道中还装有进气温度传感器，其作用是把温度信号以电压的形式输入 ECU，用于修正喷油量。

（2）卡门旋涡式空气流量计的结构原理。

卡门旋涡式空气流量计亦称卡尔曼涡流式空气流量计，其结构如图 2–18 所示。通过设置在进气道内的涡流发生器产生空气涡流，由传感器感知涡流强弱的变化，并将其转换成电信号传输到发动机控制单元。发动机控制单元对输入的信号进行处理后，确定实际进入汽缸中的空气量，进而向喷油器输出与进气量相匹配的喷油脉冲宽度。根据传感器的形式不同，卡门旋涡式空气流量计又分为光学式和超声波式两种。

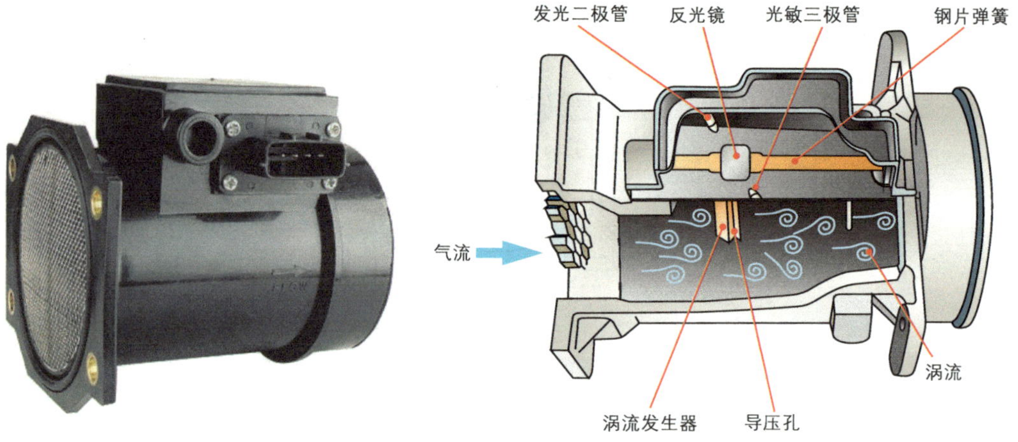

（a）实物图　　（b）结构图

图 2–18　卡门旋涡式空气流量计的结构

①光学式卡门旋涡式空气流量计。

在空气流量计内设置一个反光镜及一对发光二极管和光敏三极管，反光镜安装在很薄的簧片上，簧片在气流旋涡的压力作用下产生振动，其振动频率与单位时间内流过的旋涡数量成正比。发光二极管发出的光通过反光镜射到光敏三极管上，使光敏三极管以簧片的振动频率导通和截止。根据光敏三极管导通和截止的频率，电控单元就可计算出空气流量。

②超声波式卡门旋涡式空气流量计。

超声波信号发生器安装在空气流动的垂直方向，在它的对面安装超声波接收器，如图 2–19 所示。该空气流量计是利用卡门旋涡引起的空气密度变化进行测量的。

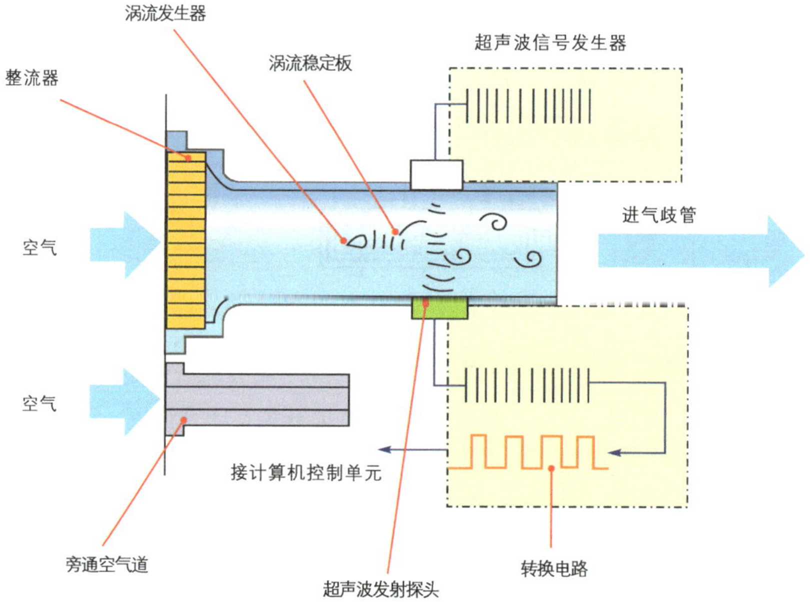

图 2–19　超声波式卡门旋涡式空气流量计

发动机运行时，超声波信号发生器不断地向接收器发出一定频率的超声波。当超声波通过发动机进气气流到达接收器时，因受卡门旋涡引起的空气密度变化的影响，超声波频率的相位将发生变化，接收器测出这一相位变化，利用放大器将其整形为矩形波，根据矩形波的脉冲频率，即可计算出卡门旋涡的发生频率。

（3）热线式空气流量计的结构原理。

热线式空气流量计主要由铂丝制成的热线（发热体）、温度补偿电阻、控制热线电流并输出信号的控制电路、采样管和流量计壳体等组成。

热线式空气流量计是测量通过节气门的空气流量的传感器，其结构原理如图 2–20 所示。在空气流量计内有一个暴露在进气气流中的加热式铂丝。通过发动机控制模块向铂丝施加电流，将其加热到指定的温度。进气气流可冷却铂丝和内部热敏电阻，从而改变它们的电阻值。为保持固定的温差，发动机控制模块在空气流量计内调节施加到这些组件上的电压。电压值与通过传感器的空气流量成比例，并且发动机控制模块会利用该值来计算进气量。铂丝和温度传感器形成桥式电路，并且通过控制晶体管，使 A 和 B 之间的压差保持恒定来维持预定温度。

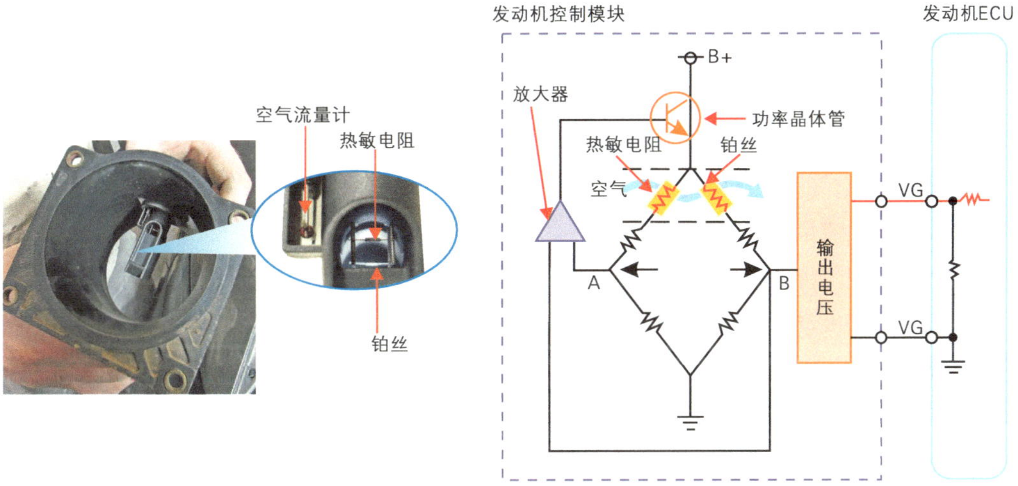

（a）结构图　　（b）原理图

图 2–20　热线式空气流量计的结构原理

（4）热膜式空气流量计的结构原理。

热膜式空气流量计的结构如图 2–21 所示，其结构和工作原理与热线式空气流量计基本相同，只是将发热体由热线式改为热膜式。热膜式空气流量计不采用铂丝，而是将热线、补偿电阻及精密电阻用厚膜工艺镀在一块陶瓷基片上，同时它的分析电路比热线式要简单得多，而反应速度几乎相同。这种结构可使发热体不直接承受空气流动所产生的作用力，增加了发热体的强度，提高了空气流量计的可靠性与寿命。

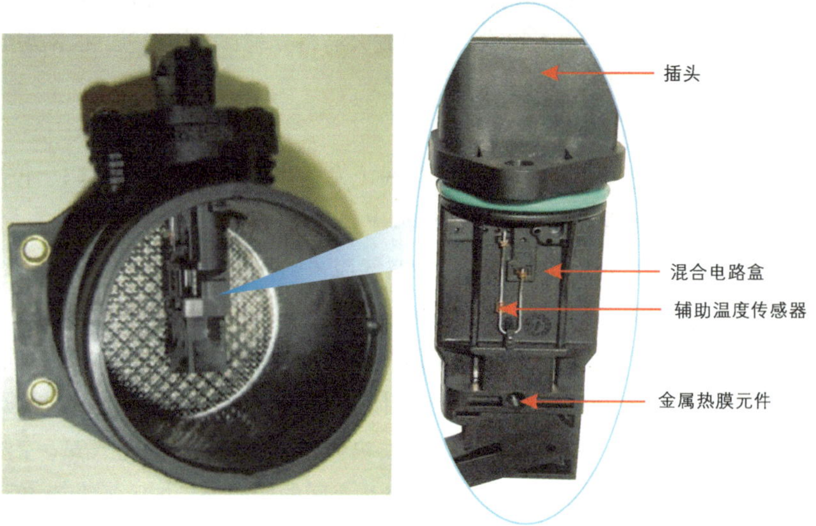

图 2-21 热膜式空气流量计的结构

3）空气流量计的维修

目前轿车上常用的空气流量计有热膜式和热线式两种，下面以这两种为例讲解空气流量计的维修。

（1）热线式空气流量计的维修。

①热线式空气流量计的就车检查。

在检查时，切勿将手指或工具伸入流量计进气道内，以免损坏流量计内极细的热丝。

检查方法：将发动机加速到 2500r/min 以上，再让发动机怠速运转，拆下空气流量计进气口处的空气滤清器和进气管道。观察空气流量计内的热丝，看热丝是否能在熄火 5s 后被加热至发出红光（发出红光是热线式空气流量计的自洁功能），并持续 1s（有些车型的热线式空气流量计无此功能）。如达不到要求，应检查计算机与流量计之间的线路有无断路。如线路良好，应更换空气流量计。

②热线式空气流量计的拆装。

热线式空气流量计的拆卸如图 2-22 所示。

图 2-22 热线式空气流量计的拆卸

●拔下空气流量计线束接头。

●拆下与空气流量计进气口连接的空气滤清器。

●拆下空气流量计出口处空气软管卡箍，拆除空气流量计固定螺钉，取下空气流量计。

●安装时按照与拆卸步骤相反的顺序进行。

③热线式空气流量计的检修。

不同车型的热线式空气流量计的检修方法存在差异，可参考以下方法进行检修。

●观察流量计内的热线有无断丝或脏污，护网有无堵塞或破裂。如有异常，应更换流量计。

●将蓄电池电压接至流量计插座内的 D、E 端（如图 2–23 所示，注意极性），然后用电压表测量端子 B 和 D 之间的电压，正常情况下应为 1.6 ± 0.5V。

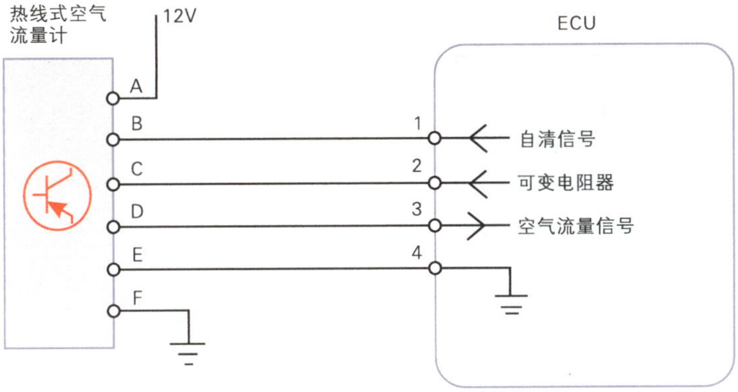

图 2–23　热线式空气流量计与 ECU 之间的连接电路

●用风扇将风吹入空气流量计，同时测量端子 B 和 D 之间的电压。在吹风时电压应上升至 2~4V。若测量结果不符合标准值，应更换空气流量计。

（2）热膜式空气流量计的维修。

①热膜式空气流量计的拆装。

热膜式空气流量计的拆卸如图 2–24 所示。

图 2–24　热膜式空气流量计的拆卸

●拔下空气流量计线束接头。

●拆下空气流量计与空气滤清器连接的固定螺栓。

●拆下空气流量计出口处空气软管卡箍，拆除空气流量计固定螺钉，取下空气流量计。

●安装时按相反的顺序进行。

②热膜式空气流量计的检修。

a. 电阻测试。

• 线束导通检测。

将数字式万用表设置在电阻 200Ω 挡，测量空气流量计 3、4、5 号针脚与电控单元 12、11、13 号针脚之间的电阻，所有电阻都应低于 1Ω（见图 2–25）。

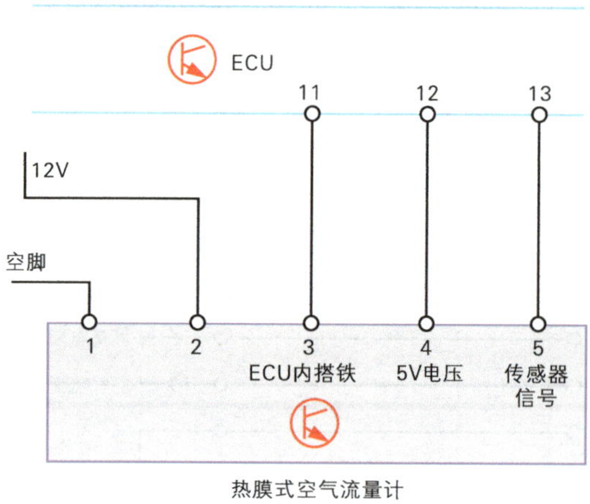

图 2–25 热膜式空气流量计与 ECU 之间的连接电路

• 线束短路检测。

将数字式万用表设置在电阻 200kΩ 挡，测量空气流量计 2 号针脚与电控单元 11、12、13 号针 脚之间电阻应为∞。测量空气流量计针脚与电控单元针脚 3—11、13，4—12、13，5—11、12 之间电阻均应为∞。

注意事项：

在实际维修中，欲测试各条线束的导通性或电阻时，应关闭点火开关，拔下传感器插头与电控单元插接器。

b. 电压测试。

• 电源电压测试。

打开点火开关，将数字式万用表设置在直流电压 20V 挡，红色表针置于空气流量计 2 号针脚，黑色表针置于蓄电池负极或车身搭铁，启动发动机时应显示 12V 电压；红色表针置于空气流量计 4 号针脚，黑色表针置于蓄电池负极或车身搭铁，应显示 5V 电压。

注意事项：

在实际维修中，应拔下传感器插头后进行检测，此时电控单元会记录空气流量计的故障码，测试完毕要使用诊断仪清除故障码。

• 信号电压测试。

分为单件测试和就车测试两部分。

单件测试：拆下空气流量计总成，将 12V 的蓄电池电压施加在空气流量计 2 号针脚上（注意极性），将蓄电池电压转换成 5V 电压施加在空气流量计 4 号针脚上，将数字式万用表设置在直流电压 20V 挡，测量空气流量计 3 号针脚和 5 号针脚，应有 1.5V 左右电压；使用风扇从空气流量计隔栅一端向空气流量计吹入空气，测量空气流量计 3 号针脚和 5 号针脚，电压应瞬时上升至 2.8V 并回落。如不能满足上述条件，则可判定空气流量计有故障。

就车测试：启动发动机至工作温度，将数字式万用表设置在直流电压 20V 挡， 测量空气流量计 5 号针脚的反馈信号，红色表针置于空气流量计 5 号针脚，黑色表针置于蓄电池负极或车身搭铁，怠速时应显示电压 1.5V 左右；急踩加速踏板应显示 2.8V 或不断变化。若不符合上述情况，或电压反而下降，则在电源电压与参考电压正常的前提下，可以断定空气流量计损坏，必须更换。

3. 节气门体

电子节气门体的结构如图 2–26 所示。其工作原理如图 2–27 所示。当驾驶员踩下加速踏板时，加速踏板位置传感器将信号输送到电子节气门控制单元，控制单元将计算节气门开度使用的控制策略，输出相应的控制信号给驱动马达，节气门传感器将节气门开度信号反馈到控制单元，不断地与目标值进行比较，然后进行修正， 直到节气门开度达到目标值。

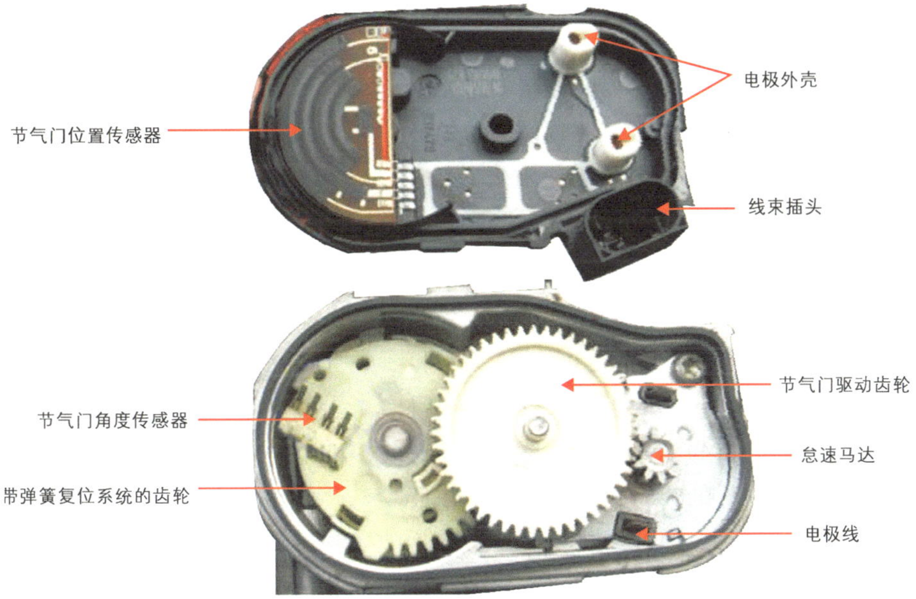

图 2–26 电子节气门体的结构

4. 节气门位置传感器

1）节气门位置传感器的作用

节气门位置传感器是汽车电子控制系统中最重要的传感器之一，安装在节气门体上节气门轴的一端，探测或监测节气门开度的大小和变化的快慢，并把位置信号转变为电信号后输入电控单元，用于判别发动机的各种工况，从而控制喷油量和点火正时。

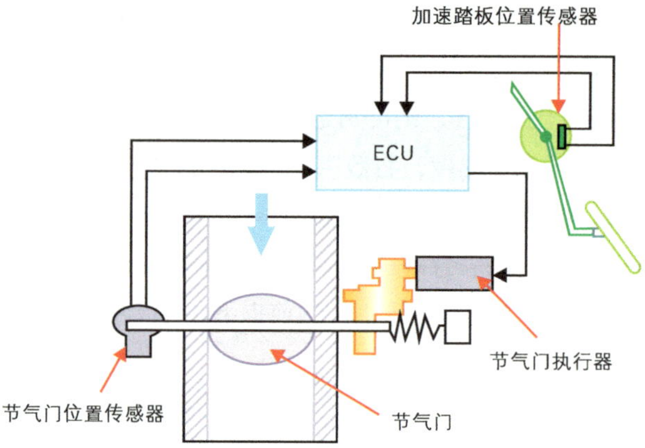

图 2–27 电子节气门体的工作原理

2）节气门位置传感器的结构与分类

传统的拉索控制式节气门配备的节气门位置传感器，按总体结构分为触点开关式、滑动电阻式、怠速开关与滑动电阻综合式。

目前发动机电控系统采用的节气门位置传感器主要有霍尔元件式和滑动电阻式两种。

（1）霍尔元件式节气门位置传感器。

霍尔元件式节气门位置传感器的控制电路如图 2–28 所示。当节气门开度变化时，磁铁随之转动，从而改变了与霍尔元件之间的相对位置，霍尔集成电路由磁轭环绕。霍尔集成电路将磁通量产生的变化转换为电信号，并以节气门位置信号的形式输出至发动机控制模块。

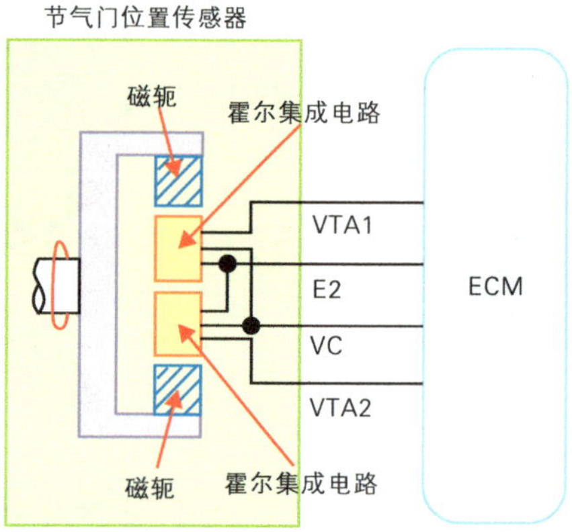

图 2–28 霍尔元件式节气门位置传感器的控制电路

节气门位置传感器有两个传感器电路：VTA1 和 VTA2，各自发射一个信号。VTA1 用来检测节气门开度，VTA2 用来检测 VTA1 的故障。传感器信号电压与节气门开度成比例，在 0~5V 范围内变化，并且传送到 ECM 端子 VTA1 和 VTA2。

节气门关闭时，传感器输出电压降低；节气门打开时，传感器输出电压升高。ECM 根据这些信号计算节气门开度，并控制节气门执行元件来响应驾驶员输入。这些信号同时也用来计算空燃比修正值、功率提升修正值和燃油切断控制。

（2）滑动电阻式节气门位置传感器。

滑动电阻式节气门位置传感器，又称为线性输出式节气门位置传感器、可变电阻式节气门位置传感器、电位计式节气门位置传感器。目前双可变电阻式节气门位置传感器被大量应用到汽车中。

滑动电阻式节气门位置传感器为三线式传感器，其中两个针脚处于电阻的两端，并作为电源端子和搭铁端子由发动机 ECU 提供 5V 电压，第三个针脚连接于滑动触点。节气门轴与触点（或称触头）联动，节气门转动时，滑动触点可在电阻上移动，引起滑动触点电位的变化，利用电阻的变化将节气门位置信号转换成电压值，如图 2–29 所示。因为这个电压值呈线性变化，所以也称之为线性输出式节气门位置传感器。根据这个线性电压值，ECU 可感知节气门的开度，从而进行喷油量修正。

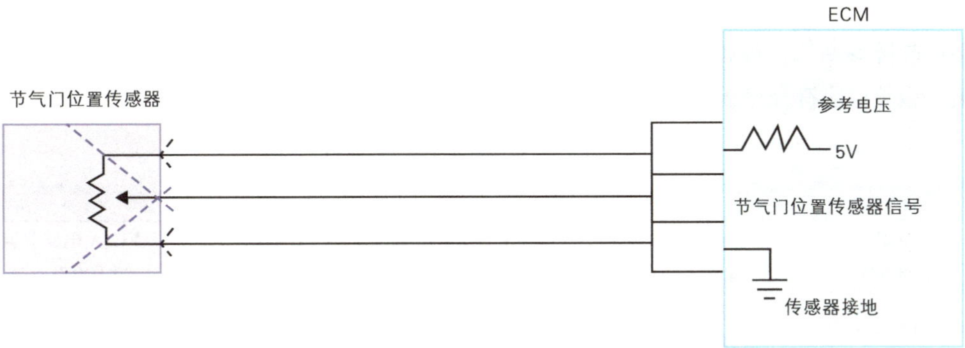

图 2–29　滑动电阻式节气门位置传感器的控制电路

3）节气门位置传感器的检修

下面以霍尔元件式节气门位置传感器为例来讲解节气门位置传感器的检修方法。如图 2–30 所示为丰田凯美瑞混动版霍尔元件式节气门位置传感器控制电路。

节气门位置传感器集成在节气门体总成 E16 内。E16 有 6 个针脚。针脚 1 和 2 为节气门执行电动机控制端口。针脚 6 和 4 分别输出节气门位置信号 VTA1 和 VTA2 到发动机控制单元 E81（F）的 122 针脚和 88 针脚。针脚 5 是来自发动机控制单元 121 针脚的 VCTA 5V 参考电压。针脚 3 通过发动机控制单元 120 针脚搭铁。

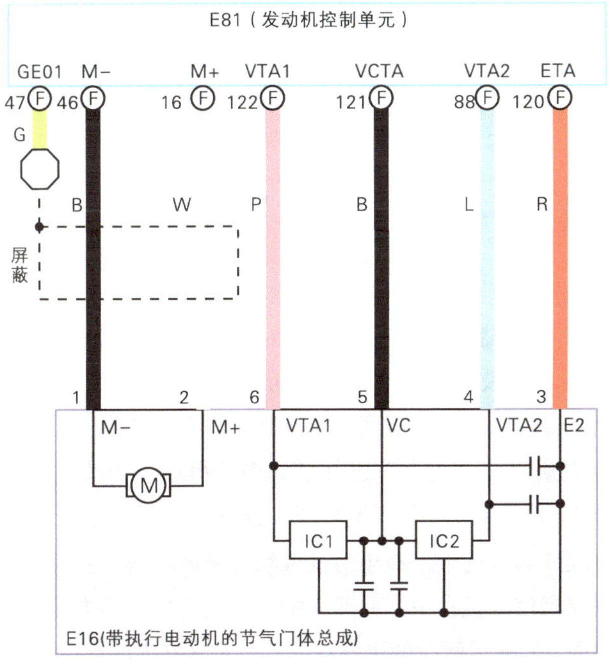

图 2–30　丰田凯美瑞混动版霍尔元件式节气门位置传感器控制电路

（1）检查传感器供电。

断开节气门体插接器，用万用表测量 E16–5 和 E16–3 之间的电压，应为 4.5~5.5V。否则，应检查 ECU 电源电路。如果 ECU 电源电路正常，则应更换 ECU。

（2）检查传感器的信号电压。

连接故障诊断仪，接通点火开关，踩下加速踏板，并读取节气门位置传感器 VTA1 和 VTA2 读数值，该数值应符合表 2–1 中的规定。

表 2–1 传感器信号电压参考值

完全松开加速踏板时		完全踩下加速踏板时（发动运动转）		故障部位
0~0.2V	0~0.2V	0~0.2V	0~0.2V	VCTA 电路开路
4.5~4.98V	4.5~4.98V	4.5~4.98V	4.5~4.98V	ETA 电路开路
0~0.2V 或 4.5~4.9V	2.1~13V（失效保护）	0~0.2 或 4.5~4.98V	2.1~3.1V（失效保护）	VTA1 电路开路或接地短路
0.6~1.4V（失效保护）	0~0.2V 或 4.5~4.98V	0.6~1.4V（失效保护）	0~0.2 或 4.5~4.98V	VTA2 电路开路或接地短路
0.5~1.1V	3.2~4.8V（非失效保护）	3.2~4.8V（非失效保护）	4.6~4.98V（非失效保护）	无故障

（3）检查传感器线束及插接器。

断开节气门体插接器和发动机控制单元插接器，按表 2–2 检查插接器之间或插接器与车身接地端子之间的电阻值。电阻值应符合表中数据，如不符合应更换或检查线束。

表 2–2 传感器线束电阻参考值

检测仪连接	条件	规定状态
E16–5（VC）—E81–121（VCTA）	始终	小于 1Ω
E16–6（VTA1）—E81–122（VTA1）	始终	小于 1Ω
E16–4（VTA2）—E81–88（VTA2）	始终	小于 1Ω
E16–3（E2）—E81–120（ETA）	始终	小于 1Ω
E16–5（VC）或 E81–121（VCTA）—车身接地和其他端子	始终	10kΩ 或更大
E16–6（VTA1）或 E81–122（VTA1）—车身接地和其他端子	始终	10kΩ 或更大
E16–4（VTA2）或 E81–88（VTA2）—车身接地和其他端子	始终	10kΩ 或更大

5. 进气歧管

进气歧管的主要功能是将燃烧混合物（或直接喷射发动机中的空气）均匀地分配到汽缸盖中的每个进气口。大多数进气歧管由铝或铁铸造而成。为了减轻车身重量和提高进气效率，目前一些汽车采用由轻质复合材料制成的可变进气歧管（见图 2–31）。

当新鲜空气被吸入燃烧室时，它会在进气歧管中获得速度和动量。一旦进气阀关闭，快速移动的空气就会撞击阀门并压缩，从而产生高压。这种高压反弹沿着进气歧管行进，撞到另一侧的压力通风系统并再次弹回。这样，高压沿进气歧管来回反弹，直到进气阀再次打开。

可变进气歧管可以提高汽油机在中、低速和中、小负荷下的动力性，即提高有效输出转矩；它还可以提高汽油机在中、低速运转时的进气速度，增大汽缸内的气流强度，从而改善燃烧过程，使汽油机中、低速的最低燃油消耗率下降，燃油经济性有所提高。

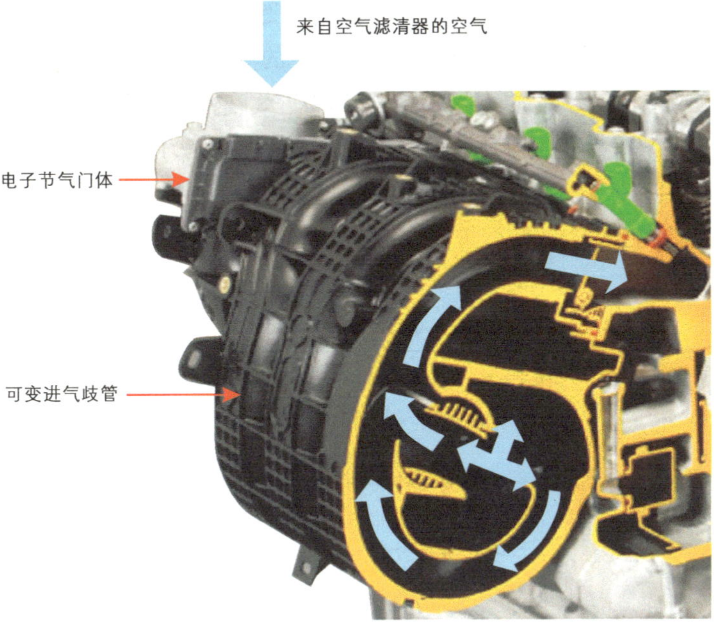

图 2-31　可变进气歧管

6. 进气歧管绝对压力传感器

进气歧管绝对压力传感器的作用是把进气歧管内节气门后方的进气压力转换成电信号。发动机工作时，进气歧管内节气门后方的绝对压力反映了发动机的负荷状况，间接反映了发动机的进气量，该信号和转速信号输送到 ECU 后用于确定基本喷油量。进气歧管绝对压力传感器按工作原理可分为压敏电阻式、电容式、电磁式等，目前应用最广泛的是压敏电阻式和电容式。

1）压敏电阻式进气歧管绝对压力传感器

压敏电阻式进气歧管绝对压力传感器的结构如图 2-32 所示，它主要由压力转换元件（硅膜片）和把转换元件输出信号放大的混合集成电路组成。

压力转换元件是利用半导体的压阻效应制成的硅膜片，膜片的一侧是真空室，另一侧导入

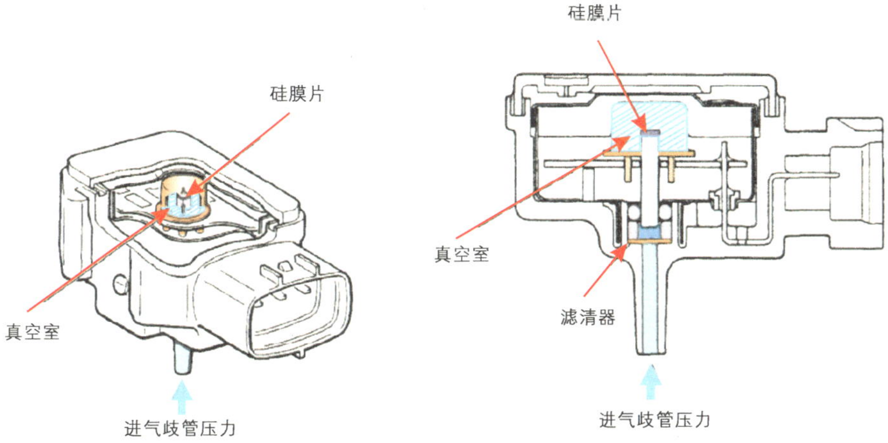

图 2-32　压敏电阻式进气歧管绝对压力传感器的结构

进气歧管压力。进气歧管内的绝对压力越高，膜片的变形越大（即变形量与压力成正比），附着在膜片上的应变电阻的阻值则产生与变形量成正比的变化。利用这种原理，可以把进气歧管内压力的变化转换成电压信号并加以放大，然后作为进气歧管的压力信号输入发动机 ECU 中。

以丰田威驰 1.6L 轿车为例，其压敏电阻式进气歧管绝对压力传感器与发动机 ECU 的连接电路如图 2–33 所示。其中，VC 为 ECU 的供电端，电压为 5V；PIM 为信号端；E2、E1 为接地端。

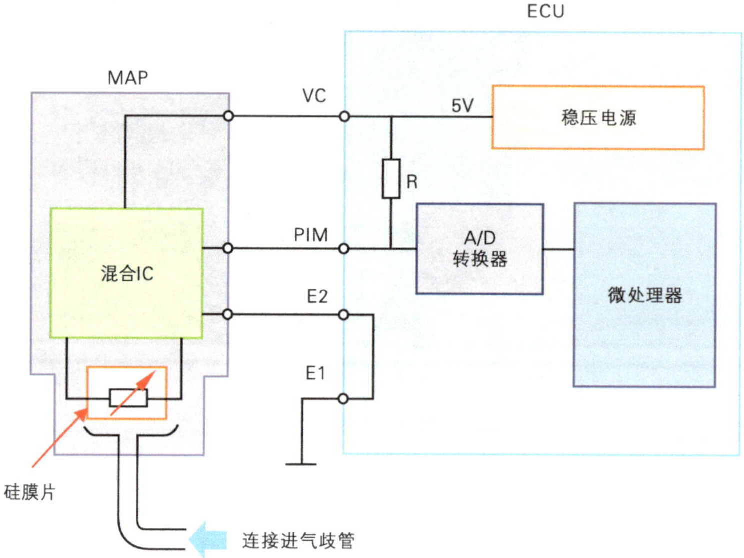

图 2–33 压敏电阻式进气歧管绝对压力传感器与 ECU 的连接电路

2）电容式进气歧管绝对压力传感器

电容式进气歧管绝对压力传感器通常以空气为介质，用两个金属平板组成的平板电容器，即可构成一个电容式传感器。

电容式进气歧管绝对压力传感器将进气歧管压力转换为不同频率的数字电压信号。在发动机怠速时，电容式进气歧管绝对压力传感器信号频率大约为 110Hz；在节气门全开或接近全开的情况下运转时，电容式进气歧管绝对压力传感器信号频率约为 155Hz。

电容式进气歧管绝对压力传感器的结构如图 2–34 所示，电容被从进气歧管引来的气体所包围，当进气歧管压力变化时，电容值就跟着变化。电容连接在混合集成电路的振荡电路中，当电容值发生变化时，振荡回路输出电压的频率就会随之变化，且与进气歧管压力成正比。

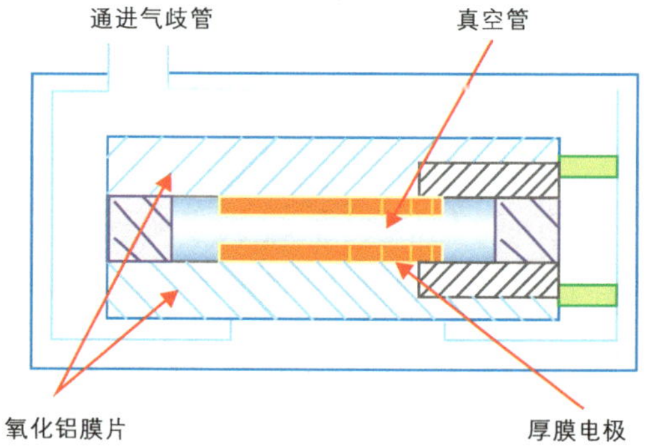

图 2–34 电容式进气歧管绝对压力传感器的结构

以福特汽车为例，其电容式进气歧管绝对压力传感器与发动机 ECU 的连接电路如图 2–35 所示，ECU 的 26 号端子向传感器提供 5 V 电压，46 号端子经 ECU 搭铁，45 号端子为进气压力传感器输出信号。

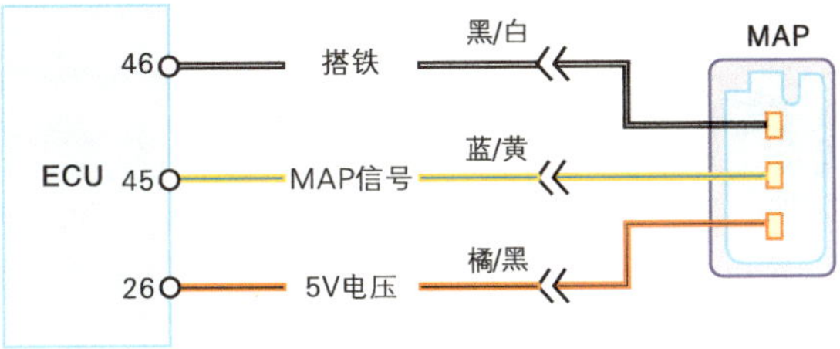

图 2-35 电容式进气歧管绝对压力传感器与 ECU 的连接电路

3）进气歧管绝对压力传感器的检修

由于进气歧管绝对压力传感器在结构上可靠性很好，一般不会损坏，因此在检测中应特别注意它的控制线路和真空软管的连接状态是否良好。

（1）电源电压的检查。

拔下进气歧管绝对压力传感器的线束接头，然后打开点火开关，但不要启动发动机。用电压表测量线束插头上电源端子和接地端子之间的电压。其值应符合规定，否则必须进一步检查进气歧管绝对压力传感器和计算机之间的线路是否导通。如有断路，应修复线束。

（2）输出电压的检测。

拆下传感器与进气歧管相连接的真空软管，使传感器直接与大气相通，然后打开点火开关，但不要启动发动机。在电控单元线束插头处测量传感器的输出电压。接着，向传感器内施加真空，测量在不同真空度下传感器的输出电压。该电压值应随真空度的增大而降低，将输出电压下降量与标准值比较，如不相符，应更换传感器。

任务实践

1. 实践名称

（1）空气流量计的检修。

（2）节气门位置传感器的检修。

2. 实践准备

（1）轿车一辆。

（2）拆卸工具及数字式万用表各一套。

（3）工具车、零件车若干。

3. 实践要求与注意事项

1）实践要求

每班分成若干个小组，每次同时进行三个小组的实训，其他小组在教室内复习实训的内容，分几次完成。实训时以教师讲解、演示，学生操作、考核为主，学生完成实训报告及考核，最后填写实训内容。

2）注意事项

（1）听从安排，不要随意走动。

（2）不要随意操作车上的各个系统。

（3）操作所学系统时必须在指导教师的指导下完成。

（4）注意保持教学场地卫生。

（5）不能蛮力操作所学系统。

（6）严格遵守拆装程序及操作规程。

4. 操作步骤及检修

1）空气流量计的检修

（1）传感器供电电压的检测。

打开点火开关，测量传感器工作时的电压为________V，标准电压为________V，根据测量结果给出维修方法：________________________。

（2）传感器信号电压的检测。

打开点火开关，给传感器供电，用风扇给传感器吹风，同时测量传感器信号线的输出电压值，将测量值填入表 2–3。

表 2–3　传感器信号线的输出电压（单位：V）

未吹风	低速吹风	高速吹风

根据测量，传感器通过的风速越大，传感器的输出信号电压越________，否则________。

（3）传感器线束与 ECU 连接线的检测。

断开蓄电池负极及相关元件线束插头，用万用表分别测量传感器各导线与 ECU 连接线的电阻值，判断导线连接是否良好，将测量值填入表 2–4。

表 2–4　传感器线束与 ECU 连接线电阻的测量（单位：Ω）

传感器搭铁线	传感器电源线	传感器信号线

根据测量结果判断传感器线束与 ECU 连接线的状况：____________________。

2）节气门位置传感器的检修

（1）传感器供电电压及信号电压的检测。

打开点火开关，测量传感器工作时的电压为______V。

用大头针引出信号线，打开点火开关给传感器供电，用万用表测量信号线与搭铁间的电压，并缓慢转动节气门，同时观察其电压在变化的过程中是否有突变。

节气门全开时测量信号端与搭铁端的电压为______V，节气门全闭时测量信号端与搭铁端的电压为______V。

（2）传感器线束与 ECU 连接线的检测。

断开蓄电池负极及相关元件线束插头，用万用表分别测量传感器各导线与 ECU 连接线的电阻值，判断导线连接是否良好，将测量值填入表 2–5。

表 2–5　传感器线束与 ECU 连接线电阻的测量（单位：Ω）

传感器搭铁线	传感器电源线	传感器信号线

根据测量结果判断传感器线束与 ECU 连接线的状况：____________________。

5. 实践总结

____

____

____

任务练习

一、填空题

1. 空气量的计量方法有________和________两种。

2. 空气供给系统主要由________、________、________、________、________和________等组成。

3. 目前应用最广泛的空气流量计有________和________两种。

4. 卡门旋涡式空气流量计又称为________。

5. 发动机电控系统采用的节气门位置传感器主要有________和________两种。

二、判断题

1. 测量进气歧管绝对压力传感器输出的信号电压，其随着真空度增大而增大。（ ）

2. 电容式进气歧管绝对压力传感器电容量的变化量经过电路转换成电流信号输出给 ECU。（ ）

3. 空气流量计是电控发动机中重要的传感器之一，也是确定喷油量的基本信号之一。（ ）

4 如果空气流量计出现故障，将会导致混合气过浓或过稀。（ ）

三、选择题

1. 在（ ）式空气流量计中，还装有进气温度传感器和油泵控制触点。

A. 叶片　　B. 卡门旋涡

C. 热线　　D. 热膜

2. 对喷油量起决定性作用的是（ ）。

A. 空气流量计　　B. 水温传感器

C. 氧传感器　　D. 节气门位置传感器

四、问答题

1. 空气流量计有何作用?

2. 简述叶片式空气流量计的工作原理。

任务四
燃油供给系统主要部件的构造与维修

任务目标

完成本学习任务后，你应当达到以下目标。

1. 知识目标

（1）掌握燃油供给系统的组成与结构原理。

（2）熟悉燃油供给系统的类型。

2. 能力目标

（1）能够进行燃油压力的测试。

（2）能够描述燃油供给系统各附件的名称及作用。

任务引入

燃油供给系统的作用是将燃油从燃油箱中泵出，并经过滤清、调压后提供给喷油器，然后由喷油器喷入发动机内燃烧。如果该系统发生阻塞、泄漏、供油中断、供油压力失常等故障，必然引起发动机燃料供给失常，从而造成发动机动力不足、加速不良、排气冒黑烟、燃油消耗量过大、不能启动等故障现象。此时，就需要对燃油供给系统进行检测和维修。

相关知识

一、燃油供给系统的组成

目前汽油发动机多采用电控燃油喷射系统，它根据发动机各工况的不同要求，配制一定数量和浓度的可燃混合气并将其供入汽缸，使之在压缩终了时点火、燃烧而膨胀做功，最后将燃烧后的废气排入大气。

燃油供给系统的作用是供给发动机燃烧过程所需的燃油。

燃油供给系统如图 2-36 所示，主要由燃油泵、燃油滤清器、油压脉动阻尼器、燃油压力调节器和喷油器等组成。

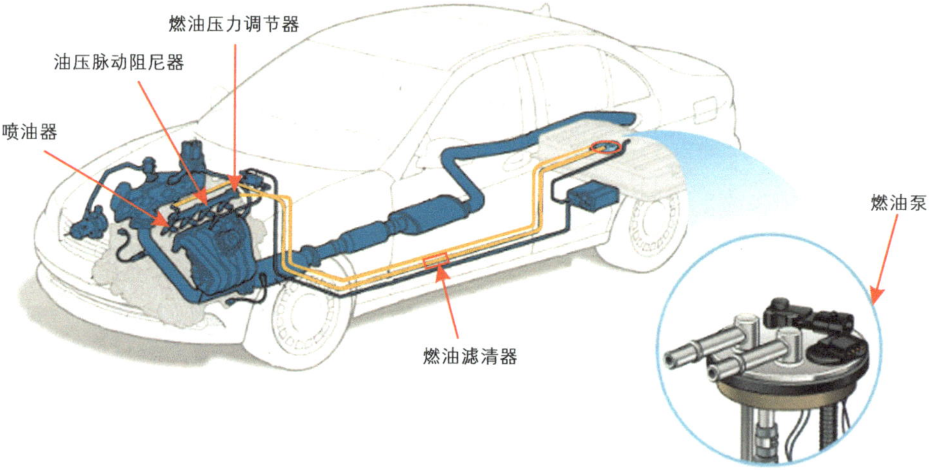

图 2-36 燃油供给系统

二、燃油供给系统的类型

随着汽车技术的不断发展，对燃油供给系统的研究也越来越深入，传统双管路燃油供给系统的缺点逐渐暴露。为了克服传统双管路燃油供给系统的缺点，通过改变供油方式提出了无回油管路燃油供给系统。由于传统双管路燃油供给系统比无回油管路的燃油供给系统技术成熟，目前大部分电控燃油喷射系统使用的还是传统双管路燃油供给系统。

1. 传统双管路燃油供给系统

传统的回油燃油供给系统又称为双管路燃油供给系统，汽油被电动汽油泵从燃油箱中吸出，经汽油滤清器除去杂质及水分和汽油压力缓冲器消除喷油所产生的微小脉动后，由输油管路配送给各缸喷油器，喷油器根据发动机 ECU 发出的指令，将适量的汽油喷入各缸的进气歧管。燃油压力由安装在燃油总管端部的汽油压力调节器调节，多余汽油经回油管路流至燃油箱。

为了在车辆不断变化的运行条件下保证足够的燃油压力和燃油量，传统燃油系统最终向喷油器泵出的油量常常比实际需要的多，这是为了避免当发动机喷油量需求突然增大时（如急加速），管路压力下降。因此，通过燃油压力调节器参考进气歧管内的负压，使喷油嘴两端的压力保持恒定，即燃油压力与进气歧管压力的差值一定（约为 250kPa）， 但燃油分配管内的压力是不恒定的（250~300kPa），从而保证喷油器的喷油量唯一取决于喷油器的开启时间，没有用到的多余燃油又通过回油管路返回油箱。

传统双管路燃油供给系统的优点是每次输送燃油时必须经过燃油滤清器过滤，过滤掉细小微粒有助于减少部件的磨损，而且由于滤清器安装在油箱外部，维修相对方便。缺点是燃油要在管道内进行循环流动，每次流动中燃油都会吸收发动机的部分热量，使燃油温度升高，而温度升高的部分燃油又返回油箱，导致油箱内温度升高，使燃油蒸发过快，不利于环保。

2. 无回油管路燃油供给系统

为了减少油箱中产生的燃油蒸气，一些汽车采用了新型的燃油系统，即无回油管路燃油供给系统，也称单管路燃油供给系统。

该系统的燃油压力调节器和燃油泵合为了一体，它与发动机之间没有真空管连接，燃油压力调节器不参考发动机的负压，因此，无论发动机运行状况如何变化，它都将保持稳定的系统压力（约 350 kPa）。在无回油管路燃油供给系统中，燃油通过油箱底部的燃油滤网后，被输送到燃油泵。燃油泵向发动机提供所需的燃油压力和燃油量，多余未使用的燃油通过压力调节器又被送回到油箱中，它没有反复经历很长的回流路径。为了确保发动机在当前工况下总是得到合适的燃油量，动力控制模块要相应地快速改变喷油器的脉冲宽度。

在无回油管路燃油供给系统中，未使用的燃油实际上还是回到了油箱中，只是它没有反复经历很长的回流路径。这样有效简化了燃油管道安装，减少了燃油蒸气，提高了燃油的利用率。

三、主要部件的构造与维修

1. 燃油泵

燃油泵按安装位置不同可分为内置式和外置式两种。

内置式燃油泵安装在油箱中，具有噪声小、不易产生气阻、不易泄漏、安装管路较简单等优点，应用更为广泛。

外置式燃油泵串接在油箱外部的输油管路中，优点是容易布置，安装自由度大，但噪声大，且燃油供给系统易产生气阻，所以只有少数车型上应用。

目前各车型装用的燃油泵按其结构不同，分为涡轮式、滚柱式、转子式和侧槽式。内置式燃油泵多采用涡轮式，外置式燃油泵则多采用滚柱式。

1）涡轮式燃油泵的结构原理

如图 2–37 所示，涡轮式燃油泵主要由燃油泵电动机、涡轮泵、单向阀、泄压阀等组成。

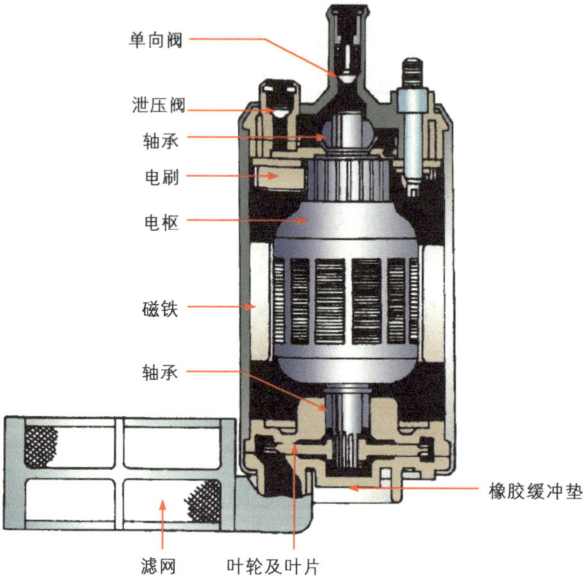

图 2–37　涡轮式燃油泵的结构

涡轮泵主要由叶轮、叶片、泵壳体和泵盖组成，叶轮安装在燃油泵电动机的转子轴上。燃油泵电动机通电时，燃油泵电动机驱动涡轮泵叶轮旋转，由于离心力的作用，使叶轮周围小槽内的叶片贴紧泵壳，并将燃油从进油室带往出油室（见图 2–38）。由于进油室燃油不断被带走，所以形成一定的真空度，将油箱内的燃油经进油口吸入；而出油室燃油不断增多，燃油压力升高，当油压达到一定值时，则顶开出油阀经出油口输出。单向阀还可在燃油泵不工作时，阻止燃油倒流回油箱，这样可保持油路中有一定的压力，便于下次启动。

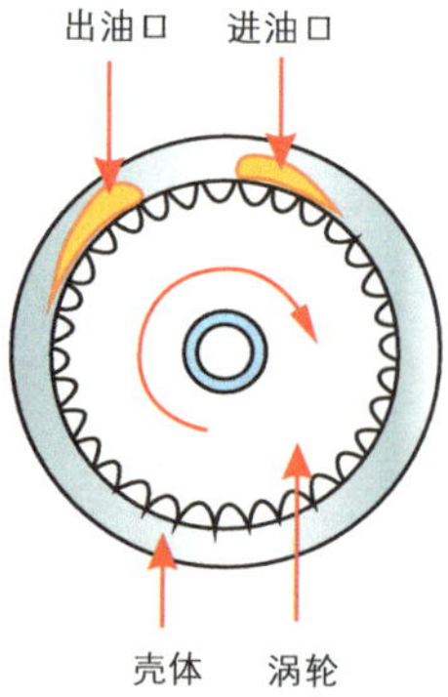

图 2–38　涡轮式燃油泵的工作原理

燃油泵工作时，燃油流经燃油泵内腔，对燃油泵电动机起到冷却和润滑的作用。泄压阀安装在进油室和出油室之间，当燃油泵输出油压达到 0.4MPa 时，泄压阀开启，使油泵内的进、出油室连通，燃油泵工作只能使燃油在其内部循环，以防止输油压力过高。

涡轮式燃油泵具有泵油量大、供油压力稳定、运转噪声小等优点，所以应用最为广泛。

2）滚柱式燃油泵的结构原理

如图 2–39 所示，滚柱式燃油泵主要由燃油泵电动机、滚柱泵、单向阀、泄压阀等组成。

其工作原理如图 2–40 所示。当转子旋转时，位于其凹槽内的滚柱在离心力的作用下，紧压在泵体内表面上，对周围起密封作用，在相邻两个滚柱之间形成了一个空腔。在燃油泵运转过程中，一部分空腔的容积不断增大，成为低压油腔，将燃油吸入；而另一部分空腔容积不断减小，成为高压油腔，受压燃油流过电动机，从出油口压出。燃油泵出口处有一个单向阀。在燃油泵不工作时，它阻止燃油倒流回油箱，这样可保持油路中有一定的残余压力，便于下次启动；当泵油压力超过规定值时，装在泵体内的泄压阀被推开，使部分燃油返回到进油口一侧。滚柱式燃油泵的转子每转一周，其排出的燃油就要产生与滚柱数目相同的压力脉动，故在出口处装有油压缓冲器，以减少出口处的油压脉动和运转噪声。

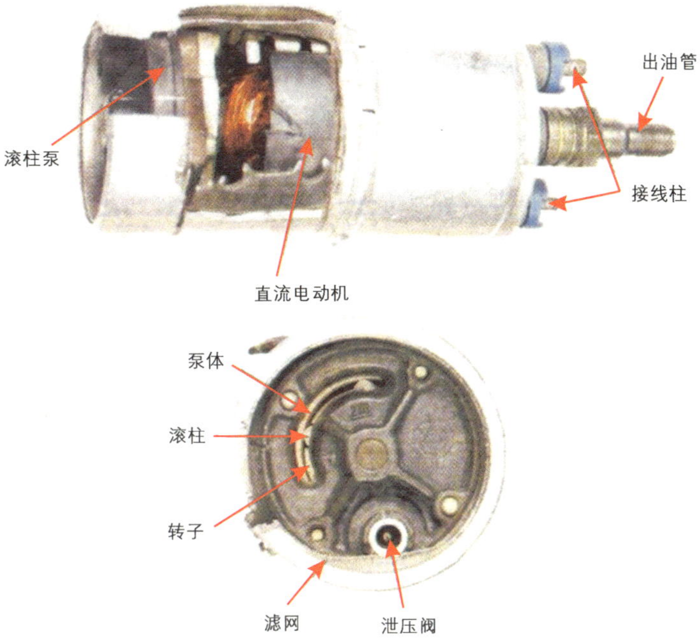

图 2-39　滚柱式燃油泵的结构

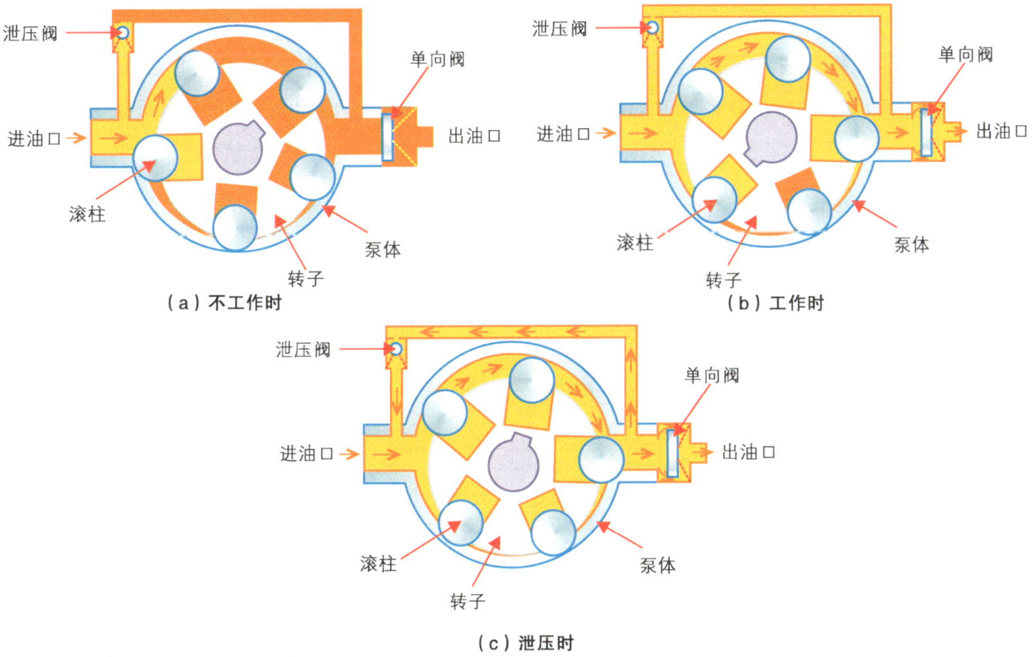

图 2-40　滚柱式燃油泵的工作原理

3）燃油泵的检修

（1）燃油泵的就车检查。

用专用导线将诊断座上的燃油泵测试端子跨接到 12V 电源上，如现代车系诊断座上有电源端子“+B”，将其与燃油泵测试端子“FP”跨接即可。也可以拆开电动燃油泵的线束连接器，直接用蓄电池给燃油泵通电。

将点火开关转至“ON”位置，但不要启动发动机。

旋开燃油箱盖应能听到燃油泵工作的声音，或用手捏进油软管应感觉有压力。

若听不到燃油泵工作声音或进油管无压力，应检修或更换燃油泵。

（2）最大压力和保持压力的测量。

释放燃油系统中的油压，拆下蓄电池负极接柱上的导线，将检测用的油压表接在燃油管上，并堵住出口，如图 2-41 所示。

图 2-41　测量油泵最大压力

装回蓄电池负极接柱上的导线，并用专用导线将故障检测插座内燃油泵的两个检测插孔短接。接通点火开关，但不要启动发动机，持续 10s 左右，使燃油泵工作，并查看油压表的指示值。该压力即燃油泵的最大压力。其数值应比发动机运转时的燃油压力高出 200~300kPa，一般为 490~640kPa。如与规定值不符，应检修或更换燃油泵。接着，断开点火开关，5min 后查看燃油压力表指示值，该压力即燃油泵的保持压力。其数值应大于 340kPa。如与规定值不符，应检修或更换新的燃油泵。

（3）燃油泵的拆装与检测。

拆装燃油泵时注意：应释放燃油系统压力，并关闭用电设备。拆下燃油泵后，用万用表欧姆挡测量电动燃油泵上两个接线端子间的电阻（见图 2-42），即电动燃油泵直流电动机线圈的电阻，其阻值应为 2~3Ω（20℃时）。如电阻值不符，则应更换电动燃油泵。

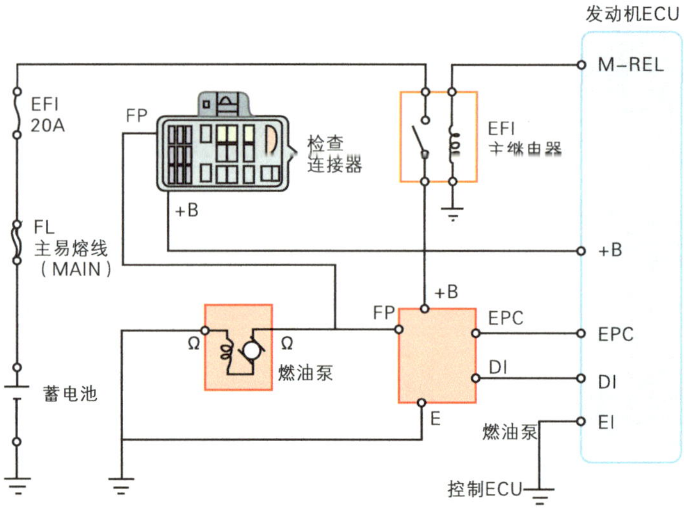

图 2-42　燃油泵控制电路

2. 燃油滤清器

燃油滤清器安装在燃油泵之后的高压油路中，其功用是滤除燃油中的杂质和水分，防止燃油系统堵塞，减少机械磨损，以保证发动机正常工作。

3. 油压脉动阻尼器

当喷油器喷射燃油时，在输送管道内会产生燃油压力脉动。油压脉动阻尼器可使燃油压力脉动衰减，以减弱燃油输送管道中的压力脉动传递，降低噪声。

油压脉动阻尼器的结构如图 2–43 所示，主要由膜片和弹簧等组成。其工作原理如图 2–44 所示。当发动机工作时，燃油经过脉动阻尼器膜片下方进入输油管，当燃油压力产生脉动时，膜片弹簧被压缩或伸张，膜片下方的容积略有增大或减小，从而起到稳定燃油系统压力的作用。同时，膜片弹簧的变形可吸收脉动能量，迅速衰减燃油压力的脉动。

在拆卸油压脉动阻尼器时，必须先释放燃油系统压力，然后才能进行拆卸。

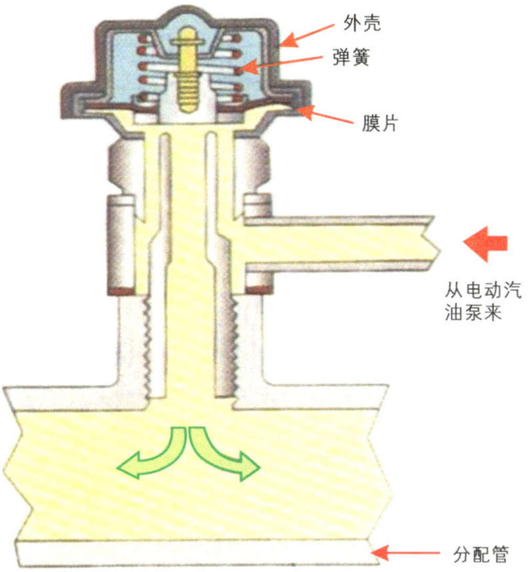

图 2–43　油压脉动阻尼器的结构

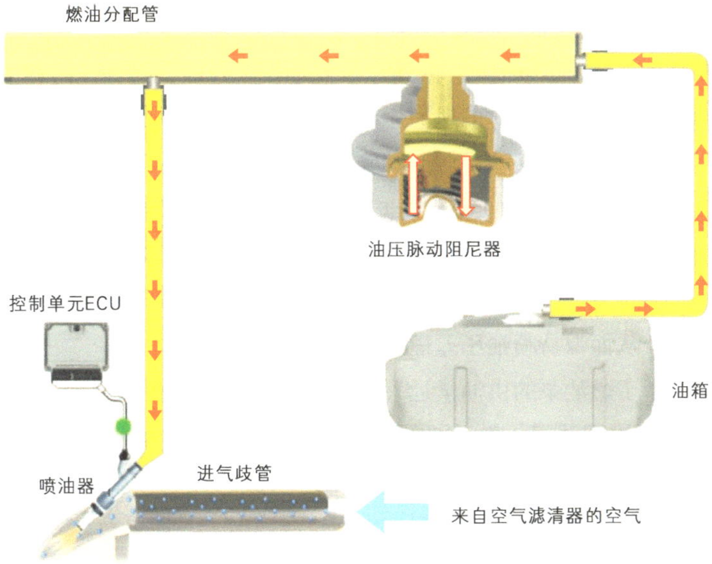

图 2–44　油压脉动阻尼器的工作原理

4. 燃油压力调节器

1）燃油压力调节器的作用

燃油压力调节器简称回油阀，是电控燃油喷射系统中常用的构成部件之一，其作用是调节至喷油器的燃油压力，使油路中的燃油压力与进气管压力之差保持恒定，这样从喷油器喷出的燃油量便唯一取决于喷油器的开启时间，使电控单元能够通过控制电脉冲宽度来精准控制喷油量。

2）燃油压力调节器的结构原理

燃油压力调节器通常安装在输油管的一端，其结构如图 2–45 所示，主要由膜片、弹簧和回油阀等组成。

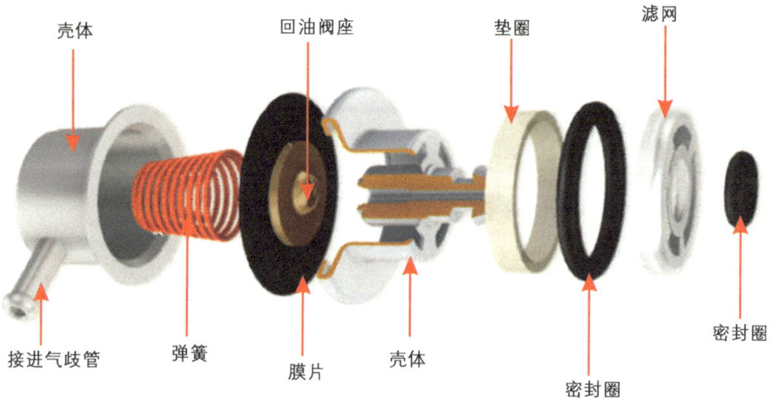

图 2–45　燃油压力调节器的结构

燃油压力调节器的工作原理如图 2–46 所示。发动机工作时，燃油压力调节器膜片上方承受的压力为弹簧的弹力和进气管内气体的压力之和，膜片下方承受的压力为燃油压力，当膜片上、下承受的压力相等时，膜片处于平衡位置不动。当进气管内气体压力下降（真空度增大）时，膜片向上移动，回油阀开度增大，回油阻力减小，使输油管内燃油压力也下降；反之，当进气管内的气体压力升高时，则膜片带动回油阀向下移动，回油阀开度减小，回油阻力增大，使输油管内燃油压力也升高。由此可见，在发动机工作时，燃油压力调节器通过控制回油阻力来调节输油管内燃油压力，从而保持喷油压差恒定不变。

发动机工作时，由于燃油泵的供油量远大于发动机消耗的油量，所以回油阀始终保持开启，使多余燃油经过回油管流回油箱。发动机停止工作时，随输油管燃油压力下降，回油阀在弹簧的作用下逐渐关闭，以保持燃油系统内有一定的残余压力。

燃油压力调节器是整体成形的，当出现工作不良故障时，只能更换。

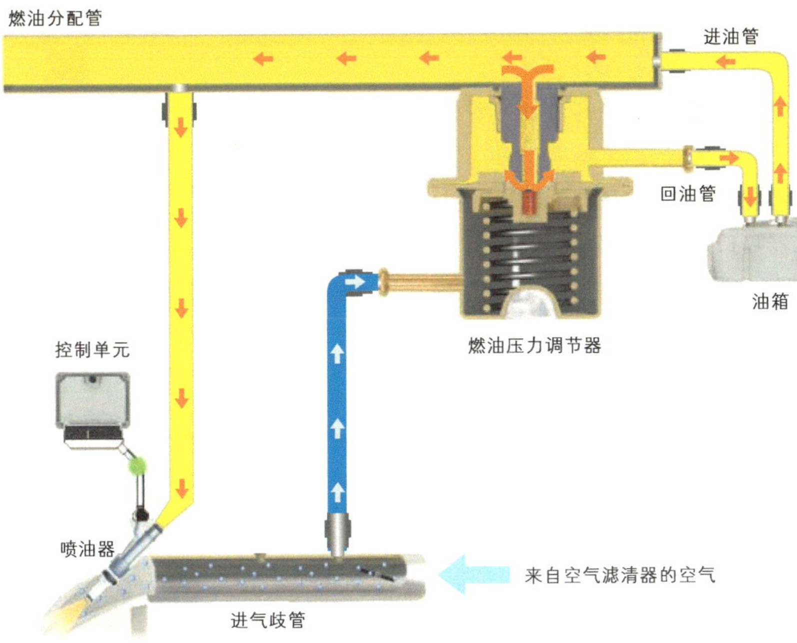

图 2–46　燃油压力调节器的工作原理

5. 燃油分配管

燃油分配管又称为燃油轨，通过支架安装在发动机进气歧管上，如图 2–47 所示，其作用是将燃油均匀地输送至各喷油器，并具有储油蓄压的作用。燃油分配管的容量比发动机循环供油量大得多，可防止燃油压力波动。

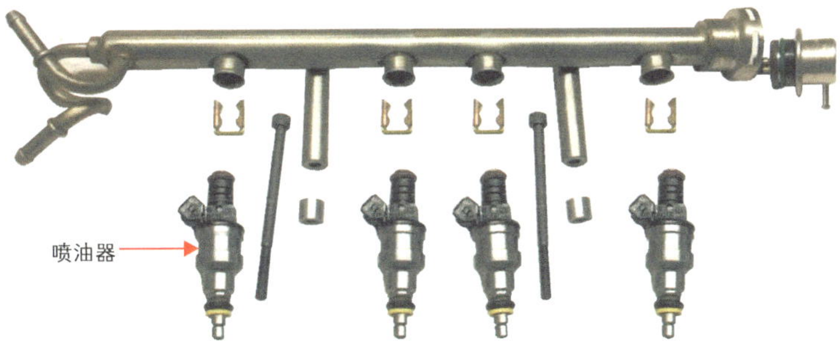

图 2–47　燃油分配管

6. 喷油器

1）喷油器的作用

电控燃油喷射系统中使用的喷油器是电磁式的，喷油器通过绝缘垫圈安装在进气歧管或进气道附近的缸盖上，并用输油管将其位置固定，根据 ECU 提供的喷射信号进行燃油喷射，在把电信号转换成燃油流量信号的同时，使燃油雾化、喷射。

2）喷油器的类型

（1）按汽油喷射类型不同分类。

根据汽油喷射类型不同，喷油器可分为多点喷射（MPI）喷油器和单点喷射（SPI）喷油器。

（2）按结构形式不同分类。

可分为从喷油器上部供油和从喷油器下部供油两种。

（3）按喷油器喷口形式不同分类。

可分为针阀型和孔型两种。其中，针阀型喷油器的喷口不易堵塞，而孔型喷油器的喷口喷出的燃油雾化好，一般有1~2个孔。

（4）按喷油器电磁线圈阻值的不同分类。

可分为低阻喷油器和高阻喷油器两种。低阻喷油器的电阻值为1~3Ω，高阻喷油器的电阻值为13~18Ω。

3）喷油器的结构原理

电磁喷油器的结构如图2-48所示。柱塞和针阀一般制成一体，在回位弹簧压力作用下，针阀紧贴阀座，将喷孔封闭。另外，为防止油中所含杂质影响针阀动作，设有进油滤网；为适应不同应用场合，设有调整针阀行程的调整垫片。

当ECU将开启针阀的电信号通过驱动电路作用于电磁线圈时，柱塞和针阀在电磁线圈吸力的作用下向右移动，当其凸缘部分被吸引碰到调整垫片时，针阀全开，燃油通过喷口喷射出去。喷射结束后，电磁线圈断电，回位弹簧将针阀关闭，喷油器停止喷油。

喷射量的大小除与针阀行程、喷口面积，以及喷射环境压力与燃油压力的压差等因素有关外，还与针阀的开启时间，即电磁线圈的通电时间有关。

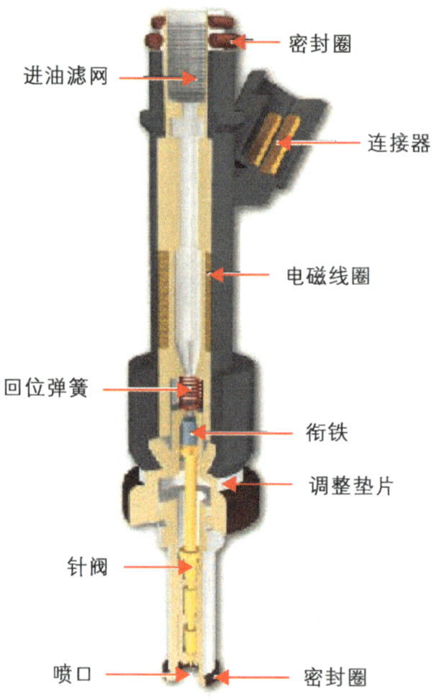

图2-48　电磁喷油器的结构

4）喷油器的检修

（1）喷油器的常见故障。

①机械故障。

机械故障主要有喷油器由于粘滞、堵塞、泄漏而引起机械动作失效，造成发动机运转不良，严重时使发动机无法启动。

●喷油器粘滞。

喷油器发生粘滞故障后，发动机出现怠速不稳、启动闲难、加速性能变差等症状。产生喷油器粘滞的主要原因是使用了劣质汽油，劣质汽油中的石蜡和胶质会在短期内引起喷油器粘滞，造成发动机出现故障。

●喷油器堵塞。

喷油器堵塞可分为内部堵塞和外部堵塞两种情况。内部堵塞的原因是汽油中混入杂质和污物堵塞喷油器，使喷油器机械动作失效。外部堵塞的原因是喷油器外部的喷射口被积炭和污物堵塞，造成喷油器喷射动作失效。喷油器发生堵塞故障后，发动机启动困难、运转不稳、怠速熄火、加速性能变差，甚至造成发动机抖动，导致机件严重磨损。

●喷油器泄漏。

喷油器泄漏可分为内部泄漏和外部泄漏两种情况。内部泄漏的原因是喷油器在使用中早期磨损，造成喷油器在压力油路的施压状态下，不断向进气歧管内泄漏汽油。外部泄漏的部位在喷油器和压力油管连接处。当喷油器发生内部泄漏后，会出现发动机油耗明显增加、发动机动力性变差、混合气燃烧不完全、排气冒黑烟等现象。

②电路故障。

目前使用的喷油器都是电磁式的，其主要故障表现为电磁线圈断路、电磁线圈短路和电磁线圈老化等。

●电磁线圈断路。

电磁线圈断路的主要原因是在清洗喷油器时，由于操作者不熟悉电磁线圈电阻值的知识，错误地将低阻值喷油器直接接到蓄电池电源上，导致线圈过载而烧坏线圈导线。

●电磁线圈短路。

喷油器电磁线圈的连接方式是由一个双位导线连接器连接线圈首尾两端。导线连接器的两根引线，一根接蓄电池正极，另一根接 ECU 控制喷油器电磁线圈的搭铁回路。短路故障发生后，只要接通点火开关，喷油器就一直喷油。产生喷油器电磁线圈短路的主要原因是在维修中接线错误、导线接触不良等。

●电磁线圈老化。

喷油器电磁线圈老化是指线圈阻抗值增加，造成脉冲控制电流在老化的线圈上受阻，导致线圈产生的电磁吸力不足，影响喷油的喷射效果。当线圈老化后，发动机会出现启动困难、怠速不稳、加速性能变差等现象。产生线圈老化的主要原因是喷射系统中的脉冲电流控制值偏高，电流过大而引起发热，导致线圈过早出现老化，使喷油器出现工作失常。

（2）喷油器的检测。

①喷油器电路电压的检测。

拔下喷油器线束插头，将点火开关置于“ON”挡，测量喷油

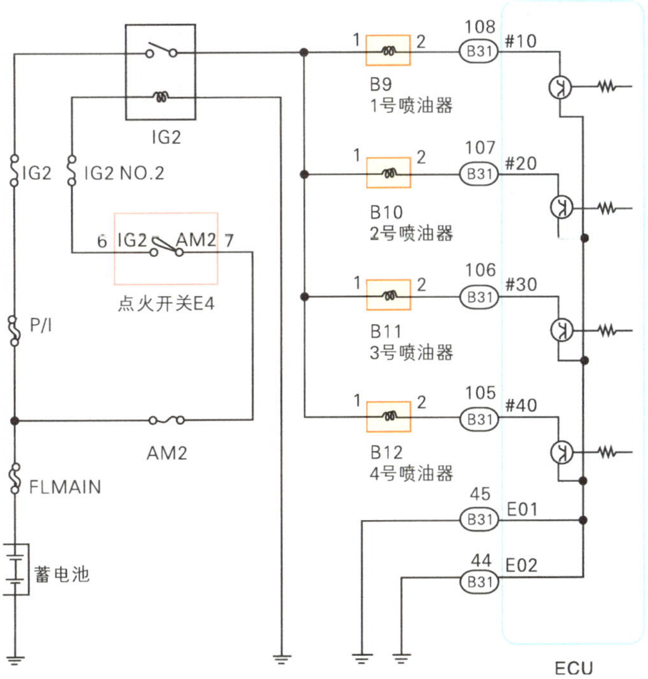

图 2-49　1ZR-FE 型发动机喷油器控制电路

器两端子间电压应为 12V。若无电压，则应检查点火开关及保险或继电器线路。如图 2–49 所示为 1ZR–FE 型发动机喷油器控制电路。②喷油器工作情况检查。

通过测听各缸喷油器工作的声音来判断喷油器是否工作。在发动机运转时应能听到喷油器有节奏的“嗒嗒” 声，这是喷油器在电脉冲作用下喷油的工作声。若各缸喷油器工作声音清脆均匀，则各喷油器工作正常；若某缸喷油器的工作声音很小，则该缸喷油器工作不正常，可能是针阀卡滞，应进一步检查；若听不见某缸喷油器的工作声音，则该缸喷油器不 工作，应检查喷油器及其控制线路。

③喷油器电磁线圈电阻的测量。

拔下喷油器插头连接器，用万用表欧姆挡测量喷油器上两个接线端子间的电阻值。在 20℃时，低阻值喷油器的电阻值为 1~3Ω，高阻值喷油器的电阻值为 13~18Ω。如果电阻值不符，应更换喷油器。

④喷油器的检验。

首先拔下各喷油器的导线连接器，从车上拆下主输油管，再从主输油管上拆下喷油器，连接喷油器、油压调节器、进油管、检查用的软管及专用的软管接头等。

●喷油量的检查。

用连接线连接检查连接器的端子 B 与 FP（见图 2–42），将蓄电池与喷油器连接好；通电 15s，用量筒测出喷油器的喷油量，并观察燃油雾化情况。每个喷油器测试 2~3 次。标准喷油量为 70~80cm^3（每 15s），各喷油器间的喷油量允许误差为 9cm^3。如果喷油量不合标准，则应清洗或更换喷油器。

●检查漏油情况。

在检测喷油量后，脱开蓄电池与喷油器的连接线，检查喷油器喷嘴处有无漏油。要求每分钟漏油不多于一滴，否则应清洗或更换喷油器。

任务实践

1. 实践名称

（1）燃油泵的检测。

（2）燃油系统压力的检测。

（3）喷油器的检测。

2. 实践准备

（1）轿车一辆。

（2）燃油压力表、数字式万用表、拆装工具各一套、导线若干。

（3）工具车、零件车若干。

3. 实践要求与注意事项

1）实践要求

每班分成若干个小组，每次同时进行三个小组的实训，其他小组在教室内复习实训的内容，分几次完成。实训时以教师讲解、演示，学生操作、考核为主，学生完成实训报告及考核，最后填写实训内容。

2）注意事项

（1）听从安排，不要随意走动。

（2）不要随意操作车上的各个系统。

（3）操作所学系统时必须在指导教师的指导下完成。

（4）注意保持教学场地卫生。

（5）不能蛮力操作所学系统。

（6）严格遵守拆装程序及操作规程。

4. 操作步骤及检修

1）燃油泵电阻的检测

用万用表 Ω 挡测量电动燃油泵上两个接线端子间的电阻，即电动燃油泵直流电动机线圈的电阻，其阻值应为______________（20℃时）。如电阻值不符，则______________。

2）燃油系统压力的检测

将测试数据填入表 2-6 中。

表 2-6　压力测试记录表（单位：MPa）

怠速工况	急加速工况	拔下真空管	堵住真空管

3）喷油器电阻的检查

拆开线束连接器，用万用表测量喷油器两端子之间的电阻。低阻值喷油器电阻测量值为____Ω，标注值为____Ω；高阻值喷油器电阻测量值为____Ω，标准值为____Ω。根据测量结果给出维修方案：________________。

5. 实践总结

____

____

____

____

____

____

____

____

任务练习

一、填空题

1. 燃油供给系统的作用是供给发动机燃烧过程所需的__________。

2. 燃油供给系统主要由_________、_________、_________、_________和________等组成。

3. 燃油滤清器的作用是滤除燃油中的__________和__________。

二、判断题

1. 燃油滤清器一般安装在燃油泵之后的高压油路中。（ ）

2. 燃油压力调节器损坏时只能更换总成。（ ）

3. 目前大部分轿车都采用外置式燃油泵。（ ）

三、选择题

1. 下列关于燃油压力调节器作用的说法正确的是（ ）。

A. 改变燃油的流向　　B. 起开关作用

C. 保持喷油压力与进气歧管压力之差恒定　　D. 减小燃油压力值

2. 单向止回阀设计在电动汽油泵的（ ）。

A. 进油口　　B. 出油口

C. 电动泵内的进油腔和出油腔之间　　D. 以上都不对

四、问答题

1. 双管路燃油供给系统和无回油管路燃油供给系统各有何特点？

2. 简述燃油压力调节器的工作原理。

任务五 电子控制系统主要部件的构造与维修

任务目标

完成本学习任务后，你应当达到以下目标。

1. 知识目标

（1）掌握各传感器的结构及原理。

（2）了解凸轮轴/曲轴位置传感器的类型。

2. 能力目标

（1）会检修冷却液温度传感器。

（2）会检修凸轮轴/曲轴位置传感器。

任务引入

安全、环保和节能是当今汽车技术发展的主要方向。汽车电子控制系统一般由传感器、电子控制单元、执行元件三个部分组成。传感器负责采集控制系统的信号，并转换成电信号输送给 ECU；电子控制单元给各传感器提供参考电压，进行存储、计算和分析处理后向执行元件发出指令来实现某个功能。

相关知识

一、电子控制系统的组成部分

电子控制系统主要由传感器、电子控制单元和执行元件三部分组成。如图 2-50 所示为发动机电子控制系统的总体构造，其中包括燃油控制和点火控制，本任务主要讲解燃油喷射部分的相关内容。

空气流量计、进气歧管绝对压力传感器、节气门位置传感器和执行元件中的燃油泵、喷油器，在前面的任务中已经详细讲述，这里不再赘述。下面主要讲解曲轴位置传感器、凸轮轴位置传感器、冷却液温度传感器、进气温度传感器、车速传感器和电子控制单元的结构及控制过程。

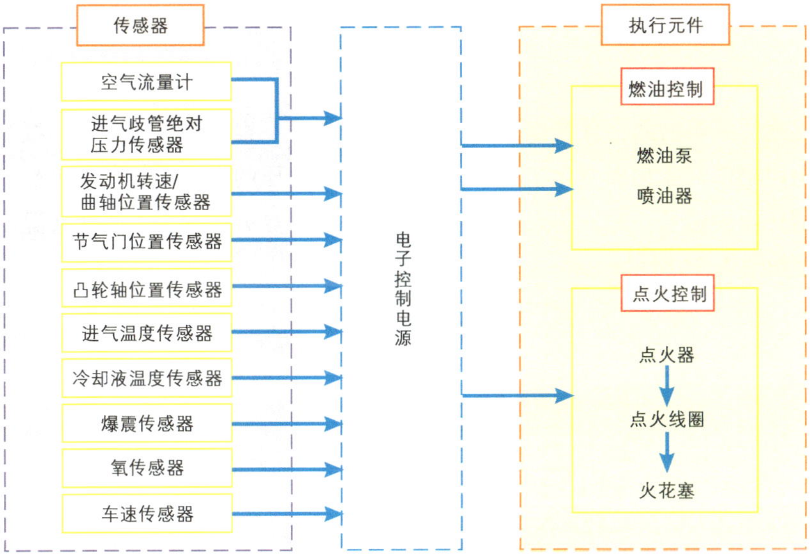

图 2-50　发动机电子控制系统的总体构造

二、传感器

1. 冷却液温度传感器

1）冷却液温度传感器的结构原理

冷却液温度传感器俗称水温传感器，安装在发动机缸体或缸盖的水套上，与冷却水接触，用来检测发动机的冷却液温度，并将温度信号变换为电信号传送给 ECU。ECU 根据发动机的水温信号修正喷油时间和点火时刻，从而使发动机处于最佳运行状态。冷却液温度传感器的结构如图 2–51 所示。

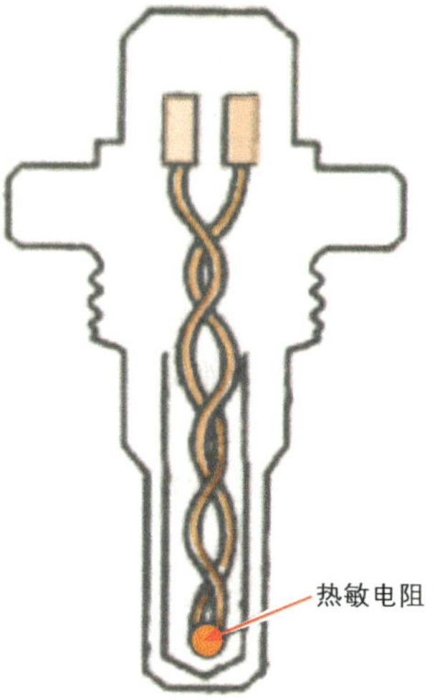

图 2–51　冷却液温度传感器的结构

2）冷却液温度传感器控制电路

冷却液温度传感器的两根导线都和电控单元相连接，一根为搭铁线，另一根为信号线。其电压随热敏电阻阻值的变化而变化，电控单元根据这一电压的变化测得发动机冷却水的温度，和其他传感器产生的信号一起，用来确定喷油脉冲宽度、点火时刻等。冷却液温度传感器与电控单元的连接如图 2–52 所示。

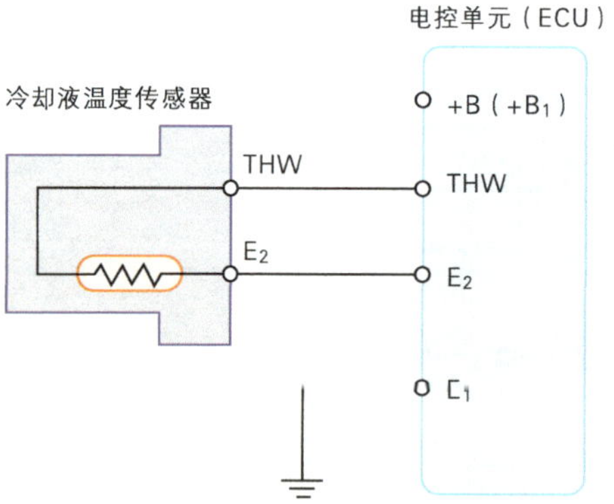

图 2–52　冷却液温度传感器与电控单元的连接

3）冷却液温度传感器的检修

（1）拔下连接器，将点火开关旋至“ON”位置，测量插头 THW 与 E_1 搭铁间的电压，应为 5V。

（2）拔下连接器，将点火开关旋至“OFF”位置，测量插头 E_2 与 E_1 搭铁间的电阻，应为 0Ω。

（3）断开点火开关，拔下冷却液温度传感器线束连接器，从发动机上拆下传感器。

（4）用万用表电阻挡测量冷却液温度传感器 THW、E_2 两端子与传感器外壳之间的电阻（见图 2–52），其电阻值均应为无穷大。

（5）将冷却液温度传感器放在盛有水的烧杯内，如图 2–53 所示，用电热器加热烧杯中的水。用万用表电阻挡测量传感器 THW、E_2 两端子间的电阻，其电阻值随温度变化而变化，应符合特性曲线相应温度下的电阻值，如图 2–54 所示。

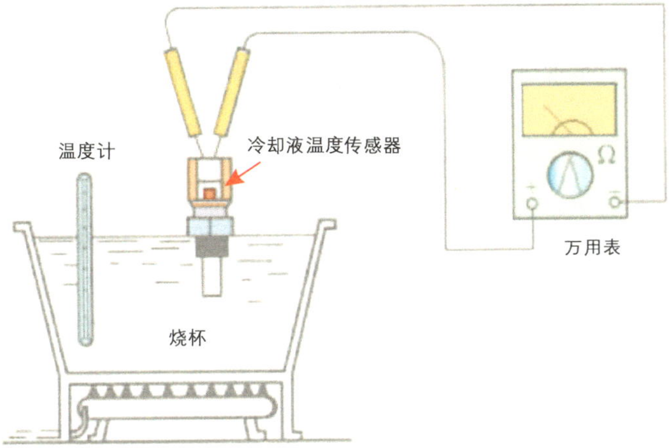

图 2–53　测量冷却液温度传感器在不同温度下的电阻值

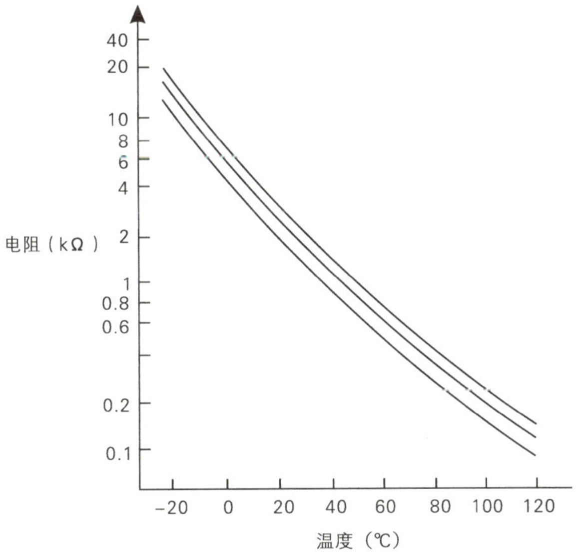

图 2–54　冷却液温度传感器的特性曲线

2. 进气温度传感器

进气温度传感器在电控燃油喷射系统中的作用是测量进气温度，因空气密度随温度的变化而变化，而喷油量是按空气质量来计算的，且理想空燃比是 14.7:1，所以 ECU 必须根据进气温度对喷油量进行修正，以获得最佳空燃比。进气温度传感器的结构可参考冷却液温度传感器的结构，都由热敏电阻构成。检修方法也可参考冷却液温度传感器的检修方法。

3. 凸轮轴 / 曲轴位置传感器

曲轴位置传感器和凸轮轴位置传感器用于提供确定点火时间的基本信号。凸轮轴位置传感器在曲轴旋转至某一特定位置时，向 ECU 发送一个脉冲信号，此信号是计算曲轴位置的基准信号，再结合曲轴的角度信号计算出曲轴在任意时刻的所处位置。曲轴位置传感器将曲轴旋转的角度转换为 ECU 可以识别的电信号，并送至 ECU。

曲轴位置传感器和凸轮轴位置传感器的结构和工作原理基本相同，常见的有磁脉冲式、霍尔式和光电式三种。

1）磁脉冲式

磁脉冲式凸轮轴 / 曲轴位置传感器主要由软铁芯、信号盘、壳体和接线端等组成。信号盘固定于曲轴前端或飞轮盘上，并随曲轴一起转动，每当齿盘转过一个齿时，齿顶切割磁场的磁力线，感应线圈便产生一个脉冲信号，ECU 便按照预定的比率计算出发动机的转速。这种传感器的结构及控制电路如图 2–55 所示。

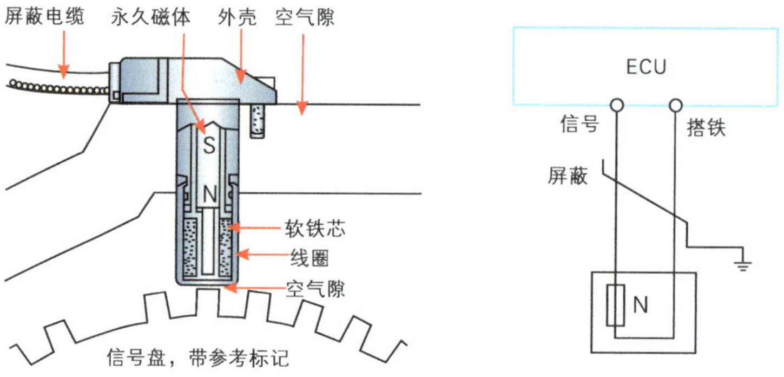

图 2–55 磁脉冲式凸轮轴 / 曲轴位置传感器的结构及控制电路

2）霍尔式

霍尔式凸轮轴 / 曲轴位置传感器是利用霍尔效应原理制成的传感器。霍尔效应是指当半导体上通过电流，并且电流的方向与外界磁场的方向相垂直时，在垂直于电流和磁场的方向上产生霍尔电动势的现象。霍尔式传感器的结构原理如图 2–56 所示。

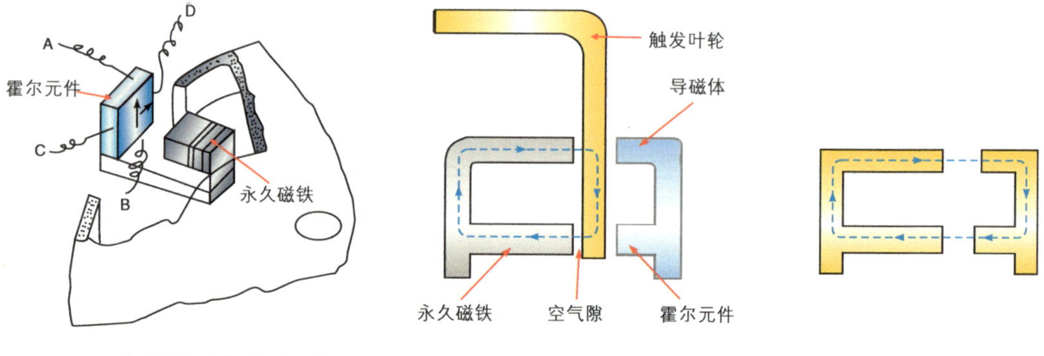

（a）霍尔式传感器的结构 （b）金属叶片进入空气隙 （c）金属叶片离开空气隙

图 2–56 霍尔式传感器的结构原理

霍尔式传感器在工作时需要 ECU 提供一个稳定的电压（一般为 5V）。霍尔式传感器与 ECU 之间三根导线相连，当点火开关接通时，ECU 通过其中一根导线向传感器送出一个稳定的 5V 电压信号，第二根线为传感器输出信号线，第三根线是传感器的搭铁线，如图 2–57 所示。旋转转子的凸齿经过磁场时使磁场强度改变，霍尔晶体管产生的霍尔电压经放大后输送给 ECU。ECU 根据霍尔电压产生的时刻确定凸轮轴位置，根据霍尔电压产生的次数确定曲轴转角和发动机转速。

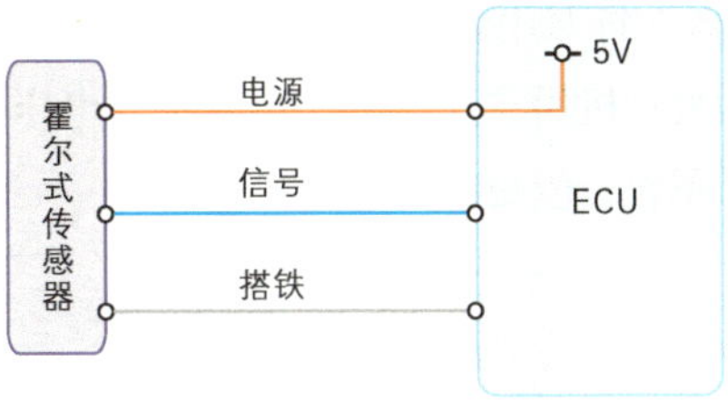

图 2–57　霍尔式传感器控制电路

3）光电式

光电式凸轮轴 / 曲轴位置传感器一般安装在分电器内，它主要由信号盘、发光二极管、光敏二极管和信号电路等组成，如图 2–58 所示。信号盘安装在分电器轴上，其外围有 360 条缝隙，产生 1° 曲轴转角信号（Ne 信号）；外围稍靠内侧分布着数量与发动机汽缸数相等的透光孔，产生各缸活塞上止点位置信号（G 信号），其中一个较宽的透光孔用于产生确定第一缸活塞上止点的信号。两个发光二极管与两个光敏二极管分布固定在信号盘透光孔两侧相对位置，当发动机工作时，随信号盘转动，发光二极管的光束照射到光敏二极管上，则使光敏二极管感光而导通；发光二极管的光束被遮挡则光敏二极管截止。光敏二极管产生的脉冲信号经信号电路放大后向 ECU 输送 G 信号和 Ne 信号。

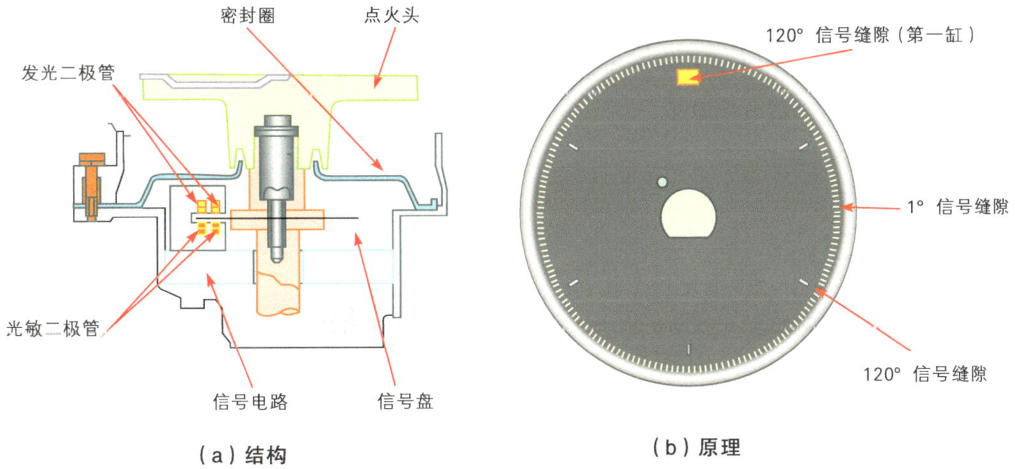

图 2–58　光电式凸轮轴 / 曲轴位置传感器

4）凸轮轴 / 曲轴位置传感器的检修

（1）线路的检测。

凸轮轴 / 曲轴位置传感器控制电路如图 2–59 所示。拆下传感器线束插接器，将点火开关转至“ON”位置，用万用表电压挡测量线束 4 号端子与搭铁间的电压应为 12V，线束 2 号端子、3 号端子与搭铁间的电压应为 4.8~5.2V；用万用表电阻挡测量 1 号端子与搭铁间的电阻应为 0Ω。

（2）输出信号的检测。

将万用表接在传感器 3 号端子和 1 号端子上，在启动发动机时，电压应为 0.2~1.2V。将启动发动机后怠速运转，用万用表电压挡测量 2 号端子和 1 号端子，电压应为 1.8~2.5V。若测量结果不符，应更换传感器。

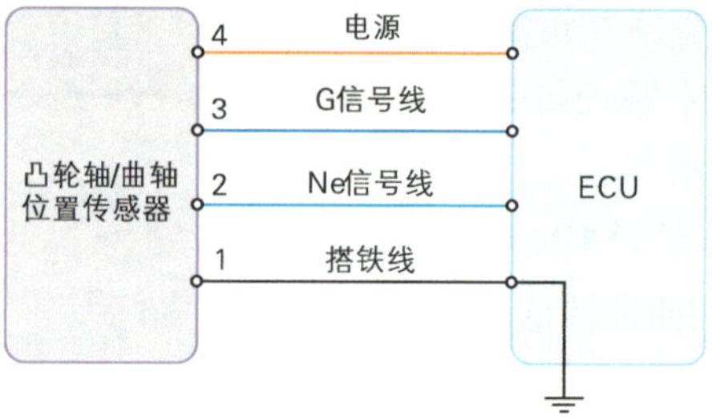

图 2-59　凸轮轴 / 曲轴位置传感器控制电路

4. 车速传感器

车速传感器检测汽车的行驶速度，给 ECU 提供车速信号（SPD 信号），用于巡航控制和限速断油控制；在汽车集中控制系统中，这也是自动变速器的主控制信号。

车速传感器通常安装在组合仪表内或变速器输出轴上。车速传感器有舌簧开关式和光电式两种类型，光电式车速传感器的结构和工作原理与光电式凸轮轴 / 曲轴位置传感器类似，这里不再赘述。

舌簧开关式车速传感器的结构如图 2-60 所示。控制电路如图 2-61 所示。ECU 给车速传感器提供 12V 电压并进行控制，舌簧开关控制搭铁，当舌簧开关闭合，电路接通时，传感器便产生一个脉冲信号输送给 ECU。在实际维修中，应先检查传感器电源电压是否正常，再测量传感器信号输出电压是否为蓄电池电压。

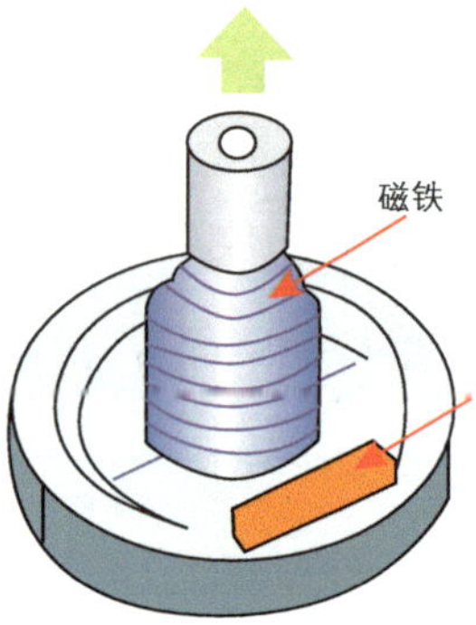

图 2-60　舌簧开关式车速传感器的结构

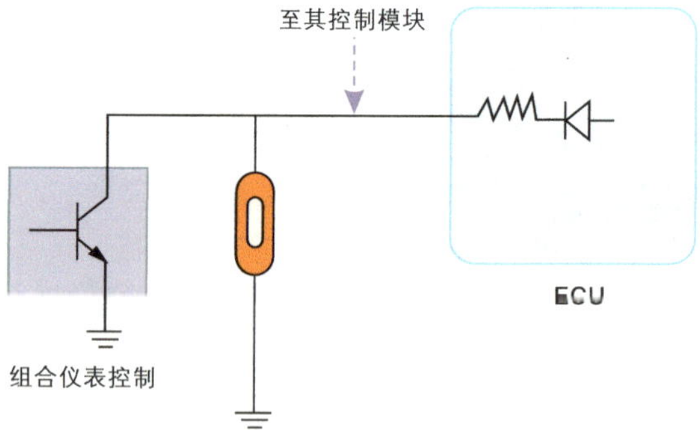

图 2-61　舌簧开关式车速传感器的控制电路

三、电子控制单元

发动机电子控制单元主要由输入回路、模 / 数转换器（A/D 转换器）、微型计算机和输出回路组成，如图 2–62 所示。

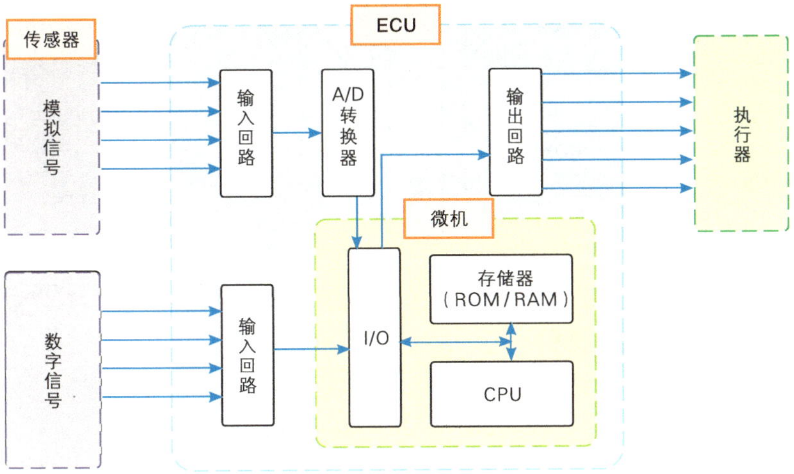

图 2–62　电子控制单元的基本组成

1. 输入回路

发动机工作时，各种传感器的信号输入 ECU 后，首先进入输入回路进行处理。传感器输入的信号不同，处理的方法也不同，一般是先将输入信号滤波和将正弦波转为矩形波，再转为输入电平，如图 2–63 所示。

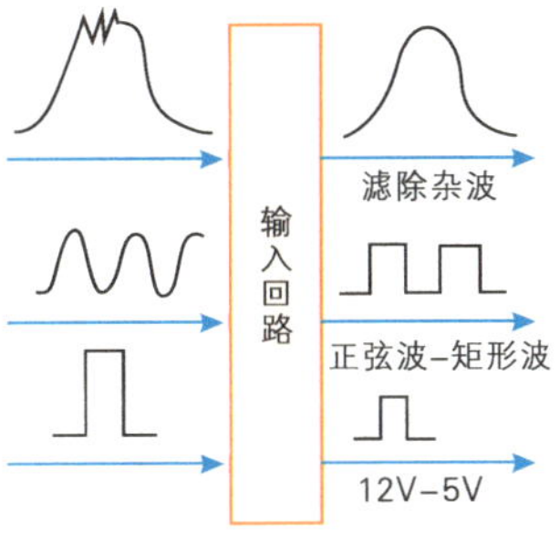

图 2–63　输入回路

2. 模 / 数转换器（A/D 转换器）

传感器输送给 ECU 的信号有数字信号和模拟信号两种。数字信号可直接输入微型计算机，但微型计算机不能直接接收模拟信号，必须由 A/D 转换器转换成数字信号后再输入微型计算机（见图 2–64）。

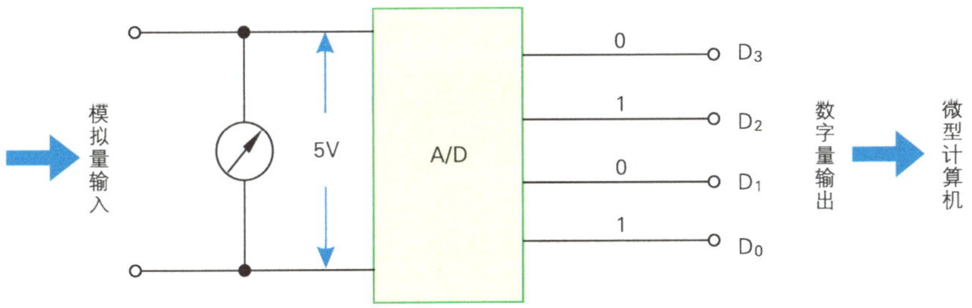

图 2–64　A/D 转换器的工作过程

3. 微型计算机

微型计算机简称微机，微机是控制系统的神经中枢，其功用是根据工作需要，利用其内存程序和数据对各传感器输送来的信号进行计算处理，并将处理结果送往输出回路。微机主要由中央处理器（CPU）、存储器（RAM/ROM）和输入 / 输出（I/O）装置组成，如图 2–65 所示。

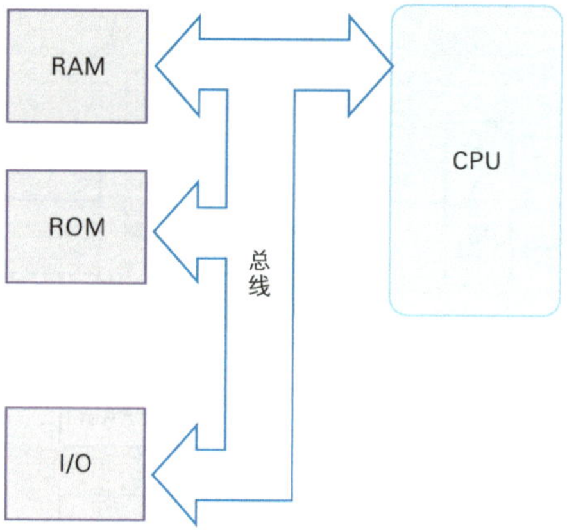

图 2-65　微型计算机的组成

1）中央处理器

中央处理器主要由进行算术运算和逻辑运算的运算器、暂时存储数据的寄存器、按照程序在各装置之间完成信号传送及控制任务的控制器等组成。其功用是读出命令并执行数据处理任务。

2）存储器

存储器的功用是存储信息，包括随机存储器（RAM）和只读存储器（ROM）。随机存储器用来暂时存储信息。只读存储器是用来存储固定信息的。

3）输入 / 输出装置

输入 / 输出装置是微机与外界进行信息交流的纽带。在控制系统工作时，输入 / 输出装置根据 CPU 的命令，在 CPU 与输入回路和输出回路之间进行数据传送。输入 / 输出装置又称为 I/O 接口，具有数据缓冲、电平匹配、时序匹配等多种功能。

4. 输出回路

输出回路是为微机与执行元件之间建立联系的装置，它将微机发出的决策指令转变成控制信号来驱动执行元件工作。输出回路一般具有控制信号的生成和放大等功能。微机输出的是数字信号，而且输出的电流很小，用这种信号一般不能驱动执行元件工作，需要输出电路将其转换成可以驱动执行元件工作的控制信号，如喷油器的驱动信号、燃油泵控制信号等，如图 2-66 所示为喷油器驱动信号示意图。在控制输出回路中，利用功率管的导通和截止，为喷油器提供一个宽度的脉冲驱动信号。在顺序喷射的驱动回路中，还应有缸序判别与喷油器定时两个定量功能，以达到喷油正时和精准控制喷油量的目的。

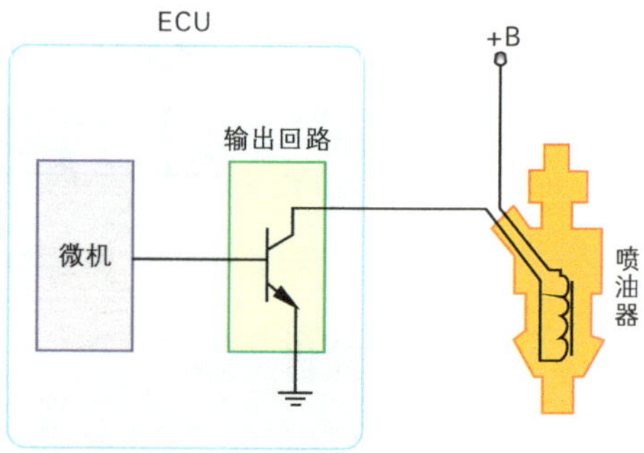

图 2-66　喷油器驱动信号示意图

四、执行元件

执行元件是根据电控单元的控制指令来完成各种相应的动作，并对发动机运转进行调整的装置。它能使控制对象工作在设定的状态。电控燃油喷射系统中的执行元件是喷油器和燃油泵，在前面的任务中已经详细讲述，这里不再赘述。

任务实践

1. 实践名称

（1）冷却液温度传感器的检修。

（2）凸轮轴 / 曲轴位置传感器的检修。

2. 实践准备

（1）轿车一辆。

（2）数字式万用表、拆卸工具各一套。

（3）工具车、零件车若干。

3. 实践要求与注意事项

1）实践要求

每班分成若干个小组，每次同时进行三个小组的实训，其他小组在教室内复习实训的内容，分几次完成。实训时以教师讲解、演示，学生操作、考核为主，学生完成实训报告及考核，最后填写实训内容。

2）注意事项

（1）听从安排，不要随意走动。

（2）不要随意操作车上的各个系统。

（3）操作所学系统时必须在指导教师的指导下完成。

（4）注意保持教学场地卫生。

（5）不能蛮力操作所学系统。

（6）严格遵守拆装程序及操作规程。

4. 操作步骤及检修

1）冷却液温度传感器的检修

（1）传感器电阻值的测量。

取下传感器，将传感器的工作部分放入水中进行加热，测量两端子之间的电阻值，将测量值填入表 2–7 中。

表 2–7 传感器电阻值的测量（单位：kΩ）

检测端子	条件	测量值	规定值
1 号端子、2 号端子	20℃		
	80℃		
结论			

（2）电源电压和信号电压的测量。

拔下传感器插头，接通点火开关，测量传感器两端子之间的电源电压为_______V，实际值为________V；检测信号电压时，应插上传感器插头，接通点火开关。当发动机工作时，温度高时电压应低，温度低时电压应高，否则_________________。

2）凸轮轴 / 曲轴位置传感器的检修

（1）线路的检测。

拆下传感器线束插接器，将点火开关转至“ON”位置，将测量值填入表 2–8 中（参考图 2–59）。

（2）输出信号的检测。

表 2–8 凸轮轴 / 曲轴位置传感器各端子电压值的测量（单位：V）

测量端子	测量值	实际值
1 号端子 – 搭铁		
2 号端子 – 搭铁		
3 号端子 – 搭铁		
4 号端子 – 搭铁		
结论		

将万用表接在传感器 3 号端子和 1 号端子上，启动发动机时，电压应为_________。启动发动机后怠速运转，用万用表电压挡测量 2 号端子和 1 号端子电压应为___________。结论为___________________。

5. 实践总结

____

____

____

____

____

____

任务练习

一、填空题

1. 水温传感器的内部均为________。

2. 测量进气温度，并将温度信号转换为电信号送至 ECU 的传感器是__________。

3. 传感器输出的信号有__________和__________两种。

4. 曲轴位置传感器的结构形式有__________、__________、__________三种。

二、问答题

1. 冷却液温度传感器的原理是什么?

2. 进气温度传感器有何作用?

项目三

电控点火系统的构造与维修

项目描述

电控点火系统的不断发展，使得点火性能不断提高，降低了发动机油耗和污染物的排放，对提高发动机动力性、经济性和工作可靠性均起了很大作用，但同时也造成电控点火系统维修难度相应增加。这就要求在检修工作中技术人员要有扎实的理论基础、足够的实践经验和专业的检修技巧，才能提高对整个系统进行分析和故障排除的能力。

任务一 电控点火系统概述

任务目标

完成本学习任务后，你应当达到以下目标。

1. 知识目标

（1）掌握电控点火系统的控制内容。

（2）熟悉电控点火系统的要求。

2. 能力目标

（1）能够理解点火提前角的控制内容。

（2）能够理解爆震控制的原理。

任务引入

微机控制的点火正时是随着电子技术的进步而发展起来的一门新技术，也是汽车电子化的必然趋势。它与传统的点火系统相比，点火时间控制精度高，同时能保证发动机在运行过程中始终处于最佳的点火提前角状态，这些是传统点火系统无法实现的。

相关知识

一、电控点火系统的应用

早在 20 世纪初，点火系统在汽车发动机上已开始应用，从有触点式、普通无触点式、集成电路式，发展到现今的微机控制电子点火系统。微机控制电子点火系统可控制并维持发动机点火提前角（ESA）在最佳范围内，使汽油机的点火时刻更接近于理想状态。

在微机控制点火系统中，目前出现了一种无分电器点火（DLI）系统，它取消了普通微机控制点火系统中的分电器，改由 ECU 内部控制各缸配电。这样点火线圈产生的高压电，不需要经过分电器分配，直接就送至火花塞。无分电器点火系统可消除分火头与分电器盖边电极的火花放电现象，减少电磁干扰。无分电器点火系统根据点火顺序的不同，有两缸同时点火和各缸独立点火两种。在两缸同时点火方式中，每两缸一组，合用一个点火线圈，所有缸体分成若干组，按组依次进行点火；在各缸独立点火方式中，每缸的火花塞都设有单独的点火线圈，这样各缸可依次轮流点火。

在发动机的点火控制中，同样采用了开环和闭环相结合的控制形式。启动阶段的点火时刻由 ECU 中的专门信号进行开环控制；正常运行期间，则通过增设爆震传感器进行爆震反馈控制，根据爆震传感器的反馈信号调整点火时刻，使发动机处于临界爆震状态。

二、电控点火系统的要求

为了保证发动机在各种工况下可靠并准确地点火，点火系统必须满足以下要求。

1. 能够提供足够高的击穿电压

能使火花塞电极间产生电火花的电压，称为击穿电压。启动时，要求最高击穿电压为 17kV 左右，发动机低速满负荷运转时需要 8~10kV 的击穿电压。为了使点火可靠，通常点火系统的次级电压大于击穿电压。现代发动机中大多数点火系统都能提供 20kV 以上的次级电压。

2. 火花要有足够的能量

要可靠地点燃混合气，除了需要足够高的击穿电压外，火花塞产生的电火花还应具有足够的能量，电火花的能量可用以下公式表示：

电火花的能量 = 火花塞电极间的电压 × 火花塞电极间流过的电流 × 电火花持续时间

电火花的能量不仅和电火花的电压有关，还和电火花电流及电火花持续时间有关，点火能量越大，着火性能越好。在发动机启动、怠速及急加速等情况下要求较高的点火能量。目前采用的高能点火装置，要求点火能量超过 80mJ。

3. 具有最佳的点火提前角

点火系统除了应按各缸的工作顺序依次点火外，还必须保证具有最佳的点火提前角，这不仅可以提高汽油机的动力性，降低燃油消耗率，而且能减少汽油机有害物的生成量。

三、电控点火系统的控制内容

电控点火系统的控制内容主要包括点火提前角控制、通电时间控制及爆震控制三个方面。

1. 点火提前角控制

1）启动时点火提前角的控制

发动机启动时，按 ECU 内存储的初始点火提前角（设定值）对点火提前角进行控制。启动时点火提前角的设定值随发动机而异，对某台发动机而言，启动时的点火提前角是固定的，一般为 10° 左右。

在发动机启动过程中，发动机转速变化大，且由于转速较低（一般低于 500r/min），进气歧管绝对压力传感器信号或空气流量计信号不稳定，ECU 无法正确计算点火提前角，一般将点火时刻固定在设定的初始点火提前角。此时的控制信号主要是发动机转速信号（Ne 信号）和启动开关信号（STA 信号）。

2）启动后点火提前角的控制

发动机正常运转时（启动后），发动机 ECU 根据发动机的转速和负荷信号，确定基本点火提前角，并根据其他有关信号进行修正，最后确定实际的点火提前角，并向电子点火控制器输出点火指令信号，以控制点火系统的工作。

最佳点火提前角 = 初始点火提前角 + 基本点火提前角 + 修正点火提前角（或点火延迟角）

（1）初始点火提前角。

为了控制点火正时，电控单元根据上止点位置来确定点火提前角。在一些微电子控制点火系统中，有些发动机电控单元把 G1 或 G2 信号出现后第一个 Ne 信号过零点定为压缩行程上止点前 10°，以这个角度作为点火正时计算的基准点，称为初始点火提前角，其大小随发动机而异。

（2）基本点火提前角。

发动机正常运转时，电控单元按怠速工况和非怠速工况两种情况确定基本点火提前角。

发动机处于怠速工况时，电控单元根据节气门位置信号（怠速触点闭合）、发动机转速信号及空调开关信号确定基本点火提前角。

发动机处于非怠速工况时，电控单元根据发动机转速和节气门位置信号，从预置在存储器中的数据表中查出相应的基本点火提前角。

（3）修正点火提前角（或点火延迟角）。

①暖机修正。

发动机冷车启动后，冷却水温度较低时，应增大点火提前角。在暖机过程中，随冷却水温度的升高，点火提前角修正值逐渐减小，如图 3–1 所示。发动机暖机修正的主要控制信号包括冷却水温度信号（THW）、空气流量信号、节气门位置信号（IDL）等。

②过热修正。

发动机处于正常运行工况时（怠速触点断开），若冷却水温度过高，为了避免产生爆震，应将点火提前角推迟。发动机处于怠速工况时（怠速触点闭合），若冷却水温度过高，为了避免发动机长时间过热，应增大点火提前角。过热修正曲线如图 3–2 所示。

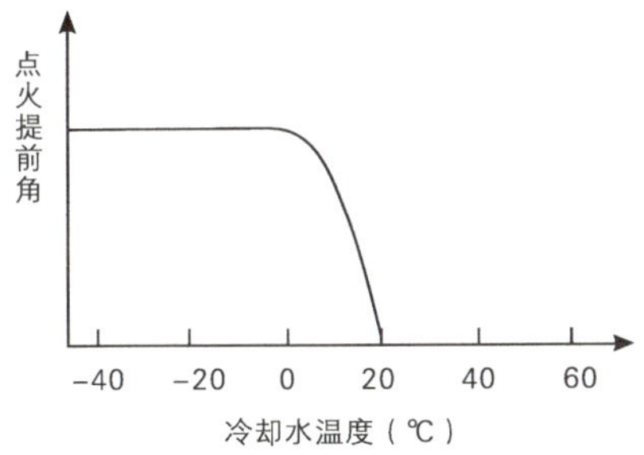

图 3–1　暖机修正曲线

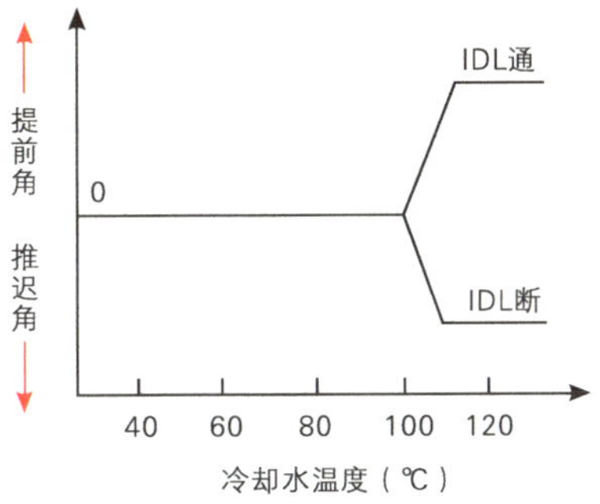

图 3–2　过热修正曲线

过热修正的主要控制信号包括冷却水温度信号（THW）、节气门位置信号（IDL）等。

③空燃比反馈修正。

装有氧传感器的电控汽油喷射系统，其电控单元根据氧传感器的反馈信号空燃比进行修正。随着修正喷油量的增加或减少，发动机转速在一定范围内波动。为了提高怠速的稳定性，在反馈修正喷油量减少时，点火提前角应相应增大，如图 3–3 所示。

空燃比反馈修正的控制信号主要有氧传感器信号（OX）、节气门位置信号（IDL）、冷却水温度信号（THW）、车速信号等。

④怠速稳定性修正。

发动机在怠速工况运行时，由于负荷变化使发动机转速发生变化，电控单元要调整点火提前角，使发动机在规定的怠速转速下稳定运转。

发动机处于怠速工况时，电控单元不断地计算发动机的平均转速，当发动机的转速低于规定的怠速转速时，电控单元根据实际转速与目标转速差值的大小相应地增大点火提前角；当发动机转速高于目标转速时，则减小点火提前角，如图 3–4 所示。

怠速稳定性修正的控制信号主要有发动机转速信号（Ne）、节气门位置信号（IDL）、车速信号和空调信号（A/C）等。

⑤爆震修正。

爆震修正可参见爆震控制。

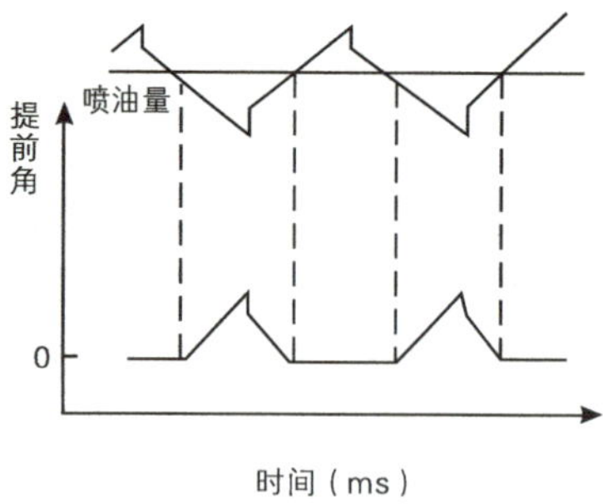

图 3-3 空燃比反馈修正曲线

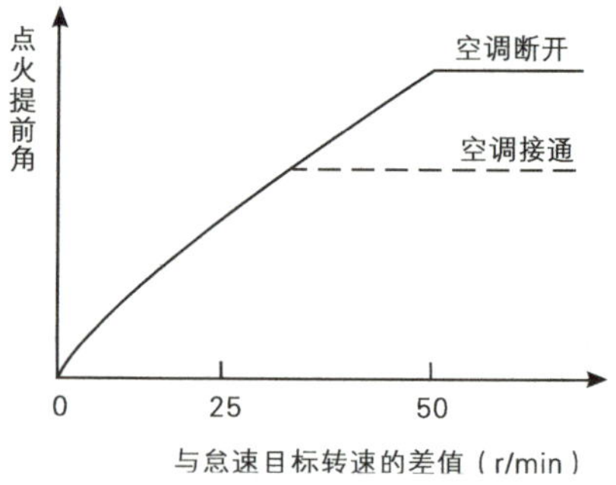

图 3-4 怠速稳定性修正曲线

2. 通电时间控制

1）通电时间对发动机工作的影响

要想在点火线圈的次级线圈产生高电压，初级线圈必须有较大的电流通过，产生较强的磁场。初级线圈通过大电流，如果时间过长会导致点火线圈被烧毁，所以电控系统采用了通电时间控制。在电控系统中，利用 ECU 来控制点火线圈的初级线圈通电时间，以避免烧毁点火线圈。

影响初级线圈通过电流的主要因素有发动机转速和蓄电池电压。如蓄电池电压下降，在相同的通电时间里初级电流所达到的值将会减小。因此，还必须根据蓄电池电压对通电时间进行修正。通电时间与蓄电池电压修正曲线如图 3-5 所示。

2）通电时间的控制方法

在电控点火系统中，采用了大量的传感器和晶体管开关，取代了传统点火系统中的断电器和分电器中的凸轮，甚至无分电器，点火线圈初级电路的通电时间由 ECU 控制，通电时间控制模型如图 3-6 所示。闭合角（通电时间）控制模型存储在 ECU 内，发动机工作时，ECU 根据发动机转速信号（Ne 信号）和电源电压信号确定最佳的闭合角（通电时间），并向点火器输出指令信号，以控制点火器中晶体管的导通时间。随发动机转速提高和电源电压下降，闭合角（通电时间）增大。

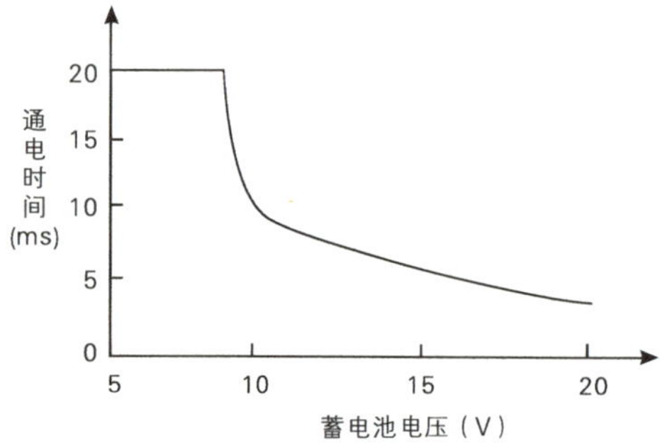

图 3-5 通电时间与蓄电池电压修正曲线

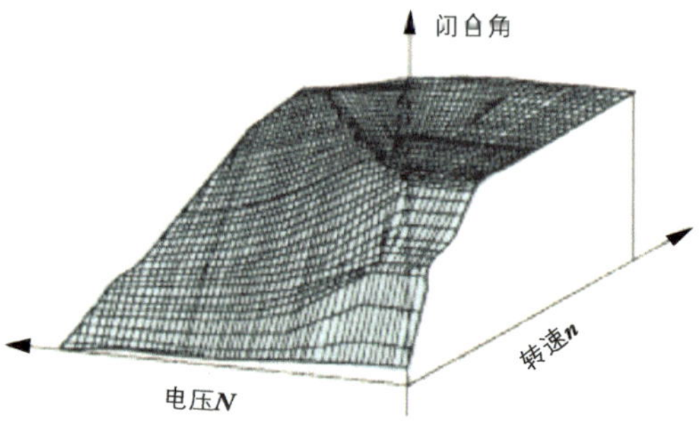

图 3-6 通电时间控制模型

3）点火线圈的恒流控制

现代电控点火系统中，为了减小转速对次级电压的影响，提高点火能量，采用了初级线圈电阻很小的高能点火线圈。为了防止初级电流过大烧坏点火线圈，在部分电控点火系统的点火控制电路中增加了恒流控制电路。其控制的基本方法是：在点火器功率晶体管的输出回路中增设一个电流检测电阻，如图 3-7 所示，用电流在该电阻上形成的电压降反馈控制晶体管的基极电流，只要这种反馈为负反馈，就可使晶体管的集电极电流稳定，从而实现恒流控制。

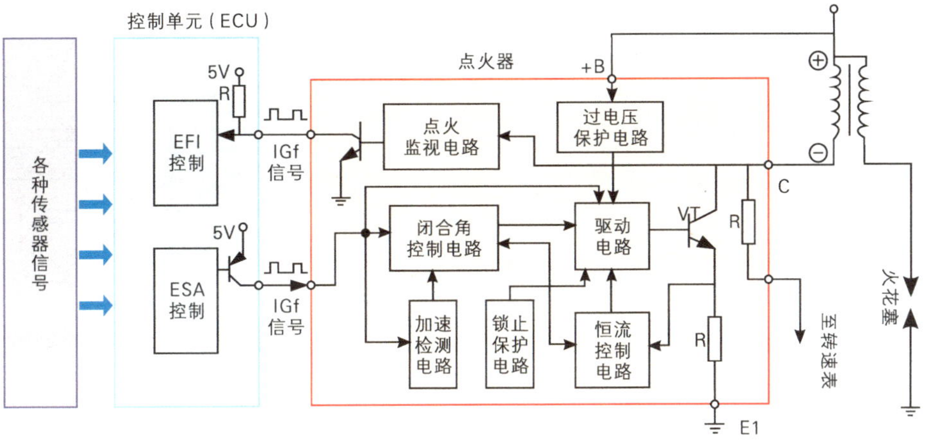

图 3-7　电控点火系统中的恒流控制电路

3. 爆震控制

1）爆震传感器

（1）磁致伸缩式爆震传感器。

磁致伸缩式爆震传感器如图 3-8 所示。它由高镍合金的磁芯、永久磁铁、感应线圈、壳体等构成。

当机体振动时，磁芯受到机体振动的影响，在传感器内产生轴向振动，使通过感应线圈的磁通发生变化，在感应线圈内产生感应电动势，此电动势即爆震传感器输出电压信号。传感器输出的电压信号的大小与发动机振动的频率有关，当传感器自振频率与设定爆震强度时发动机的振动频率产生谐振时，传感器的输出电压将达到最大值，ECU 根据该传感器的输出电压，就可以对发动机是否爆震做出判断。

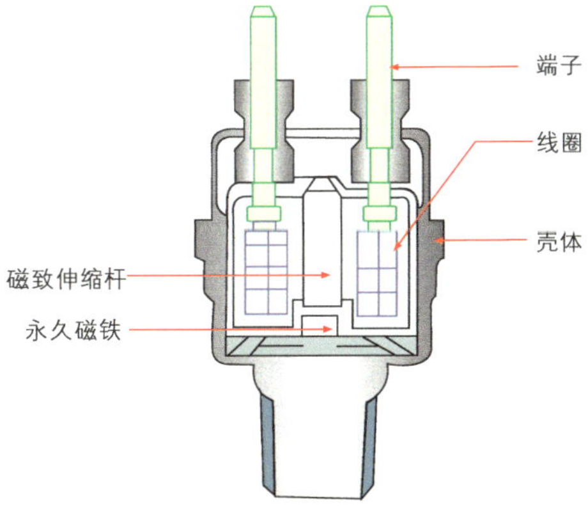

图 3-8　磁致伸缩式爆震传感器

（2）压电式爆震传感器。

①共振型压电式爆震传感器。

共振型压电式爆震传感器，是根据产生爆震时的发动机振动频率与传感器本身的固定频率“合拍”时产生共振现象，来检测爆震是否发生的，其结构如图 3-9 所示。该传感器由压电元件、振荡片、基座等构成。压电元件紧密贴合在振荡片上，振荡片则固定在传感器的基座上。发动机工作时，振荡片随机体的振动而振荡，振荡片的振荡使与它紧密贴合的压电元件变形，并产生电压信号，此电压信号即传感器的输出信号。

当发动机爆震时的振动频率与振荡片的固有频率“合拍”时，振荡片产生共振，此时压电元件将产生最大的电压信号，如图 3–10 所示。这种传感器在爆震发生时的输出电压比非共振（即无爆震）时的输出电压高得多，因此不需要滤波器，ECU 即可判别是否发生爆震。

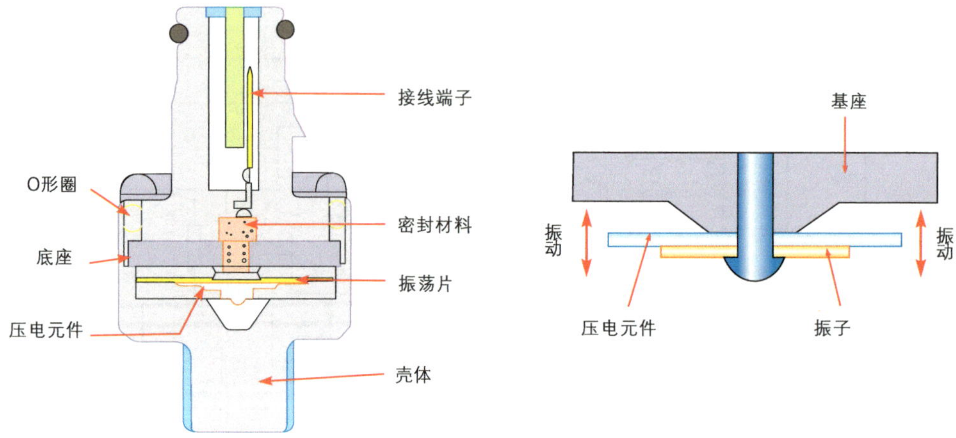

图 3–9 共振型压电式爆震传感器的结构

②非共振型压电式爆震传感器。

非共振型压电式爆震传感器以接收加速度信号的形式来判断是否产生爆震，它由两个同极性相向对接的压电元件和配重构成。

发动机机体振动时，传感器内部的配重受机体振动的影响而产生加速度，压电元件就会受到配重加速时惯性力的作用而产生电压信号。依据这个信号，使用滤波器可判断出是否有爆震信号产生。

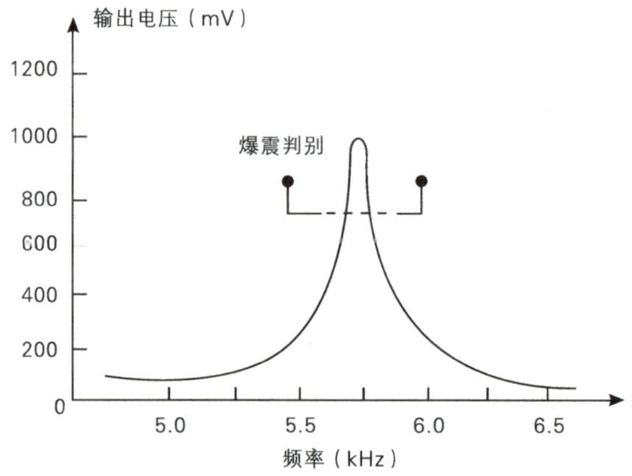

图 3–10 共振型压电式爆震传感器输出特性

③压电式火花塞座金属垫型爆震传感器。

压电式火花塞座金属垫型爆震传感器是将压电元件安装在火花塞的垫圈处，每缸安装一个，根据各缸的燃烧压力直接检测各缸的爆震信息，并转换成电信号输送给 ECU。

2）爆震的控制过程

带有爆震控制的点火提前角闭环控制系统由传感器、带通滤波电路、信号放大电路、整形滤波电路、比较基准电压形成电路、积分电路、点火提前角控制电路和点火控制器等组成，如图 3-11 所示。

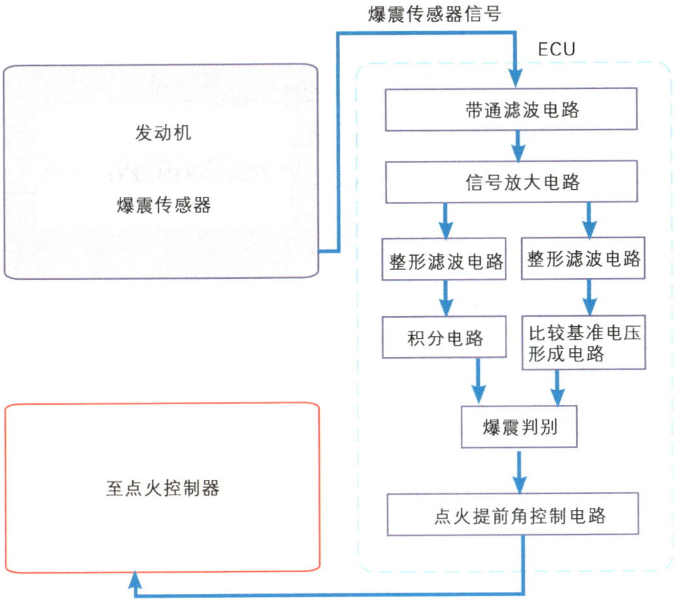

图 3-11　带有爆震控制的点火提前角闭环控制系统

爆震传感器用于检测发动机是否发生爆震，每台发动机一般安装 1~2 个。带通滤波电路只允许发动机爆震信号（频率为 6~9kHz 的信号）或接近爆震的信号输入 ECU 进行处理，其他频率的信号则被衰减。信号放大电路的作用是对输入 ECU 的信号进行放大，以便整形滤波电路进行处理。接近爆震的信号经过整形滤波和比较基准电压形成电路处理后，形成判定是否发生爆震的基准电压。爆震信号经过整形滤波和积分电路处理后形成的积分信号用于判定爆震强度。

点火提前角的闭环控制过程如图 3-12 所示。当发动机产生爆震时，ECU 根据爆震信号的强弱，控制推迟角的大小。爆震强，则推迟角大；爆震弱，则推迟角小。每一次的反馈控制调整都以一固定的角度递减，直到爆震消失为止。当爆震消失后，ECU 又以一固定的角度，逐渐增大点火提前角。当再次出现爆震时，ECU 又再次逐渐减小点火提前角。在需要对点火提前角进行闭环控制的工况下，这种反馈控制调整过程是反复进行的。ECU 通过对点火提前角的反馈控制，可以使实际的点火提前角始终保持最佳，使发动机的动力性、经济性和有害物排放控制都达到较高的水平。

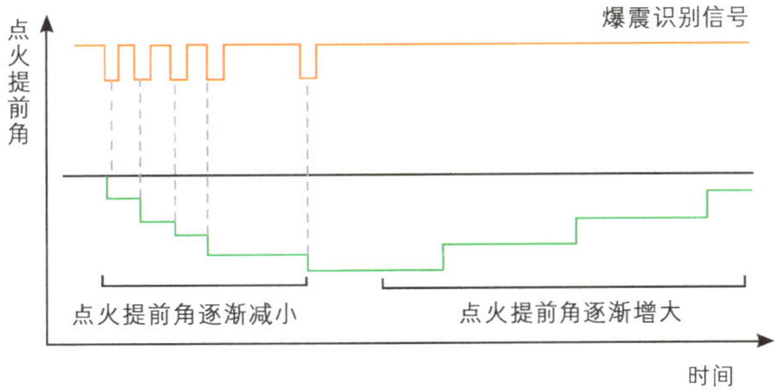

图 3-12　点火提前角的闭环控制过程

任务练习

一、填空题

1. 电控点火系统的控制内容主要包括________、________及________三个方面。
2. 能使火花塞电极间产生电火花的电压，称为__________。
3. 为了防止初级电流过大烧坏点火线圈，在点火控制电路中设有__________电路。

二、问答题

1. 为什么要有点火线圈的恒流控制？

2. 发动机对电控点火系统有何要求？

任务二
电控点火系统的组成与工作原理

任务目标

完成本学习任务后，你应当达到以下目标。

1. 知识目标

（1）掌握电控点火系统的组成及工作原理。

（2）掌握有分电器与无分电器电控点火系统的区别。

（3）掌握有分电器与无分电器电控点火系统的检修方法。

（4）熟悉爆震控制方法。

2. 能力目标

（1）能够讲述电控点火系统的工作原理。

（2）能够看懂有分电器与无分电器电控点火系统的控制电路。

任务引入

传统的点火系统，其点火时刻的调整是依靠机械离心式调节装置和真空式调节装置完成的，由于机械的滞后、磨损及装置本身的局限性，不能保证点火时刻在最佳值。而用 ECU 控制的点火系统，则可方便地解决以上问题。本任务将重点讲解电控点火系统的结构及工作原理。

相关知识

一、电控点火系统的类型

电控点火系统主要有有分电器点火系统（传统点火系统）、无分电器点火系统、直接点火系统（DIS）三种类型。

1. 有分电器点火系统

高压电由分电器中的配电器（由分火头和分电器盖组成）分配，各缸火花塞依次点火。缺点：浪费电能，干扰 ECU 工作，分电器盖的直径受到限制，使点火调节范围受到影响。

2. 无分电器点火系统

高压电直接送到各火花塞，由电控单元根据各传感器输入的信息控制火花塞点火。特点：两个汽缸共用一个点火线圈，即一个点火线圈有两个高压输出端，分别与一个火花塞相连，使两个汽缸同时点火。

3. 直接点火系统

高压输出端直接和火花塞相连，不需要高压线，每个汽缸的火花塞用一个点火线圈，单独对汽缸进行点火。优点：无分电器节省了安装空间；不存在分火头和旁电极间跳火的问题，减少了高压线及能量损失；采用特制点火线圈，减少了充电时间。

二、电控点火系统的特点

在电控点火系统中，点火控制包括点火提前角控制、通电时间控制和爆震控制三个方面。

电控点火系统具有以下特点：一是在发动机所有的工况及各种环境条件下，均可自动获得理想的点火提前角，从而使发动机在动力性、经济性、排放性及工作稳定性等方面均处于最佳状态；二是在发动机各种工况下，均可对点火线圈的导通时间和点火能量进行控制，从而使线圈中存储的点火能量保持恒定不变，这样就提高了点火的可靠性，可有效地减少能源消耗，防止线圈过热；三是采用了闭环控制技术，该技术可将点火提前角控制在刚好不发生爆震的状态，以此获得较高的燃烧效率，有利于发动机各种性能的提高。基于这些特点，电控点火系统在现代汽车上得到了广泛应用。

三、电控点火系统的基本组成

电控点火系统主要由各种传感器、电子控制器（ECU）、点火器、点火线圈、分电器、火花塞等组成，如图 3-13 所示。

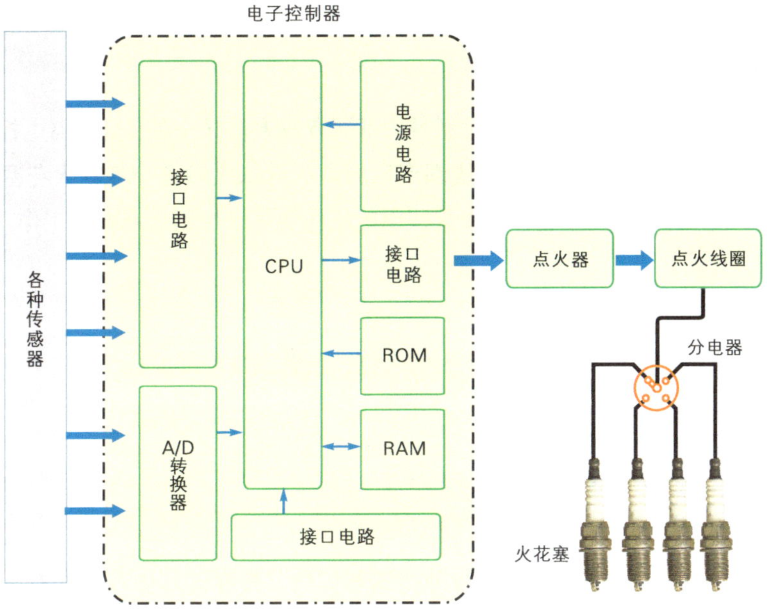

图 3-13 电控点火系统的组成

1. 传感器

传感器用来不断地检测与点火有关的发动机工作状况信息，并将检测结果输入电子控制器，作为运算和控制点火时刻的依据。各车型使用的传感器类型、数量、结构及安装位置不同，但其作用大同小异。

2. 电子控制器

电子控制是点火控制系统和喷油控制系统的中枢，作用是接收各种有关传感器信号，并按照特定的程序进行判断、运算后，给点火电子组件输出最佳点火提前角和初级电路导通时间的控制信号。在现代发动机集中控制系统中，点火系统仅是电子控制器的一个子系统。

3. 点火器

点火器是综合控制的执行元件之一，点火器的作用是根据 ECU 的指令，通过内部的大功率三极管的导通和截止，控制初级电流的通断，完成点火工作。

由于发动机的类型颇多，点火器的结构也有所差异，有的点火器除接通、切断初级电路的功能外，还有恒流控制、闭合角控制、汽缸判别、点火监视电路等功能。也有的发动机不设点火器，控制初级电路的大功率三极管设在控制器内部。

4. 点火线圈

点火线圈可将火花塞跳火所需的能量存储在线圈的磁场中，并将电源提供的低压转变为足以在电极间产生击穿点火的高电压。在有分电器电控点火系统中只有一个点火线圈，而无分电器电控点火系统中则有多个点火线圈。

5. 分电器

电控点火系统的分电器结构随发动机型号的不同有较大差异。在有分电器电控点火系统中，分电器根据发动机的点火顺序，将点火线圈产生的高压电依次输送给各缸火花塞。而在无分电器电控点火系统中，ECU 通过控制各缸点火线圈的工作次序来控制火花塞的工作。

6. 火花塞

火花塞利用点火线圈产生的高压电产生电火花，点燃汽缸内的混合气。

四、电控点火系统的工作原理

发动机工作时，ECU 根据接收到的各种传感器信号，按存储器中存储的有关程序和数据，确定最佳点火提前角和通电时间，并以此向点火器发出指令。点火器根据指令，控制点火线圈初级电路的导通和截止。当电路导通时，有电流从点火线圈的初级电路中通过，点火线圈将点火能量以磁场的形式存储起来。当初级电路被切断时，次级线圈中产生很高的感应电动势（15~20kV），经分电器或直接送至工作汽缸的火花塞。

在电控点火系统中，用凸轮轴位置传感器产生的 G 信号和曲轴位置传感器产生的 Ne 信号作为主控制信号，以 G 信号为基准，按 1° 曲轴转角，用既定的曲轴角度产生点火控制信号（IGt 信号）。

1.G 信号

G 信号是指活塞运行到上止点位置的判别信号，它是根据凸轮轴位置传感器产生的信号经过整形和转换而获得的脉冲信号。

发动机工作时，ECU 根据 G 信号可准确地计算出曲轴每转 1° 所用的时间，并根据其他传感器输入信号，按其内存的控制数据确定点火提前角和点火线圈的通电时间。

2.Ne 信号

Ne 信号是指发动机的曲轴转角信号，它是根据曲轴位置传感器产生的信号经过整形和转换而获得的脉冲信号。在电控点火系统中，Ne 信号主要用来计算点火提前角和通电时间。

3.IGt 信号

IGt 信号是指 ECU 向点火器中功率晶体管发出的通断控制信号，也就是点火信号。

4.IGf 信号

IGf 信号为反馈信号，当点火成功后点火线圈发送信号给 ECU，ECU 接收信号后进行下一次点火。

五、有分电器电控点火系统

1. 有分电器电控点火系统的特点

有分电器电控点火系统只有一个点火线圈，ECU 根据曲轴位置传感器输入的信号确定发动机上止点的曲轴转角，作为基准信号确定点火时间，向点火器发出点火指令（IGt 信号）。点火器则根据 ECU 的指令控制点火线圈内的初级电路通电或断电，在次级线圈产生高压电，经分电器输送给需要点火的火花塞，以实现点火。

分电器的主要作用就是按照发动机的点火顺序，将点火线圈产生的高压电依次输送给各缸火花塞。

2. 有分电器电控点火系统的工作原理

有分电器电控点火系统的控制电路如图 3–14 所示。

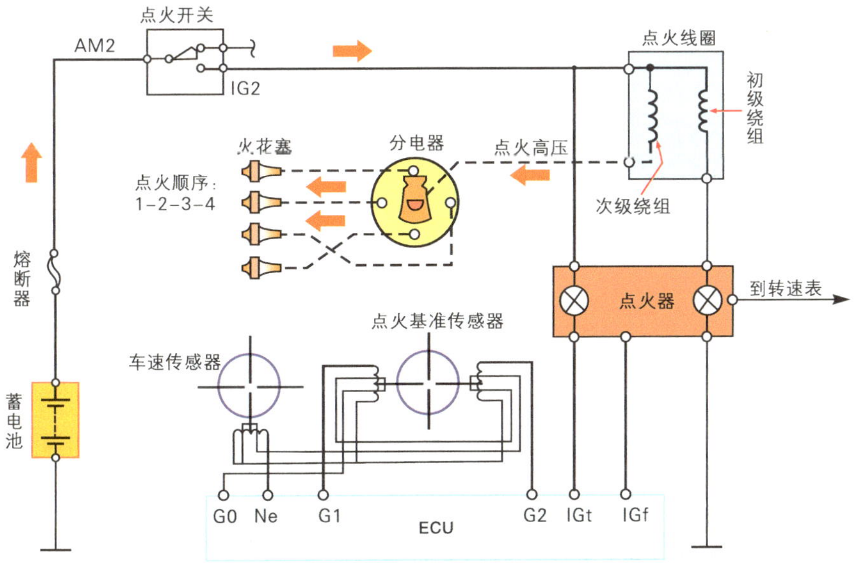

图 3–14 有分电器电控点火系统的控制电路

（1）将点火开关接通 IG2，向点火器、点火线圈和 ECU 供电。

（2）发动机工作时，ECU 根据传感器输入的信号，确定发动机的点火时刻，向点火器发出触发点火信号 IGt，切断初级电路，使次级绕组感应出高压电，高压电经分电器送到各缸火花塞。点火信号如图 3-15 所示。

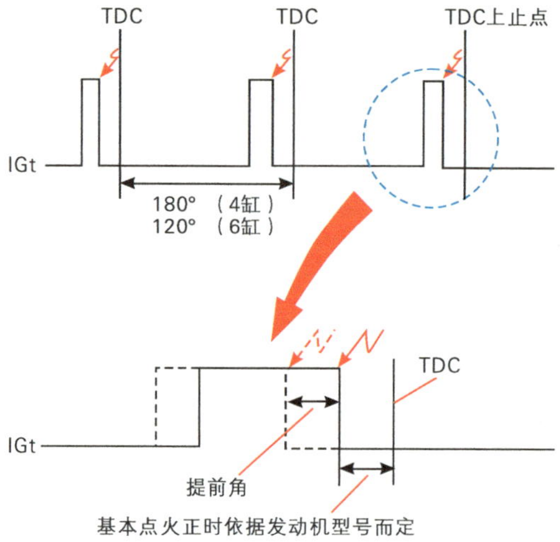

图 3-15　点火信号

（3）发动机每点火一次，点火器向 ECU 反馈一个点火确认信号 IGf，作为自诊断系统监控信号。若 ECU 连续 4 次未收到 IGf 信号，即判定点火系统出现故障。点火反馈信号如图 3-16 所示。

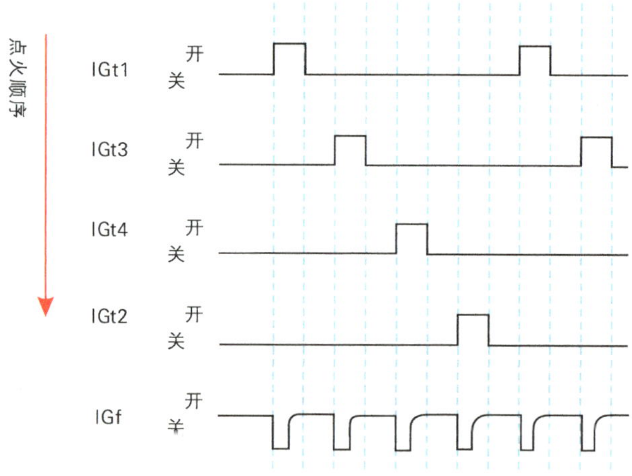

图 3-16　点火反馈信号

3. 有分电器电控点火系统的维修

下面以三菱轿车有分电器电控点火系统为例，介绍有分电器电控点火系统的维修。

1）系统的工作原理

三菱轿车有分电器电控点火系统的控制电路如图 3-17 所示。三菱轿车有分电器电控点火系统的点火器上有三个端子，其中 1 号端子接收 ECU 输出的点火触发信号，2 号端子为点火器的搭铁脚，3 号端子为点火线圈的初级绕组提供导通时的控制性搭铁。点火器的 1 号端子接到 ECU54 号端子送来的点火触发信号后，经点火器放大，便成为 3 号端子的导通与断开的指令。当点火器的 3 号端子接到 1 号端子的导通信号指令时，便将点火线圈的低压线路导通，此时低压大电流便由蓄电池经点火开关和点火线圈流经低压线圈和点火器 3 号端子，再通过点火器内的晶体管开关导通而搭铁成回路。当 1 号端子的触发信号消失时，点火器的晶体管开关开路，切断点火线圈低压电流，于是在此过程中，点火线圈的高压线圈便产生足够高的电压，击穿火花塞间隙而产生足够大的火花强度，将发动机汽缸内的可燃混合气点燃，使发动机工作。

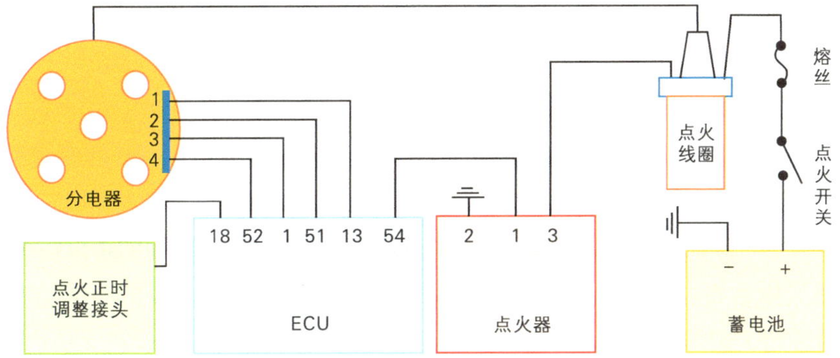

图 3–17　三菱轿车有分电器电控点火系统的控制电路

2）系统的故障检测

三菱轿车配有自诊断系统，它可随时监测各系统的工作情况，如监测到某传感器或某系统工作不正常，经 ECU 确认为故障时，将通过“CHECK ENGINE ”警告灯向驾驶员报警，同时将故障信息存储在 ECU 的存储器中。在点火系统出现故障时，可使用相应的解码器读取故障码。

三菱轿车有分电器点火系统故障码有 22、23 和 44 三个，出现故障码 22 时，说明曲轴角度传感器或其回路不良。出现故障码 23 时，说明上止点位置传感器或其回路不良。出现故障码 44 时，说明点火线圈工作不良。

在有故障码显示的情况下，排除故障后，还应对故障码进行清除。清除故障码的方法有两种：第一，使用解码器对故障码进行清除；第二，手动清除，方法是关闭点火开关，然后拆下蓄电池的负极接线柱，等待 15s 以上，再将蓄电池负极接线柱装回，故障码即自行消除。

3）系统主要元件检修

（1）曲轴角度传感器的检修。

当曲轴角度传感器出现故障时，发动机将出现不易启动、加速无力、怠速不稳等现象。检修时，可将万用表直流电压挡红表笔接在曲轴角度传感器的信号输出脚，黑表笔搭铁，然后将发动机转速由怠速提升到 3000r/min，此时脉冲电压值应为 1.5~2.5V，否则为信号不良。关闭点火开关，拔下传感器插头，然后接通点火开关，测量插头的电源引入端，应有 12V 蓄电池电压，否则应检查该端子至蓄电池间的回路是否有短路、断路或接触不良故障。关闭点火开关，用万用表欧姆挡测量曲轴角度传感器的搭铁端与车身搭铁之间的电阻值，此值应为 0Ω，否则应排除搭铁不良故障。

（2）上止点位置传感器的检修。

上止点位置传感器装在曲轴角度传感器内，该传感器出现故障时，同样会显示故障码22和23，此时发动机不易启动、怠速不稳、怠速易熄火，但发动机快速运转时，此现象便消失。在检测上止点位置传感器时，应首先检测传感器的输出信号电压是否正常。为此，用万用表直流电压挡检测上止点位置传感器的信号输出端子与搭铁之间的电压值，在发动机转速由怠速升高到3000r/min的过程中，电压值应在0.2~1.2V，若脉冲平均电压不在此范围内，表示传感器或回路不良。检测上止点传感器输入电压时，可首先关闭点火开关，拔下传感器插头，然后接通点火开关，用万用表直流电压挡测量插头上的电源端子与搭铁之间的电压值，此时应为12V蓄电池电压，否则应检查该端子至蓄电池间是否有短路、断路或接触不良现象。

（3）点火器的检修。

点火器内的晶体管偏压是由ECU的54号端子引入的。检测时，用万用表直流电压挡测试ECU 54号端子与搭铁之间的电压值，在发动机怠速运转至3000r/min的过程中，其电压值应在0.3~2V，否则为上止点信号发生器故障或回路接触不良。将1.5V干电池的正极接在54号端子，负极搭铁，然后用欧姆表测量，点火线圈负极与搭铁之间应导通，否则应更换点火器总成。点火器若无信号输出，则发动机无故障码显示，且表现为无点火信号，发动机无法启动。

（4）点火线圈的检修。

关闭点火开关，拔下点火线圈插接器，分别用万用表欧姆挡测量点火线圈（低压和高压）的电阻值，测量值应与规定值相符。如出现短路或断路，应更换点火线圈。

六、无分电器电控点火系统

1. 无分电器电控点火系统的特点

无分电器电控点火系统完全取消了分电器，点火线圈产生的高压电直接送给火花塞进行点火，因此又称为直接点火系统。无分电器电控点火系统由于没有分电器，节省了安装空间，降低了点火能量的高压传输损失，进一步提高了点火系统的可靠性和耐久性，但其需要增加点火线圈，结构和控制电路更复杂。

2. 无分电器电控点火系统的类型

无分电器电控点火系统根据点火线圈的数量和高压电分配方式的不同，可分为独立点火方式和双缸同时点火方式。

1）独立点火方式

无分电器独立点火方式的控制电路基本相同，但随车型不同也存在一些差异，如图3-18所示为日产汽车无分电器独立点火电路原理图。它主要由各缸分别独立的点火线圈、电子点火器及发动机ECU等组成。各缸点火线圈的初级绕组分别由点火器中的一个功率管控制，整个点火系统的工作由 ECU 控制。发动机工作时，发动机 ECU 对发动机的相关参数与存储器中存储的数据进行比较分析，经计算后适时地向点火器输出点火信号，由点火器中的功率管分别接通与切断各缸点火线圈的初级电路。

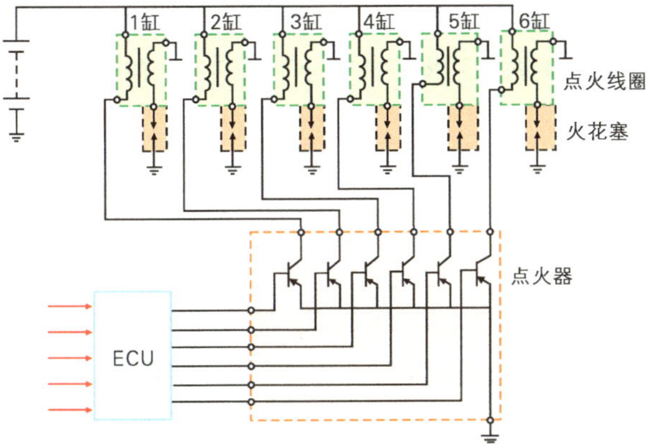

图 3-18　日产汽车无分电器独立点火电路原理图

2）双缸同时点火方式

双缸同时点火是指点火线圈每产生一次高压电，都使两个汽缸的火花塞同时跳火。次级绕组产生的高压电将直接加在四缸发动机的 1、4 缸和 2、3 缸（六缸发动机的 1、6 缸，2、5 缸和 3、4 缸）火花塞电极上跳火。双缸同时点火，其高压电的分配有二极管分配和点火线圈分配两种形式。点火线圈分配高压电的双缸同时点火电路如图 3-19 所示。

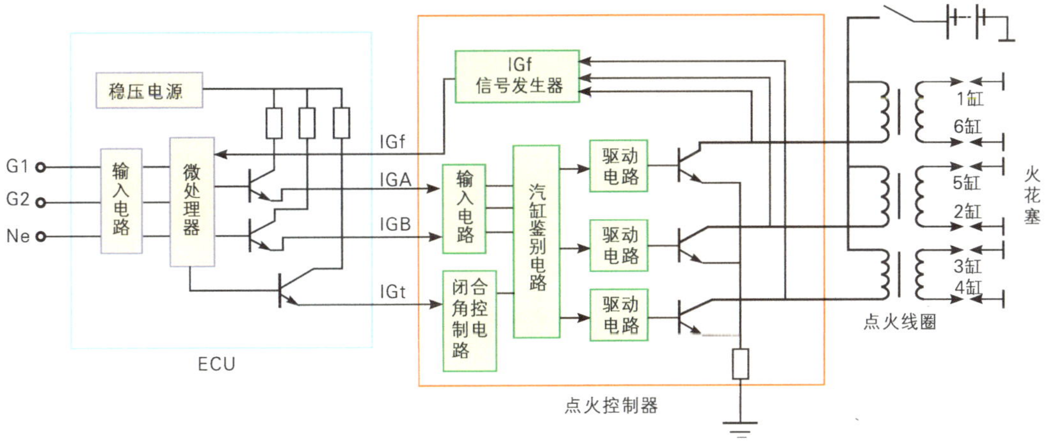

图 3-19　点火线圈分配高压电的双缸同时点火电路

双缸同时点火控制电路的原理：点火线圈组件有两个（4 缸发动机）或三个（6 缸发动机）独立的点火线圈，每个点火线圈供给成对的两个火花塞工作（4 缸发动机的 1、4 缸和 2、3 缸分别共用一个点火线圈；6 缸发动机的 1、6 缸，2、5 缸和 3、4 缸分别共用一个点火线圈）。电子点火控制器中配有与点火线圈数量相等的功率三极管，分别控制一个点火线圈工作。点火控制器（ICM）根据电控单元输出的点火控制信号，按点火顺序轮流触发功率三极管导通、截止，从而控制每个点火线圈轮流产生高压电，再通过高压线直接输送到成对的两缸火花塞电极间隙上跳火点燃可燃混合气。

二极管分配高压电的双缸同时点火电路如图 3–20 所示。点火线圈由两个初级绕组和一个次级绕组构成，次级绕组的两端通过 4 只高压二极管与火花塞构成回路。4 只二极管有内装式（安装在点火线圈内部）和外装式两种。对于点火顺序为 1–3–4–2 的发动机，1、4 缸为一组，2、3 缸为另一组。点火控制器中的两只功率三极管分别控制一个初级绕组，两只功率三极管由电控单元按点火顺序交替控制其导通与截止。

二极管配电点火控制电路的原理：当电控单元将 1、4 缸的点火触发信号输入点火控制器时，功率三极管 VT1 截止，初级绕组 A 中的电流切断，次级绕组中就会产生高压电动势，方向如图 3–20 中实线箭头所示。在该电动势的作用下，二极管 D1、D4 正向导通，1、4 缸火花塞电极上的电压迅速升高直至跳火，高压放电电流经图中实线箭头所指方向构成回路；D2、D3 反向截止，不能构成放电回路，因此 2、3 缸火花塞电极上无高压而不能跳火。

当 ECU 将 2、3 缸点火触发信号输入点火控制器时，三极管 VT2 截止，初级绕组 B 中的电流切断，次级绕组产生高压电动势，方向如图 3–20 所示中虚线箭头所示。此时二极管 D1、D4 反向截止，D2、D3 正向导通，因此 2、3 缸火花塞电极上的电压迅速升高直至跳火，高压放电电流经图中虚线箭头所指方向构成回路。

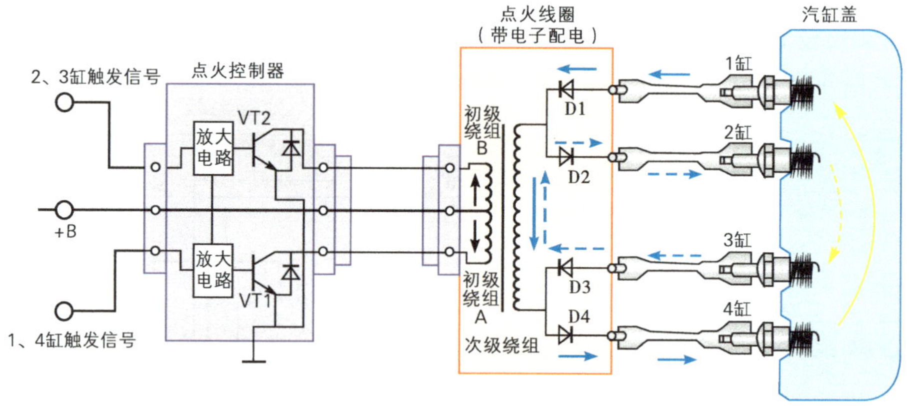

图 3–20　二极管分配高压电的双缸同时点火电路

3. 无分电器电控点火系统的维修

在检修无分电器电控点火系统时，可采用静态和动态方式进行检修。

1）静态检修

所谓静态检修即发动机停转检修，主要检查该系统的插接器有无松旷、断路、接触不良，以及搭铁是否良好等。

2）动态检修

所谓动态检修即发动机运转检修，主要通过发动机的声响来判断各缸火花塞工作情况。若个别缸火花塞不跳火，应先检查火花塞绝缘体是否开裂，火花塞是否积炭过多；然后检查火花塞电极的电阻值，电阻值一般不能小于 30kΩ；再检查连接该火花塞的点火线圈次级绕组的电阻值，一般不小于 15kΩ。若多个火花塞不跳火，则应先检查点火控制装置（ECU）的输出信号是否正常，再检查点火线圈初、次级绕阻的阻值，看点火线圈是否损坏。

七、爆震控制系统

1. 爆震控制系统的组成

爆震控制系统的组成如图 3-21 所示。爆震控制系统实际上就是增加了爆震传感器的电控点火系统，ECU 根据爆震传感器的信号对点火提前角进行反馈控制。

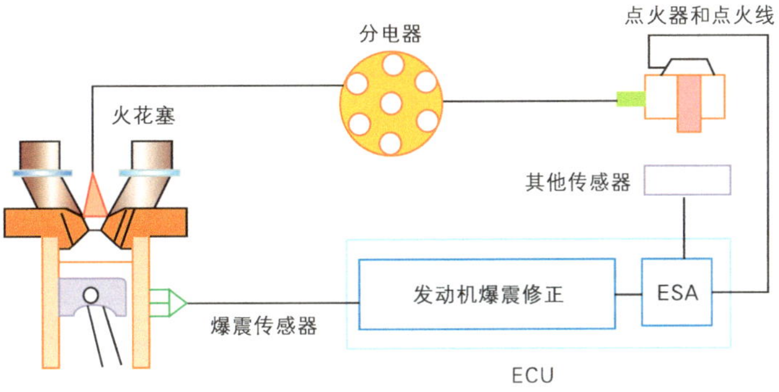

图 3-21　爆震控制系统的组成

2. 爆震的识别

发动机爆震一般在大负荷、中低转速（1500~3000r/min）时产生，由于爆震传感器输出电压的振幅随发动机转速的变化而变化，因此不能根据爆震传感器输出电压的绝对值判别发动机是否发生爆震，常用的方法是将发动机无爆震时的传感器输出电压与产生爆震时的输出电压进行比较，从而得出结论。

1）基准电压的确定

判别爆震的基准电压通常利用发动机即将爆震时的传感器输出信号电压来确定。最简单的方法如图 3-22 所示，首先对传感器输出信号进行滤波和半波整流，利用平均电路求得信号电压的平均值，然后乘以倍数即可得到基准电压 U_B，平均值的倍数由设计制造时的试验确定。因为发动机转速升高时，爆震传感器输出电压的幅值增大，

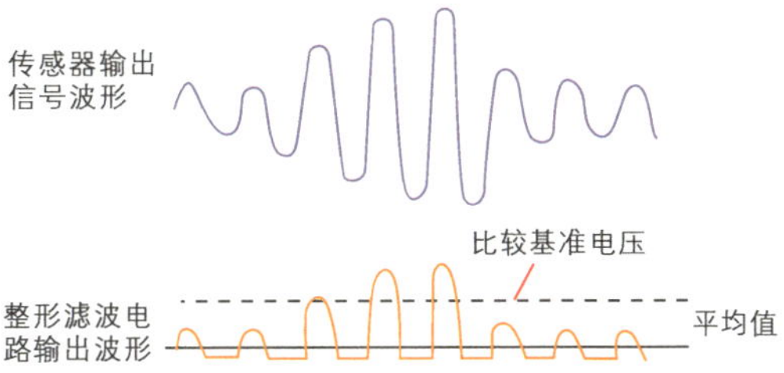

图 3-22　基准电压的确定

所以基准电压不是一个固定值，其值将随发动机转速升高而增大。

2）爆震强度的判别

发动机的爆震强度取决于爆震传感器输出信号电压的振幅和持续时间，如图 3–23 所示。爆震传感器向 ECU 输送的信号，先经过滤波电路进行过滤，只允许特定频率范围的爆震信号通过滤波电路。再将滤波后的信号峰值电压与爆震强度基准值进行比较，若其值大于爆震强度基准值，控制系统可由此判定有爆震，并以某一固定值逐渐减小点火提前角。若滤波后的信号峰值电压低于爆震强度基准值，控制系统则由此判定无爆震，并以某一固定值逐渐增大点火提前角。

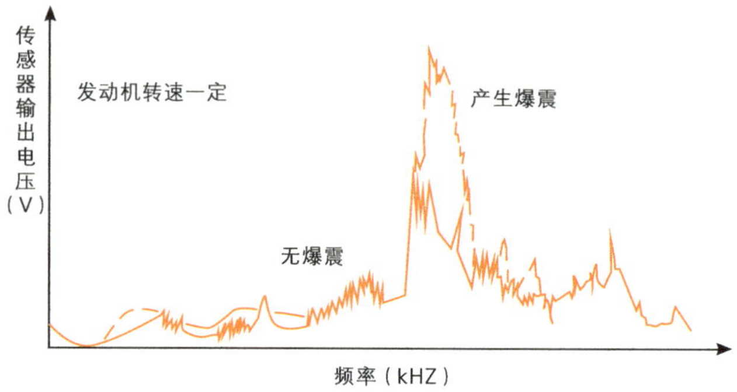

图 3–23　爆震传感器的检测频率与输出电压

ECU 根据爆震信号超过基准值的次数来判定爆震强度，次数越多，爆震强度越大；次数越少，则爆震强度越小，如图 3–24 所示。

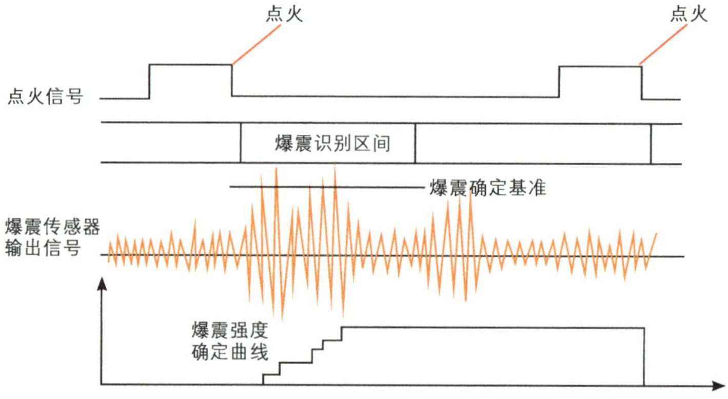

图 3–24　爆震强度的确定

3. 爆震的控制

发动机工作时，缸体振动频繁剧烈，为使监测得到的爆震信号准确无误，监测爆震的过程并非随时都在进行，而是在发出点火信号后的一定时间内进行，这是因为发动机最可能在点火后的一段时间内产生爆震。

爆震控制系统是一个闭环控制系统，发动机工作时，ECU 根据爆震传感器信号，从存储器中查询相应的点火提前角控制点火时刻，控制结果由爆震传感器反馈到 ECU 输入端，再由 ECU 对点火提前角进行修正。

任务练习

一、填空题

1. 无分电器电控点火系统可分为________、________和________三种点火方式。

2. 电控点火系统主要由__________、__________、__________、__________、__________、__________等组成。

3. 分电器的主要作用是按照发动机的点火顺序，将点火线圈产生的高压电依次输送给______________________。

二、判断题

1. 轻微的爆震可使发动机功率上升，油耗下降。（　）

2. 增大点火提前角是消除爆震的最有效措施。（　）

3. 点火提前角过大，会造成发动机温度升高。（　）

三、选择题

1. 电子控制点火系统由（　）直接驱动点火线圈进行点火。

A.ECU　　B. 点火控制器

C. 分电器　　D 转速信号

2. 一般来说，缺少了（　）信号，电子点火系统将不能点火。

A. 进气量　　B. 水温

C. 上止点　　D. 转速

3. 发动机工作时，随冷却液温度提升，爆震倾向（　）。

A. 增大　　B. 不变

C. 减小　　D. 与温度无关

四、问答题

1. 如何实现爆震的精准控制？

2. 无分电器电控点火系统是如何实现点火的？有什么特点？

任务三
电控点火系统主要部件的构造与维修

任务目标

完成本学习任务后，你应当达到以下目标。

1. 知识目标

（1）掌握点火线圈的测量方法。

（2）掌握点火器的原理及检修。

（3）熟悉分电器的检修方法。

2. 能力目标

（1）能够正确识读电控点火电路。

（2）会检修点火线圈。

任务引入

电控点火系统故障会造成发动机启动困难、怠速不稳、加速不良等，目前大部分车辆发动机已采用无分电器的电控点火系统，常用的有单缸独立点火和双缸同时点火两种形式。当出现以上故障时，应检查点火模块是否损坏、点火线圈是否损坏及电控点火控制线路是否有故障等。

相关知识

一、点火器

点火器的基本功能是在输入的点火信号触发下工作，通过其晶体管的导通和截止及时通断初级电流，使点火线圈次级绕组适时地产生高压。为进一步提高点火系统点火性能及工作的安全可靠性，一些电控点火系统的点火器增加了闭合角可控功能电路、初级回路电阻控制电路、发动机停转断电保护电路、过压断电保护电路、低速推迟点火功能等。

下面以典型的点火器为例来讲解点火器的工作原理及检修。

1. 典型点火器的工作原理

如图 3–25 所示是典型的电控点火器控制电路。

（1）点火控制过程。

如图 3–25 所示的点火信号发生器为磁感应式，V_1 为触发管，V_2 起放大作用，复合管 V_3 为大功率开关晶体管，用于通断一次电流。电子点火器根据输入的点火信号脉冲控制点火。

工作原理：当点火信号负脉冲输入时，信号电流流经 VD_3、R_2、VD_2、R_1，VD_3 的正向导通电压降使 V_1 处于反向偏压而截止。V_1 截止时，其 P 点的电位升高，使 V_2 导通。V_2 导通后给 V_3 提供正向偏压，使 V_3 导通，于是点火线圈一次侧接通，一次电流增长，此为点火线圈的蓄能过程。

当点火信号正脉冲输入时，V_1 有正向偏压而导通，信号电流经 R_1、VD_1、R_2、V_1 发射结形成通路；V_1 导通后使 P 点的电位下降，并使 V_2 失去正向偏压而截止。V_2 截止后，V_3 便无正向偏压而截止，使点火线圈一次侧断流，二次线圈产生高压。

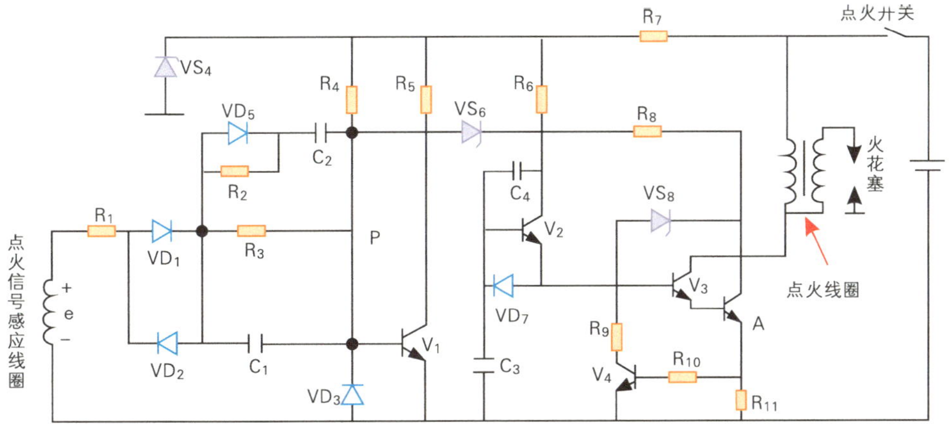

图 3–25　典型的电控点火器控制电路

（2）闭合角可控电路原理。

闭合角可控是要增加发动机高速运转时点火线圈一次侧通路的相对时间，以保证发动机在高速时点火线圈仍有时间形成足够大的一次电流。闭合角可控电路由 VD_5、C_2、R_3 组成，其控制原理如下。

在点火信号正脉冲输入时，信号电流同时对电容 C_2 充电，充电电路为 e+ → R_1 → VD_1 → VD_5 → C_2 → V_1 发射结→ e-。而当信号正脉冲消失时，C_2 放电，放电电路为 C_2 正极 → R_3 → VD_2 → R_1 →点火信号发生器感应线圈→ VD_3 → C_2 负极。C_2 放电时，使 V_1 反向偏压而保持截止，V_2 和 V_3 保持导通，使一次线圈保持通路。发动机转速升高时，信号正脉冲电压随之升高，C_2 的充电电压也随之升高，信号正脉冲消失后 C_2 的放电时间延长，V_1 的截止时间也就相对增加了，即增加了点火线圈一次侧通路的相对时间。

（3）发动机停转断电保护电路。

当发动机熄火时，如果点火开关仍然接通，则电源通过 R_4 向 V_1 提供正向偏压而使 V_1 导通，V_2、V_3 截止，于是点火线圈一次线圈处于断路状态，避免了蓄电池向点火线圈持续放电而白白消耗电能和烧坏点火线圈及晶体管。

（4）电流稳定控制电路。

汽车在工作中，蓄电池的电压波动很大，一次回路设计时须保证在蓄电池电压较低时能有足够大的一次电流，而在蓄电池电压较高时，一次电流就会过大，这将导致点火线圈的温度过高。一次电流控制电路由 R_8、R_6 组成，控制原理如下。

当电源电压上升时，V_3 在截止时其集电极上的电压也随之上升，通过 R_8、VS_6 的反馈，使 V_1 的饱和和导通深度增加，使得在信号负脉冲输入时，V_1 由导通转向截止变得迟缓，减少了 V_1 的相对截止时间，也减少了 V_3 的相对导通时间，使点火线圈一次电流不随电源电压的上升而增大。

（5）回路电阻可变控制。

一次回路的等效电阻可变控制也用来实现一次电流的稳定控制，控制电路由 V_4、R_8、R_9 组成。当点火线圈一次电流增大到某一限制值时，A 点的电位上升使 V_4 导通，V_4 导通后使 V_3 的基极电位下降，其基极电流减小，集电极电流即点火线圈一次电流受到影响，实现了一次电流的稳定作用。

2. 点火器的检修

如图 3-26 所示为 2JZ-GE 型发动机点火器控制电路。当启动发动机时，搭铁线电阻应为零；将二极管试灯接于点火控制器与点火线圈之间，启动发动机，试灯应闪亮。检查点火控制器端子间的电压，其电压值应符合表 3-1 中的规定，若不符，则应更换点火器或 ECU。

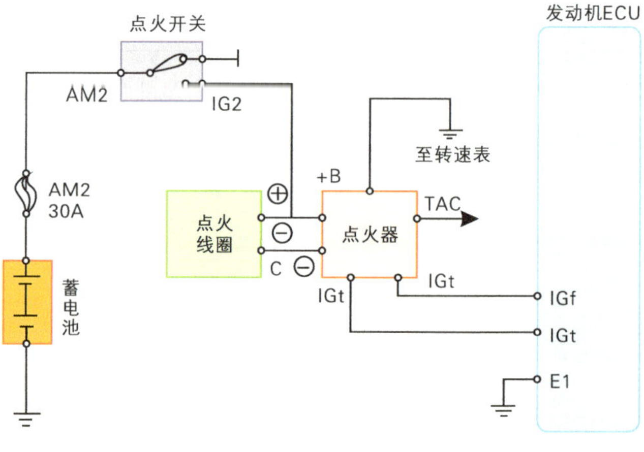

图 3-26 2JZ-GE 型发动机点火器控制电路

表 3-1　2JZ-GE 型发动机点火控制器各端子间的电压

端子	标准电压值 /V	检测条件
+B- 接地	9~14	点火开关 ON
IGt- 接地	有电压脉冲（0.5~1）	发动机启动或怠速运转
IGf- 接地	有电压脉冲（0.5~1）	发动机启动或怠速运转

二、点火线圈

点火线圈是启动发动机时产生电火花所需要高压能量的一种变压器。通常情况下发动机启动采用的点火线圈根据磁路可分为闭磁路和开磁路两种形式。

1. 闭磁路点火线圈

闭磁路点火线圈内部的铁芯是封闭式的，磁力线全部通过铁芯的内部。通常情况下，铁芯的导磁性能是空气的一万倍，所以，开磁路的线圈将会获得和闭磁路的线圈等量的磁通。初级线圈如果没有较多的匝数就不能正常点火，所以，点火线圈中一定要采用线径比较大且匝数较多的初级线圈，这样一来，如果想要得到相同的匝数比，那么次级线圈的匝数也要相应增加。由此看来，只有闭磁路点火线圈的磁阻变小才可以有效地降低线圈当中的磁动势，进而将点火线圈做到小型化。目前所使用的电控点火系统大多数采用闭磁路点火线圈，其结构如图 3-27 所示。

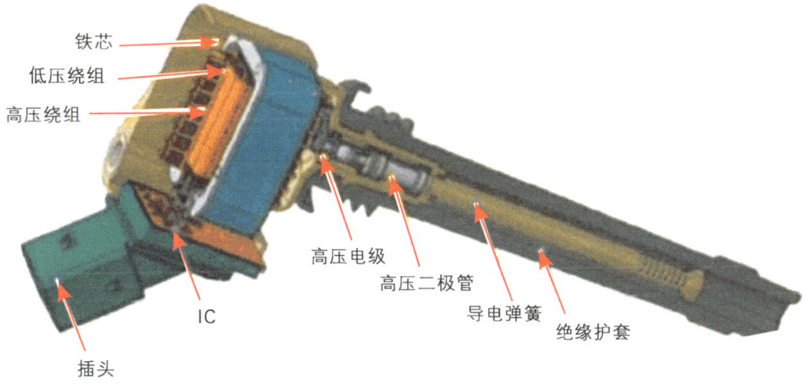

图 3-27　闭磁路点火线圈的结构

2. 开磁路点火线圈

开磁路点火线圈通常情况下呈罐状结构，如图 3-28 所示。开磁路点火线圈用许多硅钢片叠合而成，采用棒状铁芯，初级线圈与次级线圈均匀地缠绕在铁芯的外表面。点火装置中的初级线圈的直径一般在 0.7mm 左右，线圈的匝数在 150~300；次级线圈采用线径在 0.8mm 左右的漆包线，线圈的匝数一般控制在 20000~30000。次级线圈和初级线圈的缠绕方向都是相同的。初级线圈的末端与线圈外壳的负极柱相连接，同时接到点火器内部的晶体管的集电极上，通过点火器的开关来控制初级线圈电流的断开和接通。而次级线圈的始端与高压输出接头相连接，次级线圈的末端与初级线圈的始端相连接，同时与外壳的正极柱相连接。

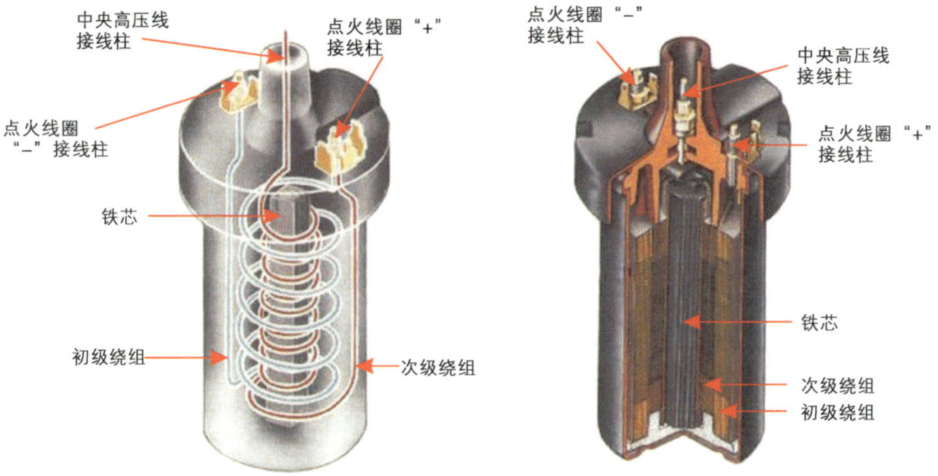

图 3–28　开磁路点火线圈的结构

为改善点火性能，在应用开磁路点火线圈的点火系统初级电路中，一般设有附加电阻（热敏电阻），温度升高，附加电阻阻值增大。这样，当点火线圈温度升高时，可减小初级电流，防止点火线圈过热。同时，在起动机启动发动机时，利用启动电路将附加电阻短路，增大初级电流，提高次级电压，有利于发动机启动。附加电阻有两种结构形式，一种是设在点火线圈外部，这种形式的点火线圈有 3 个接线柱；还有一种附加电阻为导线形式，用来连接点火开关与点火线圈，这种形式的点火线圈有两个接线柱。

在早期的点火系统中，开磁路点火线圈应用较多。但由于开磁路点火线圈磁路磁阻大，磁通量泄漏多，因此，能量转换效率低，现已很少应用。

3. 点火线圈的检修

汽车的点火线圈是将电源提供的低压电转化成发动机启动所需要的高压电的“转换器”。维修和检查点火线圈的具体方法如下。

1）点火线圈损坏的原因

通常情况下，使用方法不当是导致点火线圈损坏的最主要原因。在不使用的情况下如果忘记关闭汽车点火开关，会使点火装置中的热变电阻烧毁；如果电阻的电压过高，会使线圈上的胶、绝缘漆熔化，导致线圈发生短路甚至断开；火花塞碰伤外部的绝缘，或火花塞的中央高压线未插紧，损坏了火花塞插孔的绝缘等，都会导致点火线圈损坏。解决以上问题的方法如下。

（1）控制发动机的电压，不让发动机电压过高。

（2）火花塞不可长期处于“吊火”状态。

（3）避免点火线圈受潮和高温。

（4）保持线路的清洁，避免线路搭铁或断路、短路。

（5）发动机停转时应关闭点火开关。

2）开磁路点火线圈中附加电阻的检查

采用220V交流电，串联一个15W的灯泡，首先进行汽车点火线圈低压电路的检查，将试灯的两触针与开关和电源相连接。如果试灯正常发亮，则说明点火线圈中的附加电阻完好；若试灯不能正常发亮，就说明其中的电阻烧断。

3）闭磁路点火线圈的检修

拔下点火线圈连接器，用万用表欧姆挡检测点火线圈各线圈的电阻值，其阻值应符合表3-2中要求；如不符合，必须更换点火线圈。

表3-2　点火线圈电阻值

点火线圈绕组	检测条件	电阻值/Ω
初级线圈	冷态	0.36~0.55
	热态	0.45~0.65
次级线圈	冷态	9000~15400
	热态	11400~13800

三、分电器

分电器由配电器、信号发生器和机械式点火提前角调节机构等组成，如图3-29所示。

1. 配电器

配电器由分电器盖和分火头组成，其作用是按发动机点火顺序，将高压电分配到各缸火花塞上。分火头插装在分电器轴的顶端，和信号发生器转子一起旋转，其上有金属导电片。分电器盖的中间有高压线插孔，其内装有带弹簧的炭柱，炭柱压在分火头的导电片上。分电器盖的外围有数量与发动机汽缸数相等的旁电极插孔，以安装分高压线。

分火头上的导电片与旁电极之间有0.2~0.8 mm的间隙。当初级电路截止、次级电路产生高压电时，分火头正好对准某一旁电极，于是高压电由分火头上的导电片跳至与其相对的旁电极，再经分高压线送至相应的火花塞。

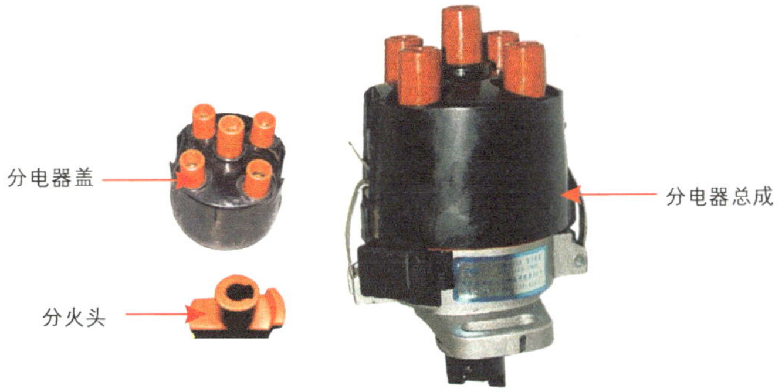

图3-29　分电器

2. 信号发生器

常用的信号发生器有 3 种类型，分别是电磁感应式、霍尔式及光电式。当分电器轴转动时，带动转子旋转，使点火信号发生器产生电压信号（分为模拟信号和数字信号两种类型），该电压信号传送给点火控制器，经点火控制器大功率晶体管放大、整形等处理后，控制点火线圈初级绕组的通断，使点火线圈次级绕组产生高压电。

3. 机械式点火提前角调节机构

点火时刻对发动机性能影响很大，从火花塞跳火开始到混合气燃烧完毕，是需要一定时间的。虽然这段时间很短，但若在活塞到达上止点时开始点火，则混合气边燃烧，活塞边下移，这将导致汽缸燃烧压力降低，发动机功率减小。因此，混合气应当在活塞达到上止点前进行点火，使汽缸内的最高燃烧压力出现在上止点附近。实践证明，汽缸内气体最高压力在活塞到达上止点后 10~15° 时出现，发动机的功率最大，热能利用率最高。所以，最佳点火时刻是在活塞到达上止点前的某一时刻。

为了保证发动机在任何工况下都能实现在最佳点火时刻点燃混合气，在分电器内设置了机械式点火提前角调节机构。

四、爆震传感器

1. 爆震传感器的功用

爆震传感器安装在缸体或缸盖上，其作用是将发动机爆震时产生的压力波转变成电信号输送给 ECU，然后 ECU 中的点火提前角反馈控制电路根据爆震传感器传来的信号调整点火提前角，以保证在任意工况下的点火提前角都处于接近发生爆震的最佳角度。

2. 爆震传感器的分类

爆震传感器是一种振动加速度传感器。按检测方式不同，可分为共振型与非共振型两种；按结构不同，可分为磁致伸缩式和压电式两种。

共振型爆震传感器的显著特点是传感器的共振频率与发动机爆震的固有频率相匹配，因此，其内部设有共振体，并且要使共振体的共振频率与爆震频率协调一致。其优点是输出电压高，不需要滤波器，信号处理比较方便。

非共振型爆震传感器的突出优点是适用于各种型号的发动机，装车自由度很大。但其输出电压较低，频率特性平坦且频带较宽，需要配用带通滤波器，即只允许特定频带的信号通过，对其他频率的信号进行衰减的滤波器。带通滤波器一般由线圈和电容器组合而成，信号处理比较复杂。

1）压电式爆震传感器

（1）共振型压电式爆震传感器。

共振型压电式爆震传感器的结构如图 3-9 所示。该传感器中的压电元件紧密地贴合在振荡片上，振荡片则固定在传感器的基座上。振荡片随发动机的振动而振荡，波及压电元件，使其变形产生电压信号。当发动机爆震时的振动频率与振荡片的固有频率相等时，振荡片产生共振。此时，压电元件将产生最大的电压信号，如图 3-30 所示。

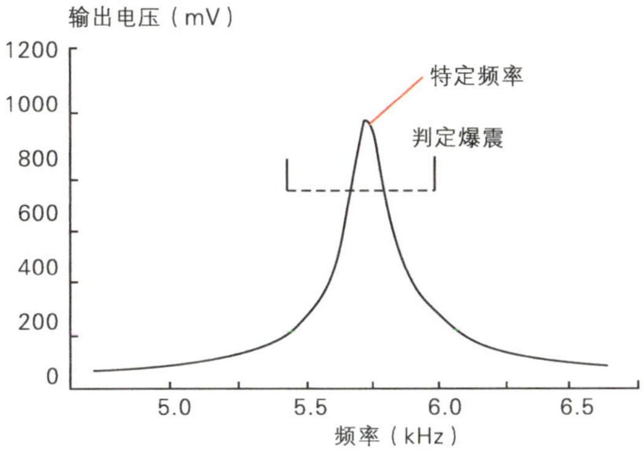

图 3-30 共振型压电式爆震传感器输出电压与频率的关系

（2）非共振型压电式爆震传感器。

非共振型压电式爆震传感器的结构如图 3-31 所示，它由两个同极性相向对接的压电元件和配重构成，该传感器结构简单，制造时不需要调整。

当发动机产生爆震时，安装在缸体上的爆震传感器内部配重因受振动的影响而产生加速度。压电元件受到加速度惯性力的作用而产生压电信号。在发动机爆震发生时，这种传感器输出的电压不大，具有平缓的输出特性，如图 3-32 所示，需要将反映发动机振动频率的输出电压信号送到识别爆震的滤波器中，判别是否有爆震产生。该爆震传感器检测频率范围宽（0~10kHz）。

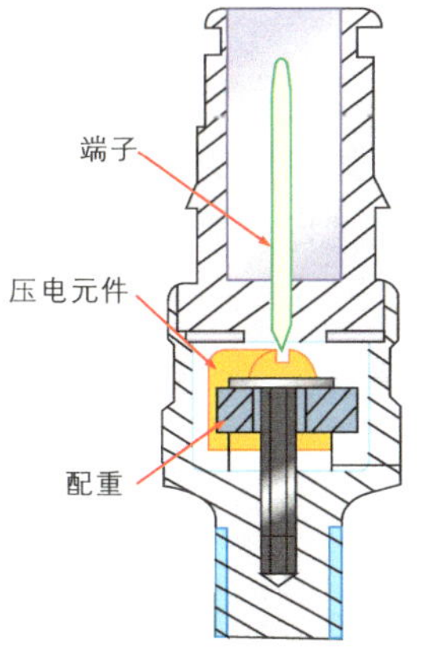

图 3-31 非共振型压电式爆震传感器的结构

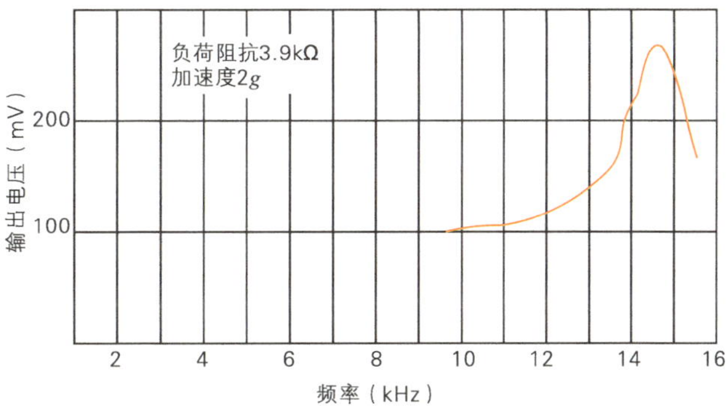

图 3-32 非共振型压电式爆震传感器输出电压与频率的关系

（3）爆震传感器的输出波形。

共振型和非共振型爆震传感器输出波形的比较如图 3–33 所示。

注意：由共振型爆震传感器的输出波形可以直接观察到爆震的波形，即爆震点；而非共振型爆震传感器须经滤波器检出爆震的信号。

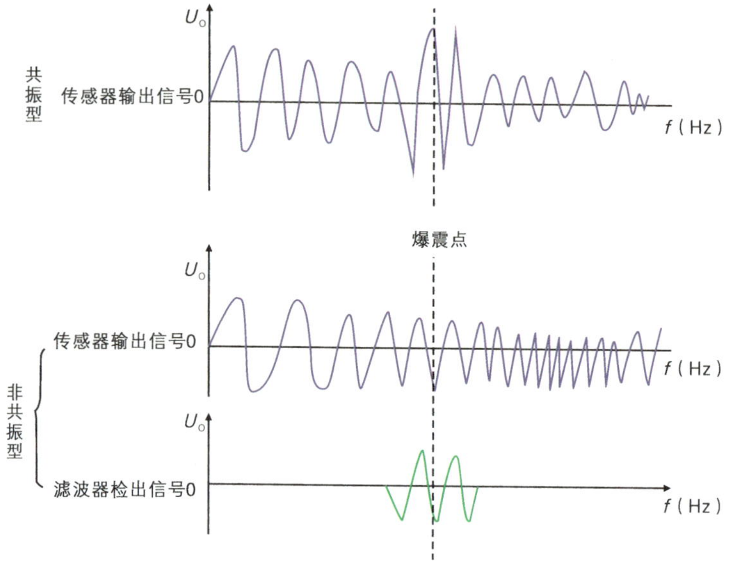

图 3–33　共振型和非共振型爆震传感器输出波形的比较

2）磁致伸缩式爆震传感器

（1）磁致伸缩式爆震传感器的结构组成。

磁致伸缩式爆震传感器为共振型爆震传感器，结构如图 3–8 所示，主要由感应线圈、伸缩杆、永久磁铁和壳体组成。伸缩杆用高镍合金制成，在其一端设置有永久磁铁，另一端安放在弹性元件上。感应线圈绕在伸缩杆的周围，线圈两端引出电极与控制线路连接。

磁致伸缩式爆震传感器的外形结构与发动机润滑油压力传感器相似，其不同之处在于旋入发动机缸体部分为实心结构，压力传感器则设置有进油孔。

（2）磁致伸缩式爆震传感器的工作原理。

当发动机缸体产生振动时，传感器的伸缩杆就会随之振动，感应线圈中的磁通量就会发生变化。由电磁感应原理可知，线圈中就会感应产生交变电动势，即传感器就有信号电压输出，输出电压高低取决于发动机的振动强度和振动频率。

当发动机缸体振动频率达到 6~9kHz 时，传感器产生共振，振动强度最大，线圈中产生的电压最高，如图 3–23 所示。

3. 爆震传感器的检修

在使用中，拆开爆震传感器线束插头，用万用表在传感器侧检查传感器端子与传感器壳体之间的电阻，应不导通，否则说明内部短路，应更换传感器。

爆震传感器工作情况的检查，可在发动机怠速运转时进行。拆开爆震传感器线束插头，用示波器检查传感器端子与搭铁之间的信号电压，应有脉冲信号输出，否则说明传感器不良，应更换新件。

五、点火控制电路

典型的点火控制电路如图 3-34 所示。点火开关接通后，蓄电池经 30A 熔丝和点火开关向点火器的“+B”端子和点火线圈“+”端子供电，点火线圈的“–”端子和点火器的“C–”端子经点火器内的功率晶体管搭铁，从而形成回路。ECU 根据各种传感器的信号，通过 IGt 端子控制点火器内功率晶体管的导通与截止。点火后，点火器通过 IGf 端子向 ECU 反馈点火确认信号。

在维修时，点火开关接通后，用万用表分别检查点火器的“+B”端子和点火线圈的“+”端子与搭铁之间的电压，应为蓄电池电压，否则说明电源电路有故障。发动机怠速运转时，检查点火器 IGt 端子与搭铁之间应有脉冲信号，否则说明控制线路或 ECU 有故障。发动机怠速运转时，检查 ECU 的 IGf 端子与搭铁之间应有脉冲信号，否则说明点火器或信号线路有故障。

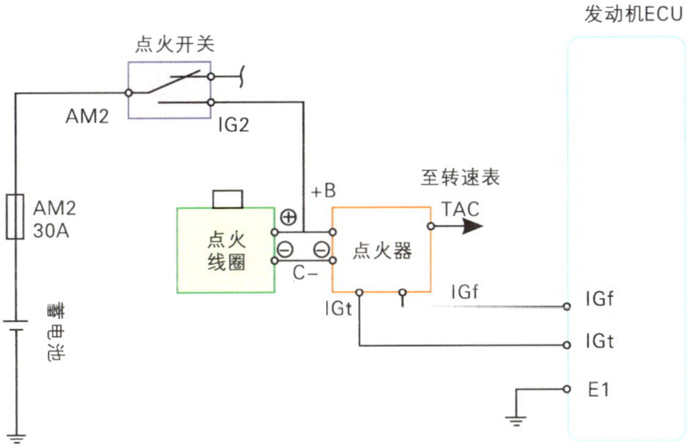

图 3-34　点火控制电路

任务实践

1. 实践名称

点火线圈的检修。

2. 实践准备

（1）轿车一辆。

（2）专用工具及量具若干套。

（3）工具车、零件车若干。

3. 实践要求与注意事项

1）实践要求

每班分成若干个小组，每次同时进行三个小组的实训，其他小组在教室内复习实训的内容，分几次完成。实训时以教师讲解、演示，学生操作、考核为主，学生完成实训报告及考核，最后填写实训内容。

2）注意事项

（1）听从安排，不要随意走动。

（2）不要随意操作车上的各个系统。

（3）操作所学系统时必须在指导教师的指导下完成。

（4）注意保持教学场地卫生。

（5）不能蛮力操作所学系统。

（6）严格遵守拆装程序及操作规程。

4. 操作步骤及检修

1）点火线圈外观的检查

检查点火线圈的外壳有无损伤、裂纹：____________________。

2）检查点火线圈的初级线圈电阻、次级线圈电阻并将数据记录在表 3-3、表 3-4 中

表 3–3　次级线圈电阻测量（单位：Ω）

项目	标准值	测量值	结论
通电电阻			
绝缘电阻			

表 3–4　初级线圈电阻测量（单位：Ω）

项目	标准值	测量值	结论
通电电阻			
绝缘电阻			

3）观察点火线圈初级电流和次级电压的关系

利用示波器观察初级电流和次级电压的关系，并画出关系图。

5. 实践总结

任务练习

一、填空题

1. 点火线圈根据磁路可分为__________和__________两种类型。

2. 分电器由__________、__________和 __________等组成。

3. 常用的信号发生器有__________ 、__________、__________三种类型。

二、判断题

1. 目前电控发动机上大部分使用闭磁路点火线圈。 ( )

2. 爆震传感器向 ECU 输入爆震信号时，电控点火系统采用闭环控制模式。 ( )

三、选择题

1. 点火线圈上的附加电阻的作用是（ ）。

A. 减小初级电流　　B. 增大初级电流

C. 稳定初级电流　　D. 以上都不对

2. 下列（ ）能向 ECU 输入爆震信号。

A. 氧传感器　　B. 缸序判别传感器

C. 爆震传感器　　D. 大气压力传感器

四、问答题

1. 闭磁路点火线圈有何特点?

2. 点火器有何作用?

项目四

辅助控制系统的构造与维修

项目描述

现代汽车广泛采用电子控制技术，电控系统都带自诊断功能，大大提高了故障诊断的效率与准确率，但是对于机械方面传感器无法检测到的故障，我们还是需要运用传统的诊断方法来处理。本项目主要讲解发动机辅助控制系统的构造与维修，主要包括怠速控制系统、进气控制系统、增压控制系统、排放控制系统等内容。

任务一 怠速控制系统的构造与维修

任务目标

完成本学习任务后，你应当达到以下目标。

1. 知识目标

（1）掌握怠速控制系统的组成及工作原理。

（2）熟悉怠速控制系统的类型。

2. 能力目标

（1）能够检修不同类型的怠速控制系统。

（2）能够正确识读怠速控制系统控制电路。

任务引入

怠速转速的高低直接影响燃油消耗和排气污染。怠速转速过高，燃油消耗增加。怠速转速过低，会增加排气污染；同时，当冷车运转、空调打开、电负荷增加、动力转向系统工作时，会因负载增加导致发动机运转不稳或熄火。

相关知识

一、怠速控制系统的功能

随着电子技术的不断发展和电子技术在汽车制造方面的应用，怠速控制已成为发动机电子控制系统的主要控制内容之一。

怠速控制的目的是在保证发动机排放要求且运转稳定的前提下，尽量使发动机的怠速转速保持最低，以降低怠速时的燃油消耗。

电控燃油喷射发动机在怠速工况下，空气通过进气系统的旁通气道或节气门缝隙的怠速转速空气道，进入发动机汽缸燃烧室，并由空气流量计进行检测。电控燃油喷射系统根据各传感器信号控制喷油器，以保证发动机怠速正常运转。

由此可见，发动机怠速控制系统的主要作用是根据发动机工作温度、机械负荷、电负荷的变化，由 ECU 自动控制怠速工况下的空气供给量，维持发动机以稳定的怠速转速运转。如发动机启动后能迅速暖机，则根据空调、自动变速器、动力转向开关接通等机械负荷，以及远光灯开关、后风窗除霜开关及鼓风电机工作等信号确定电负荷状态。电负荷变化时，由 ECU 通过执行元件控制怠速工况下的进气量，实现调节和保证发动机在各种怠速条件下的稳定运转。

二、怠速控制系统的组成

怠速控制系统主要由传感器、ECU 和执行元件三部分组成，如图 4-1 所示。传感器的功用是检测发动机的运行工况和负载设备的工作情况。ECU 则根据各种传感器的输入信号确定一个怠速运转的目标转速，并与实际转速进行比较，根据比较结果控制执行元件工作，以调节进气量，使发动机的怠速转速达到所确定的目标转速。

在怠速以外的其他工况下，若系统对发动机实施怠速控制，会与驾驶员通过加速踏板对进气量的调节发生干涉。因此，在怠速控制系统中，ECU 需要根据节气门位置信号和车速信号确认怠速工况，只有在节气门全关、车速为零时，才能进行怠速控制。

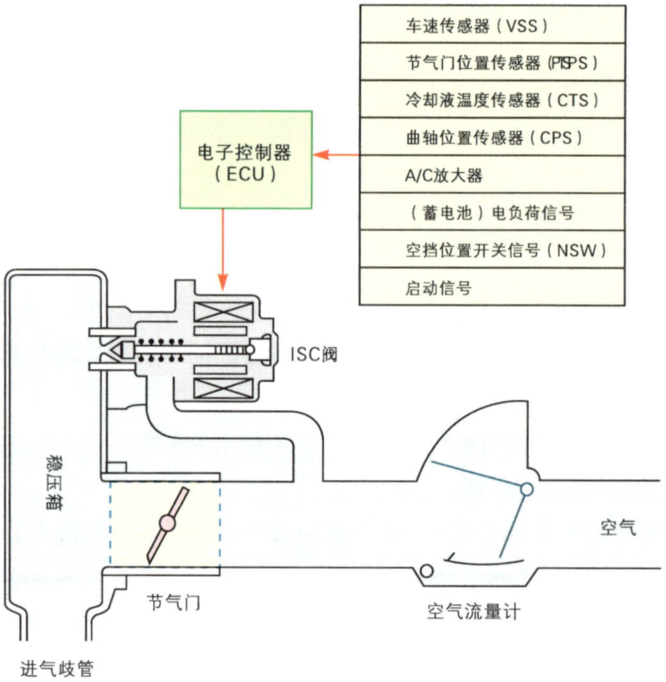

图 4–1 怠速控制系统的组成

三、怠速控制系统的工作原理

1. 怠速控制过程

发动机怠速转速的控制，通常采用反馈的方式。ECU 将根据各种传感器的输入信号所确定的目标转速与发动机的实际转速进行比较，根据比较差值，确定与目标转速相对应的控制量，去驱动控制进气量的执行机构（怠速控制器），如图 4–2 所示。

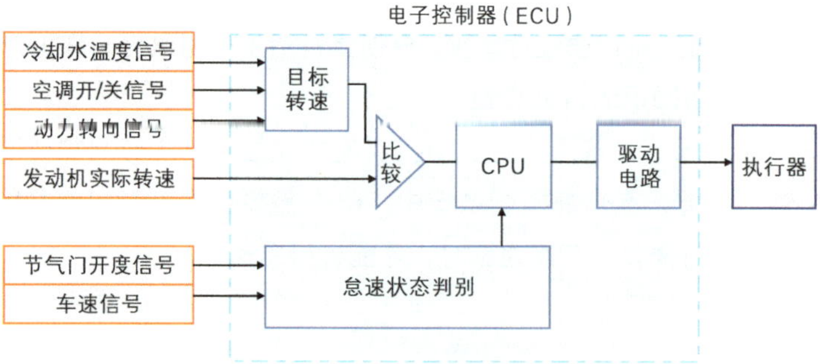

图 4–2 怠速控制过程

怠速的反馈控制只限于怠速状态。当节气门全关时，节气门位置传感器内的怠速触点闭合，触点闭合信号输送给 ECU，ECU 判定发动机进入怠速工况。当 ECU 通过传感器实测的发动机转速超出怠速范围时，ECU 向怠速控制器（ISC 阀）发出调整信号，减小控制阀的开度，减少怠速时的进气量，使发动机转速降低；反之，则增大控制阀的开度来提高发动机转速。由此，ECU根据转速传感器信号对怠速转速实施反馈控制，使发动机保持在正常的怠速转速范围内。

当发动机温度较低或发动机负荷突然增加时，如空调压缩机突然开启等，将会导致发动机怠速转速下降甚至熄火。此时，ECU 控制的怠速系统会将工况变化的信号输送到 ECU 的逻辑电路中进行运算，由比较电路与基准信号进行对比，然后输出修正补偿信号，驱动怠速控制器，使控制阀开度适度增大。

2. 步进电机式怠速控制阀的控制

1）确定初始位置

为了改善发动机的再次启动性能，在点火开关断开时，ECU 将控制怠速控制阀处于全开状态，为再次启动做好准备。

当 ECU 内部主继电器控制电路接收到点火开关拨到“OFF”（断开）位置的信号时，ECU 将利用备用电源输入端（Batt 端子）提供的电压控制主继电器（燃油喷射继电器）线圈继续供电 2s，使步进电机的控制阀退回到初始位置，以便下次启动时具有较大的进气量。

2）启动控制

启动发动机时，因为怠速控制阀预先设定在全开位置，所以进气量较大，发动机容易启动。发动机一旦启动，如果阀门保持在全开位置，怠速转速就会升得过高。因此，在启动时或启动后，当发动机转速达到规定值（该值由冷却液温度确定）时，ECU 就会控制步进电机步进的步数，使控制阀阀门关小到由冷却液温度确定的阀芯位置，使怠速转速稳定。如果发动机冷却液温度在启动时为 20℃，当转速达到 500r/min 时，ECU 将控制步进电机从全开位置 A 点（125 步）步进到达 B 点（55 步），如图 4-3（a）所示，使阀门关小，防止转速过高。

3）暖机控制

在发动机启动后的暖机过程中，ECU 将根据冷却液温度传感器信号确定步进电机步进的位置。随着转速升高和发动机温度升高，控制阀阀门将逐渐关小，步进电机步进的步数逐渐减少，如图 4-3（b）所示。当冷却液温度达到 70℃时，暖机控制结束，步进电机及其阀芯位置保持不变。

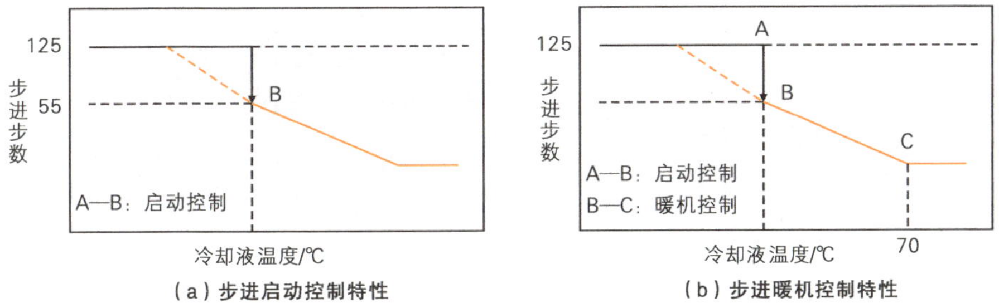

图 4-3　步进电机式怠速控制阀的启动与暖机控制特性

四、怠速控制系统的类型

在发动机电控燃油喷射系统中，发动机怠速控制实质上就是对发动机怠速工况下的进气量实施控制。怠速控制系统按进气量调节方式的不同，一般可分为两种类型：一种是改变旁通空气道截面面积的旁通气道式，另一种是直接改变节气门开度的节气门直动式，如图 4–4 所示。

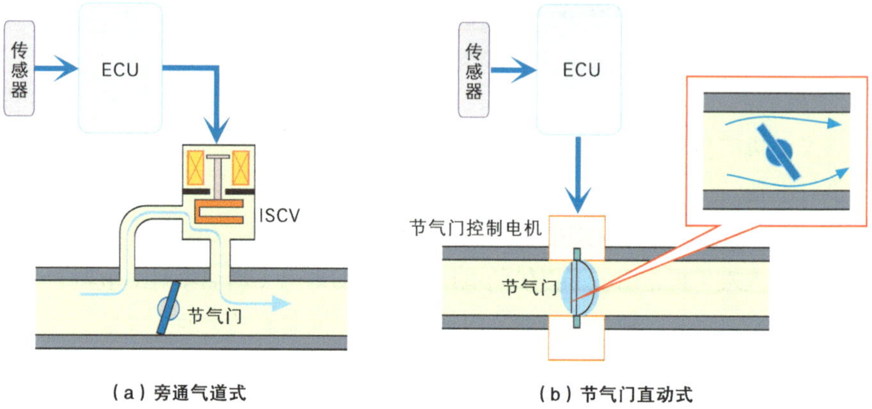

图 4–4　怠速控制系统的类型

1. 节气门直动式怠速控制系统

1）节气门直动式怠速控制系统的结构原理

节气门直动式怠速控制系统的结构如图 4–5 所示。该系统是通过控制节气门开启程度，调节空气流通的面积，达到控制进气量，实现怠速控制的。由图 4–5 可见，怠速执行机构由直流电动机、减速齿轮、丝杠等组成。怠速执行机构的传动轴与节气门操纵臂的全闭限制器相接触。当发动机 ECU 控制直流电动机通电时，直流电动机产生旋转转矩，通过减速齿轮，旋转转矩被增大，然后又通过丝杠变角位移为传动轴的直线运动，通过传动轴的旋入或旋出，调节节气门全闭限制位置，达到调节节气门处空气通道面积，进而实现怠速转速的控制，原理如图 4–6 所示。

节气门直动式怠速控制系统具有较强的工作能力，控制位置稳定性好。但由于该系统工作时，为了克服节气门关闭方向回位弹簧的作用力，使用了减速机构，使移位速度下降，造成响应性不良，同时怠速执行机构的外形尺寸较大。

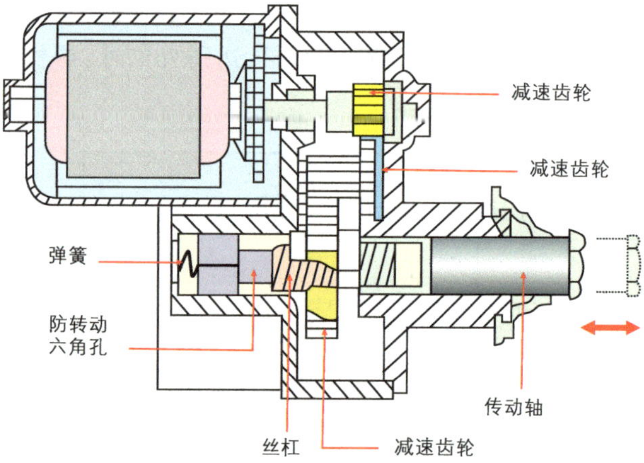

图 4–5　节气门直动式怠速控制系统的结构

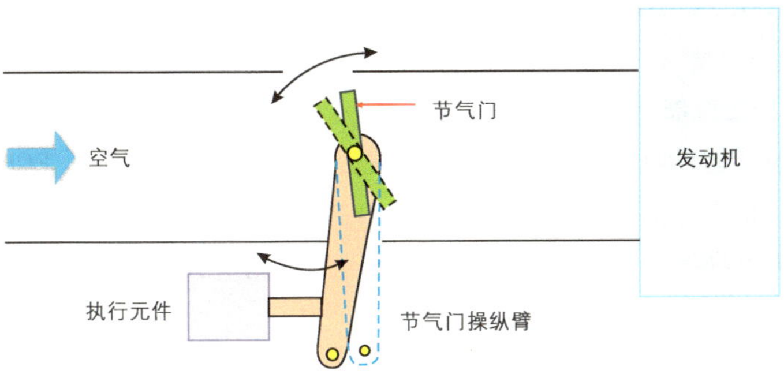

图 4–6　节气门直动式怠速控制原理

2）节气门直动式怠速控制系统的检修

下面以典型的节气门直动式怠速控制系统为例来讲解其维修方法，控制电路如图 4–7 所示。

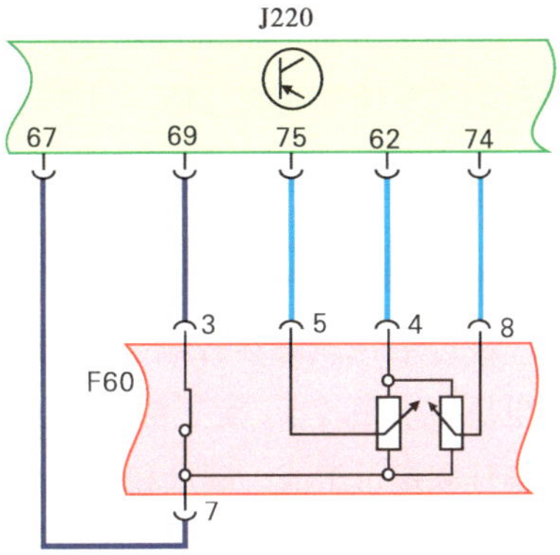

图 4–7　典型节气门直动式怠速控制电路

（1）检测节气门位置传感器。

测量节气门电位计的供电电压：拔下节气门控制部件的插头，用数字式万用表测量插头上 4 和 7 端子之间的电压值，打开点火开关，此电压值应接近 5V（发动机 ECU 提供）。

测量节气门电位计导线的导通情况：用数字式万用表测量插头上的 4、5 和 7 端子分别至 ECU 线束插座端子 62、75 和 67 之间的电阻值，测得的电阻值应小于 1Ω。

测量节气门电位计的信号电压（万用表）：插上节气门控制部件的插头，用数字式万用表测量插头上 5 和 7 端子（端子 5 和 7 分别对应 ECU 插座上的端子 75 和 67）之间的电压值，打开点火开关，使节气门开度变化，此电压值应在 0.5~4.9V 范围内变化。

（2）检测节气门定位电位计。

测量节气门定位电位计的供电电压：拔下节气门控制部件的插头，用数字式万用表测量插头上 4 和 7 端子之间的电压值，打开点火开关，此电压值应接近 5V。

测量节气门定位电位计导线的导通情况：用数字式万用表测量插头上的 4、8 和 7 端子分别至 ECU 线束插座端子 62、74 和 67 之间的电阻值，测得的电阻值应小于 1Ω。

测量节气门定位电位计的信号电压（万用表）：插上节气门控制部件的插头，用数字式万用表测量插头上 8 和 7 端子（端子 8 和 7 分别对应 ECU 插座上的端子 74 和 67）之间的电压值，打开点火开关，使节气门开度变化，此电压值应在 0.5~4.9V 范围内变化。

（3）检查怠速开关。

测量怠速开关的电阻：将万用表两只表笔接触 ECU 插座上的 69 和 67 端子，当打开节气门时，测得的电阻值应为无穷大；当节气门关闭时，测得的电阻值应小于 1Ω。

测量怠速开关导线的导通情况：拔下节气门控制部件的插头，用数字式万用表测量节气门控制部件插头上的 3 和 7 端子至 ECU 线束插座 69 和 67 端子间的电阻值，测得的电阻值应小于 1Ω。

测量怠速开关信号：可用诊断仪进入 08 功能读数据块。选择 98 显示组，屏幕显示及检查见“节气门电位计检查”。

（4）检查节气门定位器。

测量节气门定位器的供电电压：打开点火开关，用数字式万用表测量 ECU 上的 66 和 59 端子的电压值，66 端子的电压值应为蓄电池电压值（12V 左右），59 端子的电压值应为 10V 左右。

测量节气门定位器导线的导通情况：用数字式万用表测量 ECU 线束插座至节气门定位器电线插头间的电阻值，电阻值应小于 1Ω。

2. 旁通气道式怠速控制系统

在旁通气道式怠速控制系统中，设有旁通节气门的怠速空气道，由执行元件控制流经怠速空气道的空气量。按执行元件不同分为步进电机式怠速控制阀、旋转滑阀式怠速控制阀、脉冲电磁阀式怠速控制阀三种。目前比较常用的是步进电机式怠速控制阀。

1）步进电机式怠速控制阀

（1）步进电机式怠速控制阀的组成。

步进电机式怠速控制阀由阀轴、轴承、转子、定子线圈和阀体等组成，如图 4-8 所示。步进电机由永磁转子、定子绕组等组成。螺旋机构的作用是将步进电机的旋转运动转换为往复运动，由螺杆和螺母组成。螺母和步进电机的转子制成一体，螺杆的一端有螺纹，另一端固定有阀芯，螺杆与阀体之间为滑动花键连接，只能沿轴向做直线移动，不能做旋转运动。

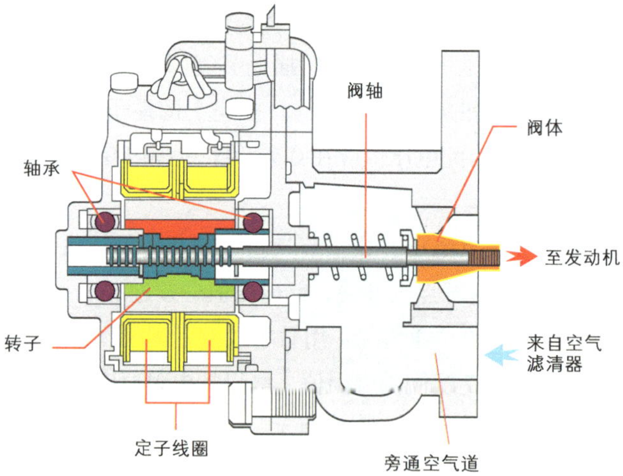

图 4-8 丰田轿车步进电机式怠速控制阀的结构

当步进电机转动时，螺母带动螺杆做轴向移动，步进电机转子每转动一圈，就使螺杆移动一个螺距，螺杆上固定着阀芯，螺杆向前或向后移动时，带动阀芯关小或开大旁通气阀。电脑通过控制步进电机的转动方向和转角，就可控制螺杆的移动方向和移动距离，从而达到控制旁通气阀开度，调整怠速进气量的目的。

怠速空气控制阀安装在进气总管上，ECU 给电磁线圈提供脉冲信号，当电机转子顺转或逆转时，阀芯轴向移动，改变阀芯与阀座之间的间隙。间隙小，进气量少，怠速转速低；反之，间隙大，怠速转速高。

（2）步进电机的内部结构与原理。

步进电机的转子是一个具有 N 极和 S 极的永久磁铁，定子有两相独立的绕组，如图 4–9（a）所示。当从 B_1 到 B 向绕组输入一个电脉冲信号时，绕组产生一个磁场，在磁力同性相斥、异性相吸原理作用下，使转子 S 极在右、N 极在左。

当从 B_1 到 B 输入的脉冲信号消失后，再从 A 到 A_1 向绕组输入另一个脉冲信号时，绕组产生一个磁场，N 极在上、S 极在下，如图 4–9（b）中①所示。在同性相斥、异性相吸原理作用下，转子就会按逆时针方向转动 90°，如图 4–9（b）中②所示。

当从 A 到 A_1 输入的脉冲信号消失后，再从 B 到 B_1 向绕组输入另一个脉冲信号时，绕组产生磁场，N 极在左、S 极在右，如图 4–9（b）中②所示。在同性相斥、异性相吸原理作用下，转子就会按逆时针方向转动 90°，如图 4–9（b）中③所示。

当从 B 到 B_1 输入的脉冲信号消失后，再从 A_1 到 A 向绕组输入另一个脉冲信号时，绕组产生磁场，N 极在下、S 极在上，如图 4–9（b）中③所示。在同性相斥、异性相吸原理作用下，转子就会按逆时针方向转动 90°，如图 4–9（b）中④所示。

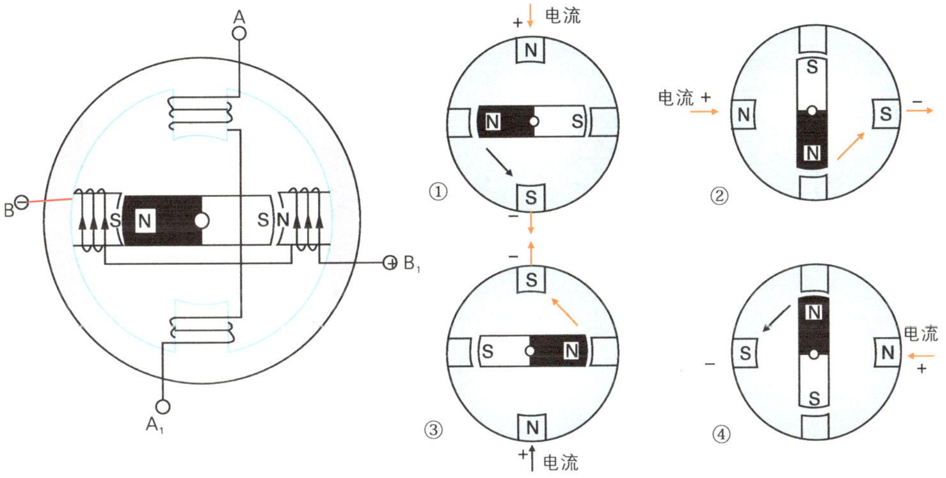

（a）结构简图　　（b）逆时针方向步进转动示意图

图 4–9　步进电机基本结构与步进原理

当依次按 B_1–B、A–A_1、B–B_1、A_1–A 的顺序向绕组输入 4 个脉冲信号时，如图 4–10（a）所示，电机就会按逆时针方向转动一圈；同理，依次按 B_1–B、A_1–A、B–B_1、A–A_1 的顺序向绕组输入 4 个脉冲信号，如图 4–10（b）所示，电机就会按顺时针方向转动一圈。

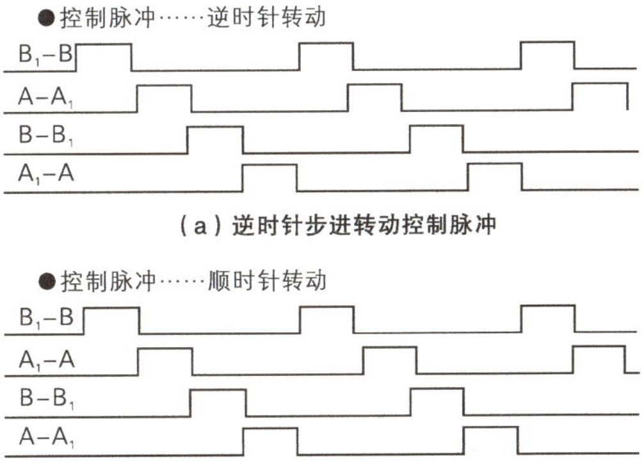

（a）逆时针步进转动控制脉冲

（b）顺时针步进转动控制脉冲

图 4–10　步进电机控制脉冲

（3）步进电机的步进角。

每输入一个脉冲信号使电机转动的角度，称为步进电机的步进角。常用的步进角有30°、15°、11.25°、7.5°、3.75°、2.5°、1.8°等。如丰田皇冠3.0轿车2JZ-GE型发动机采用的永磁式步进电机，其转子设有8对磁极，定子设有32个爪极，转子转动一圈前进32步，步进角为11.25°，该步进电机的工作范围为0~125步（大约转动4圈）。奥迪200轿车用步进电机设有两个线圈，转子每转一圈需要步进24步，每步进一步约需4ms，步进角为15°，该步进电机的工作范围为0~128步（大约转动5.3圈）。

步进电机定子爪极越多，步进角越小，转角的控制精度就越高，所需定子绕组的数量和控制脉冲的组数就越多。步进电机的转速取决于控制脉冲的频率，频率越高，转速越高。

（4）步进电机式怠速控制阀的控制电路

ECU通过VT_1、VT_2、VT_3、VT_4按一定顺序控制电机线圈通断，产生旋转磁场，驱动电机转子顺转或逆转，如图4-11所示。

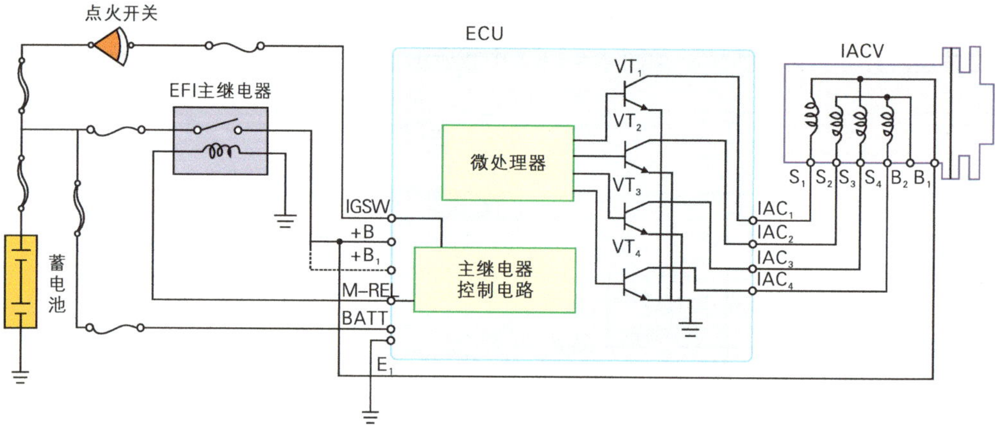

图4-11 步进电机的控制电路

（5）步进电机式怠速控制阀的检测。

①检查怠速控制阀是否工作。

关闭发动机时，怠速控制阀应发出“咔嗒”声。

②检查怠速控制阀电阻。

拔下怠速控制阀连接器，测量插座B_1和S_1、B_1和S_3、B_2和S_2、B_2和S_4间的电阻应为10~30Ω。

③检查怠速控制阀是否良好。

拆下怠速控制阀，将蓄电池正极接B_1和B_2，负极依次接S_1、S_2、S_3、S_4，怠速控制阀应关闭。负极依次接S_1、S_3、S_2、S_1，怠速控制阀应打开。

2）旋转滑阀式怠速控制阀

（1）旋转滑阀式怠速控制阀的结构组成。

旋转滑阀式怠速控制阀又称为永磁磁极步进电机式怠速控制阀，如图4-12所示。它主要由旁通空气阀和永磁式步进电机组成。旁通空气阀固定在步进电机的电枢轴上，在步进电机驱动下，可在限定的 90° 转角范围内转动，以改变旁通空气道开启面积的大小来增减旁通进气量。

（2）旋转滑阀式怠速控制阀的工作原理。

步进电机的磁极用永久磁铁制成，两块磁极用 U 型钢丝弹性固定在电机壳体内壁上。电枢由电枢铁芯、两个线圈、换向器和电枢轴组成。换向器由三块钢片围合而成，分别与三只电刷接触，电刷引线连接到控制阀的接线插座上，三线插座通过线束与 ECU 连接，如图 4–13 所示。

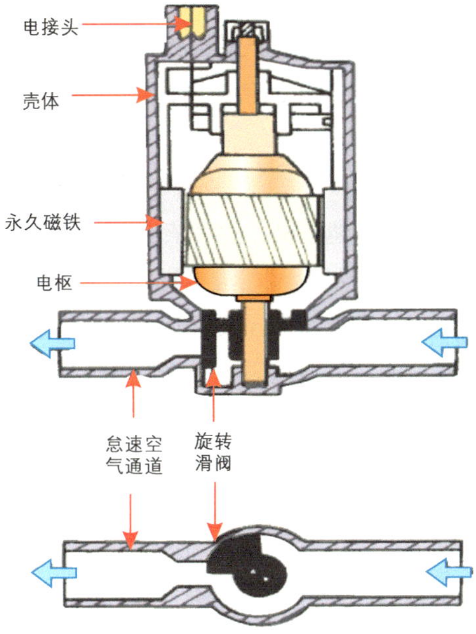

图 4–12　旋转滑阀式怠速控制阀的结构

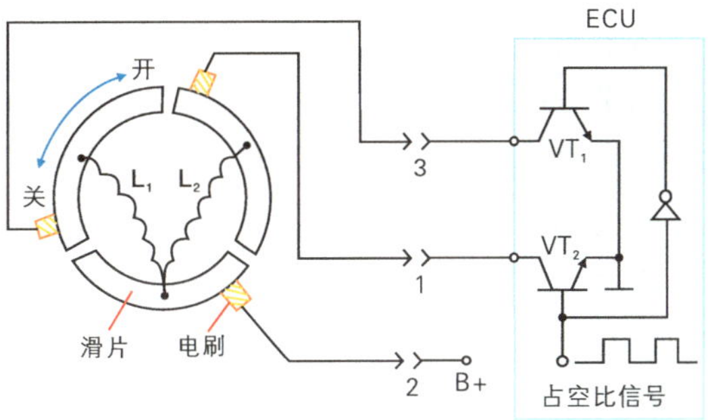

图 4–13　旋转滑阀式怠速控制阀工作电路

线圈 L_1 与 ECU 内部的三极管 VT_1 连接，脉冲控制信号经过反向器加到 VT_1 的基极；线圈 L_2 与 ECU 内部的三极管 VT_2 连接，脉冲控制信号直接加到 VT_2 的基极。因此，当脉冲信号的高电平到来时，三极管 VT_1 截止、VT_2 导通，线圈 L_1 断电、L_2 通电，步进电机将顺时针转动；反之，当脉冲信号的低电平到来时，三极管 VT_1 导通、VT_2 截止，线圈 L_1 通电、L_2 断电，步进电机将逆时针转动。线圈 L_1 称为逆转线圈，当其接通电流时，电枢带动滑阀按逆时针方向旋转；线圈 L_2 称为顺转线圈，当其接通电流时，电枢带动滑阀按顺时针方向旋转。因此，电动机轴和滑阀的旋转方向取决于 ECU 发出的怠速控制脉冲占空比的大小。

当占空比等于 50%时，线圈 L_1 的平均通电时间相等，产生的电磁力矩相互抵消，电枢轴与滑阀将保持在某一位置不动。

当占空比小于 50%时，线圈 L_1 的平均通电时间增长，L_2 的平均通电时间缩短，线圈 L_1 产生的电磁力矩将克服 L_2 产生的电磁力矩而带动电枢轴与滑阀按逆时针方向转动，使旁通空气道开启面积减小，旁通进气量减少，发动机的怠速转速将降低。奥迪 100 轿车在控制信号的占空比减小到 18%左右时，旋转滑阀完全关闭。

当占空比大于 50%时，线圈 L_1 的平均通电时间缩短，L_2 的平均通电时间增长，线圈 L_2 产生的电磁力矩将克服 L_1 产生的电磁力矩而带动电枢轴与滑阀按顺时针方向转动，使旁通空气道开启面积增大，旁通进气量增多，发动机的怠速转速将升高。奥迪 100 轿车在占空比增大到 82%

左右时，旋转滑阀完全开启。

（3）旋转滑阀式怠速控制阀的检修。

①车上检查。

当发动机熄火时，怠速控制阀会发出“咔嗒”的响声，使阀门退到开度最大位置。如听不到复位时的“咔嗒”响声，应对怠速控制阀进行检查。

②检测电枢绕组电阻。

断开点火开关，拔下怠速控制阀连接器插头，永磁磁极步进电机式怠速控制阀一般有两组线圈，各组线圈的阻值为10~15Ω，用万用表检测插座上电枢绕组电阻值应当符合规定，如阻值不符合规定，应更换。

③检查步进电机工作情况。

从节气门体上拆下怠速控制阀，用导线将端子2连接蓄电池正极，然后依次将端子1、3与蓄电池负极连接，阀芯应当顺时针或逆时针转动。如阀芯不能转动，说明步进电机失效，应予更换。

当发动机工作时，如怠速转速忽高忽低，说明电刷与换向器接触不良；如怠速转速偏低，说明顺转线圈 L_2 断路或其连接的换向片与电刷接触不良；如怠速转速偏高，说明逆转线圈 L_1 断路或其连接的换向片与电刷接触不良。

3）脉冲电磁阀式怠速控制阀

（1）脉冲电磁阀式怠速控制阀的结构组成。

脉冲电磁阀式怠速控制阀的结构与普通电磁阀基本相同，具有结构简单、成本低廉、工作可靠等优点，因此采用的车型越来越多，国产奥迪轿车就采用了这种怠速控制阀。

脉冲电磁阀式怠速控制阀的结构如图4-14所示，主要由电磁线圈、复位弹簧、阀芯、阀座、固定铁芯、活动铁芯、进气口和出气口等组成。阀芯固定在阀杆上，阀杆一端与固定铁芯连接，另一端设置有复位弹簧。进气口与节气门前端的进气管相通，出气口与节气门后端的进气管相通。

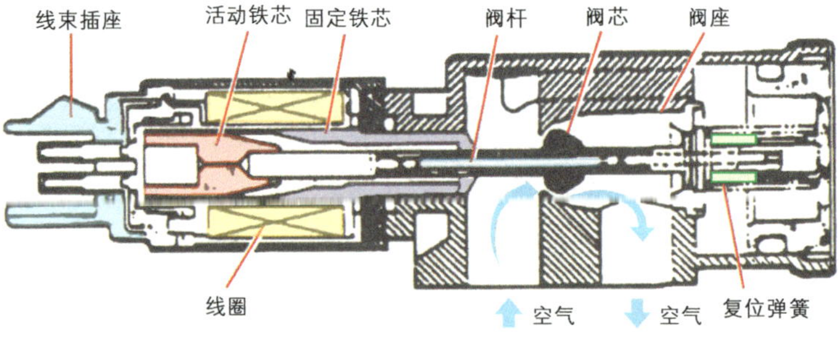

图4-14 脉冲电磁阀式怠速控制阀的结构

（2）脉冲电磁阀式怠速控制阀的控制原理。

电磁线圈接通电流时就会产生电磁吸力。当线圈产生的电磁吸力超过复位弹簧的弹力时，活动铁芯在电磁吸力的作用下就会向固定铁芯方向移动，同时通过阀杆带动阀芯向右移动，使阀芯离开阀座将旁通空气道开启。当电磁线圈断电时，活动铁芯与阀芯在复位弹簧弹力的作用下左移复位，将旁通空气道关闭。

旁通空气道开启与关闭的时间由 ECU 发出的占空比信号控制。发动机工作时，ECU 根据怠速转速的高低，向脉冲电磁阀发出频率相同而占空比不同的控制脉冲信号，通过改变阀芯开启与关闭时间来调节旁通进气量。

占空比在 0~100%范围内变化。当怠速转速过低时，ECU 将自动增大占空比，使电磁线圈通电时间增长，断电时间缩短，阀门开启时间增长，旁通进气量增多，怠速转速将升高，防止怠速转速过低而导致发动机熄火。反之，当怠速转速过高时，ECU 将减小占空比，使电磁线圈通电时间缩短，断电时间增长，阀门开启时间缩短，旁通进气量减少，怠速转速将降低。

任务实践

1. 实践名称

步进电机式怠速控制阀的检测。

2. 实践准备

（1）轿车一辆。

（2）专用工具及量具若干套。

（3）工具车、零件车若干。

3. 实践要求与注意事项

1）实践要求

每班分成若干个小组，每次同时进行三个小组的实训，其他小组在教室内复习实训的内容，分几次完成。实训时以教师讲解、演示，学生操作、考核为主，学生完成实训报告及考核，最后填写实训内容。

2）注意事项

（1）听从安排，不要随意走动。

（2）不要随意操作车上的各个系统。

（3）操作所学系统时必须在指导教师的指导下完成。

（4）注意保持教学场地卫生。

（5）不能蛮力操作所学系统。

（6）严格遵守拆装程序及操作规程。

4. 操作步骤及检修

1）步进电机式怠速控制阀检修步骤

____

____

____

____

____

____

2）步进电机式怠速控制阀电阻及电压的测量

所测发动机类型为________，电压为________，电阻为________，结论：________。

5. 实践总结

____

____

____

____

____

____

____

____

任务练习

一、填空题

1. 怠速控制阀是由__________直接控制的。

2. 怠速控制的实质是控制怠速时的__________。

3. 当目标转速低于实际转速时，ECU 将控制怠速控制阀__________来调节怠速转速。

二、判断题

1. 只有在节气门全关、车速为零时，才能进行怠速控制。（　）

2. 怠速控制阀一般安装在发动机节气门体上或节气门体附近。（　）

3. 随着水温上升，怠速控制阀开度逐渐增大。（　）

三、选择题

1. 关于改变怠速控制阀中的阀芯与阀座之间的间隙可使怠速转速增高或降低的说法中正确的是（　）。

A. 间隙小，怠速转速高　　B. 间隙小，怠速转速低

C. 间隙大，怠速转速低　　D. 间隙小，怠速转速不变

2. 下列关于怠速控制阀说法正确的是（　）。

A. 降低怠速转速　　B. 提高怠速转速

C. 控制怠速时的进气量　　D. 以上都不对

四、问答题

1. 为什么要进行怠速控制？

2. 怠速控制系统的功用是什么？

任务二
进气控制系统的构造与维修

任务目标

完成本学习任务后，你应当达到以下目标。

1. 知识目标

（1）掌握进气涡流控制系统的原理。

（2）掌握气门驱动控制系统的组成与原理。

（3）熟悉可变进气歧管控制系统的控制原理。

2. 能力目标

（1）会检修谐波增压控制电路。

（2）会检修可变配气相位控制电路 。

任务引入

汽油机的充气效率和燃烧速度对其性能影响很大，为了改善汽油机的性能，进气控制技术和四气门技术最早应用在汽油机上。其中，进气控制系统主要包括进气涡流控制系统、可变进气歧管控制系统、谐波增压进气控制系统和气门驱动控制系统等。

相关知识

一、进气涡流控制系统

在采用涡流控制阀的发动机上，ECU 可根据发动机的不同负荷，通过改变进气流量达到改善发动机动力性能的目的。见图 4–15 为由 ECU 控制的涡流控制系统。

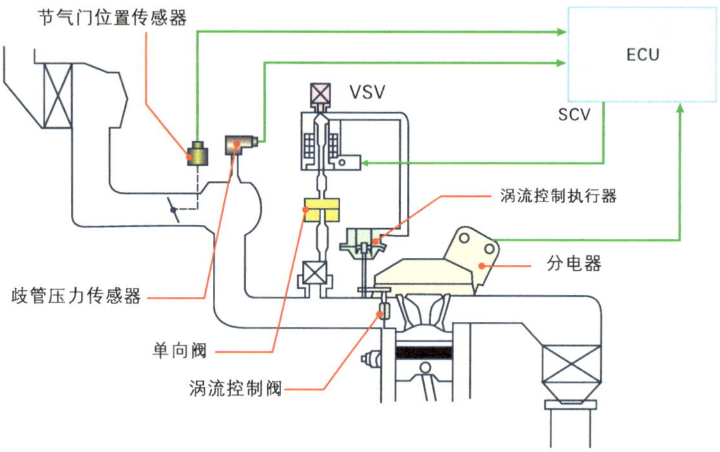

图 4–15　涡流控制系统

如图 4–16 所示，进气孔纵向分为两个通道，涡流控制阀安装在通道 A 内，由进气歧管负压打开和关闭，控制进气歧管空气通道截面的大小。发动机负荷小或低于某一转速时，ECU 控制真空电磁阀关闭，真空度进不了涡流控制阀上部的真空气室，涡流控制阀关闭。因为进气通道截面变小，产生一个强大涡流，这就提高了燃烧效率，从而可节省燃油。当发动机负荷增大或高于某一转速运转时，ECU 根据转速、温度、进气量等信号控制真空电磁阀电路接通，真空电磁阀打开，真空度进入涡流控制阀，将涡流控制阀打开，进气通道截面变大，提高进气效率，从而增大发动机输出功率。

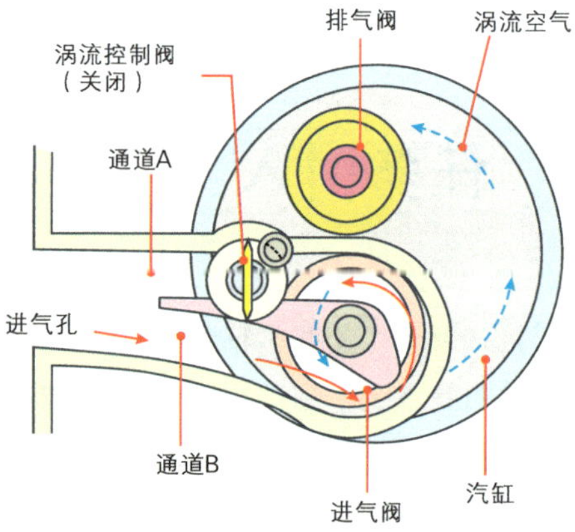

图 4–16　涡流控制阀安装位置

二、可变进气歧管控制系统

为了充分利用进气波动效应和尽量缩小发动机在高、低速运转时进气速度的差别，从而达到改善发动机经济性及动力性，特别是改善中、低速和中、小负荷时的经济性和动力性的目的，要求发动机在高转速、大负荷时装备粗短的进气歧管，而在中、低转速和中、小负荷时配用细长的进气歧管。可变进气歧管就是为适应这种要求而设计的。

1. 开关式进气歧管

奥迪 V6 发动机上的开关式进气歧管如图 4–17 所示。

控制筒能被真空罐旋转 90° 。通过进气歧管转换控制电磁阀来完成控制。

当发动机熄火或怠速运转时，控制筒位于功率位置（短进气路径）。

进气歧管转换控制电磁阀通过弹簧力被固定在这个位置上。进气歧管转换控制电磁阀由发动机 ECU 控制。

从转速 1100 r/min 起，控制筒被转动了 90° 。这样一来功率进气总管被封闭。正在进气的汽缸通过转矩管路直接从主进气总管进气，如图 4–18 所示。

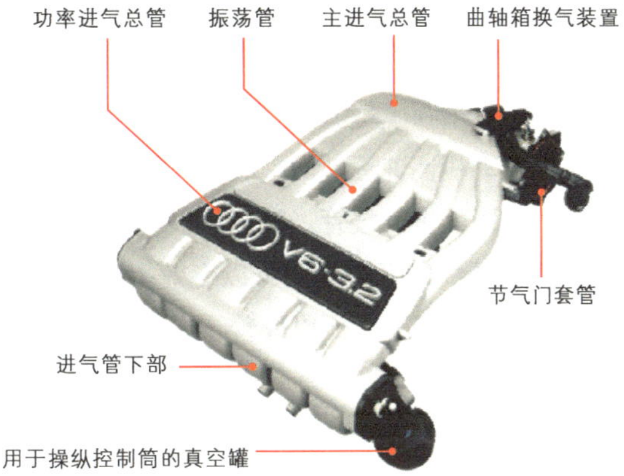

图 4–17　开关式进气歧管

从转速 4100 r/min 起，进气歧管转换控制电磁阀便不再被馈电，并且真空罐受大气压力作用。然后，控制筒通过弹簧力再次旋转 90° 回到起始位置，如图 4–19 所示。

此时，汽缸通过其短进气歧管进气，即从功率进气总管进气。功率进气总管中的气体由其他当前未进气的汽缸的转矩管路提供。

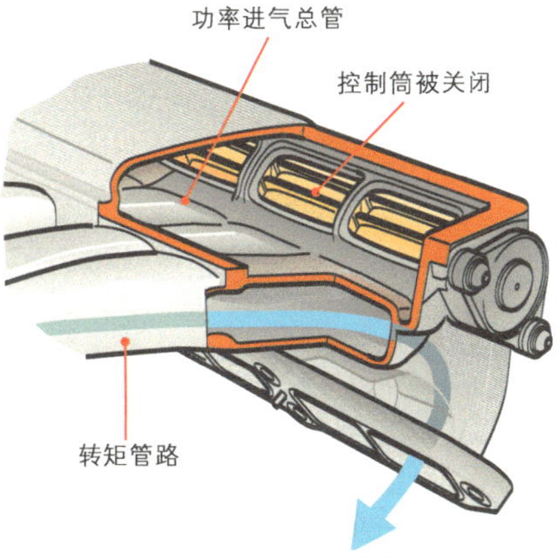

图 4–18　转矩位置

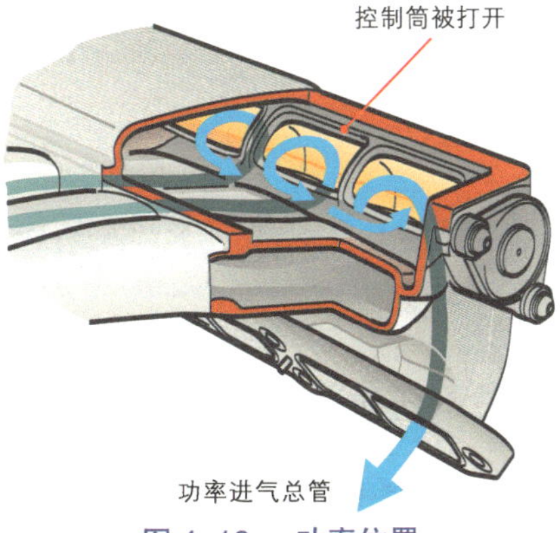

图 4–19　功率位置

2. 长度控制式进气歧管

如图 4–20 所示是一种能根据发动机转速和负荷的变化而自动改变有效长度的进气歧管。

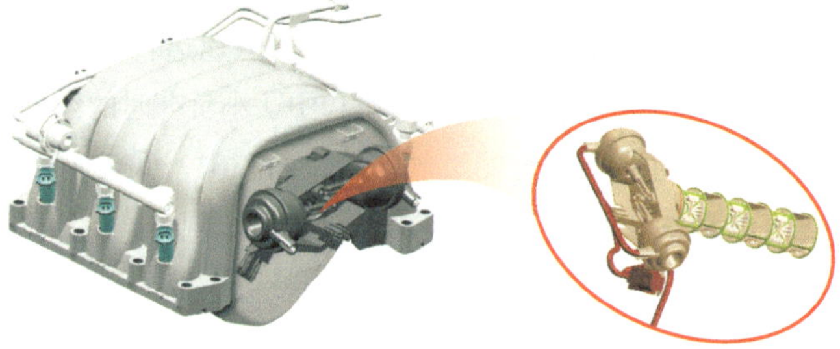

图 4–20　长度控制式进气歧管

当发动机低速运转时，发动机电子控制单元控制转换阀关闭，如图 4–21（a）所示，这时空气经空气滤清器和节气门沿着长而弯曲的进气歧管进入汽缸。较长的进气歧管不仅提高了进气速度，而且增强了气流的惯性，使进气量增多。

当发动机高速运转时，转换阀开启，如图 4–21（b）所示，空气经空气滤清器和节气门直接进入相对短的进气歧管。较短的进气歧管进气阻力小，也使进气量增多。

控制进气歧管的长度可以有效提高发动机的动力性，因为它能够根据发动机的运行情况控制进气速度和流量，所以改善了燃烧过程，提高了发动机燃油经济性。

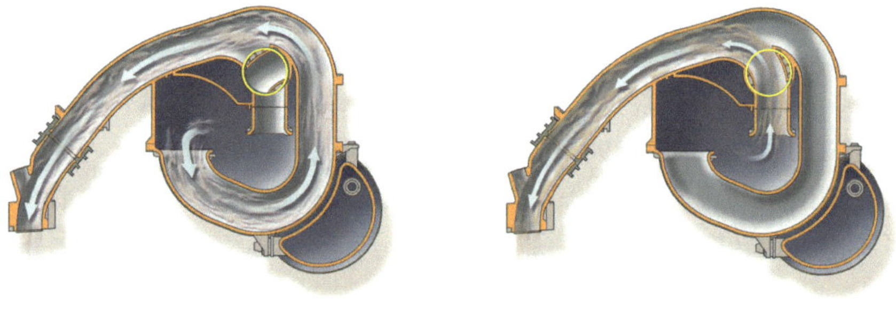

（a）关闭　　　　（b）开启

图 4–21　长度控制式进气歧管工作原理

三、谐波增压进气控制系统

1. 谐波增压进气控制系统的结构

谐波增压进气控制系统在发动机的进气歧管中部加设了一个谐振室（大容量的真空室）和

相应的控制装置。它主要由进气导流管、副谐振室、空气滤清器、空气流量传感器、主谐振室和进气歧管等组成，如图 4–22 所示。

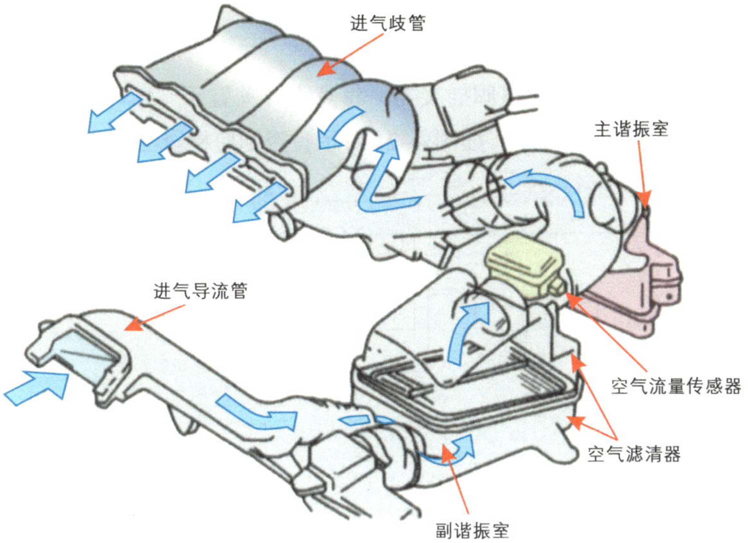

图 4–22　谐波增压进气控制系统的结构

2. 谐波增压进气控制系统的控制原理

谐波增压进气控制系统根据发动机转速的变化，改变进气歧管内压力波的传播距离，以提高充气效率，改善发动机性能。如图 4–23 所示，ECU 根据转速信号控制电磁真空通道阀的开闭。低速时，电磁真空通道阀电路不通，真空罐的真空度不能进入真空室，受真空室控制的增压进气控制阀处于关闭状态，进气歧管内的脉动压力波在空气滤清器与进气门之间传播，满足发动机中低速进气增压的要求。高速时，ECU 接通电磁真空通道阀的电路，将增压进气控制阀打开，由于大容量谐振室的参与，在通道阀处形成气帘，进气脉动压力波只能在进气门和大容量气室之间传播，压力波的传播距离被缩短，满足了发动机在高速区进气增压的要求。

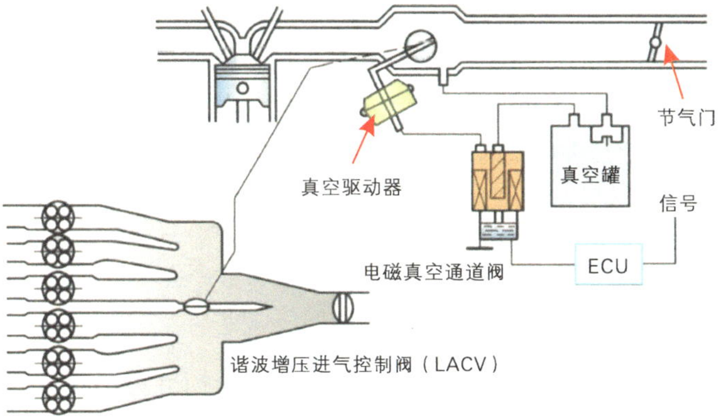

图 4–23　谐波增压进气控制系统的控制原理

3. 谐波增压进气控制系统的检修

1）电压检测

关闭点火开关，断开电磁真空通道阀插接器，将点火开关置于“ON”位置，测量该阀线束插接器端子 1，其电压应为蓄电池电压，如图 4-24 所示，否则应检查 EFI 主继电器、熔丝。

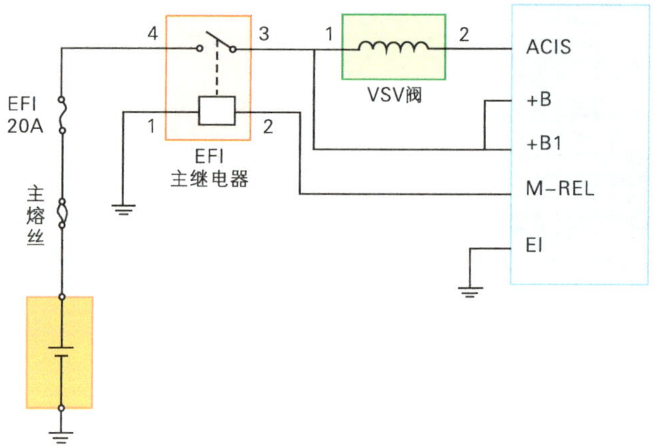

图 4-24 谐波增压进气控制系统电路

2）电阻检测

关闭点火开关，断开电磁真空通道阀插接器，用万用表检查该阀端子 1 与 2 之间的电阻，阻值应为 38.5~44.5Ω，否则应更换。检测相关导线间的电阻值应小于 0.5Ω，否则应修复。

四、气门驱动控制系统

气门驱动控制系统的主要功能是根据发动机转速和负荷的变化，适时调整配气相位和气门升程。

目前，由于进气门配气相位和升程对发动机性能的影响比排气门大，为简化发动机结构和降低成本，气门驱动控制系统一般只控制进气门配气相位和升程。柴油机和汽油机均可使用气门驱动控制系统，下面介绍几种典型的气门驱动控制系统。

1. 大众公司的可变配气相位控制系统

1）可变配气相位控制原理

大众奥迪的可变配气相位控制系统的特点：不能调节气门升程，只改变进气门开启和关闭的时间，采用油压控制的链轮链条结构，如图 4-25 所示。

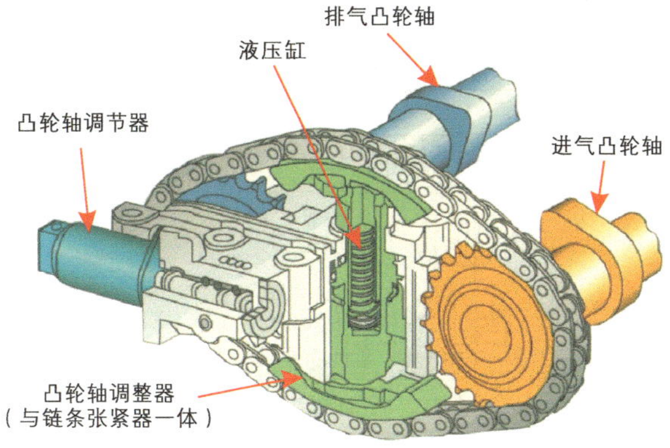

图 4–25　可变配气相位控制系统

左右列缸对应的可变气门正时机构均设置了一个可变气门正时电磁阀。发动机在获得转速传感器的信息后，对左右列缸对应的可变气门正时电磁阀的控制方式做出正确选择并控制阀体动作。当获得不同阀体位置时，通往可变气门正时调节器内的液压缸油路变换，使得可变气门正时调节器上升或下降，左右列缸对应的进气门由此获得不同的迟闭角。

凸轮轴调整器向下拉长时，链条上部变短，下部变长。因为排气凸轮轴被齿形带固定了，此时排气凸轮轴不能转动，进气凸轮轴转动一个角度，进气门提前关闭。在这个位置时，在中、低转速下，可获得大转矩输出，如图 4–26（a）所示。

调整功率时，链条下部短，上部长，进气门延迟关闭。进气歧管内气体流速高，汽缸充气量足，因此在高转速下，功率大，如图 4–26（b）所示。

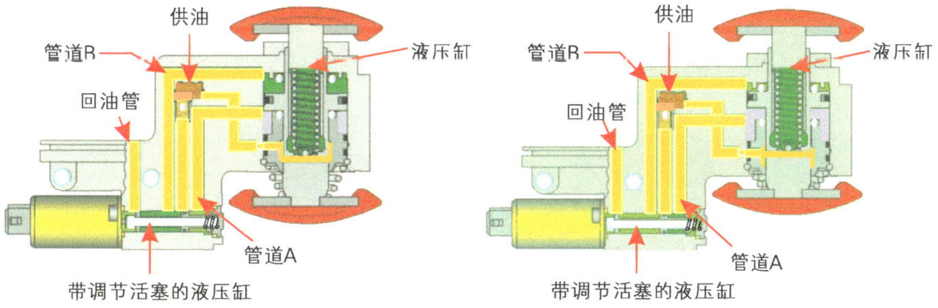

（a）凸轮轴调整器下降　　（b）凸轮轴调整器上升

图 4–26　凸轮轴调整器的控制

2）可变配气相位控制系统的检修

（1）电压检测。

断开凸轮轴调节器电磁阀插接器，将点火开关置于“ON”位置，万用表负极表笔接搭铁，正极表笔连接凸轮轴调节器电磁阀侧供电端子 1，应显示蓄电池电压，否则应检查熔丝、主继电器和线束（见图 4–27）。

（2）电阻检测。

断开凸轮轴调节器电磁阀插接器，用万用表电阻挡检测电磁阀线圈电阻，阻值应为 10~18Ω，否则应更换电磁阀；检测电磁阀与 ECU J623 之间的线束，电磁阀侧端子 2 与 J623 侧端子 T60a/5 之间的电阻应小于 0.5Ω，否则应修复。

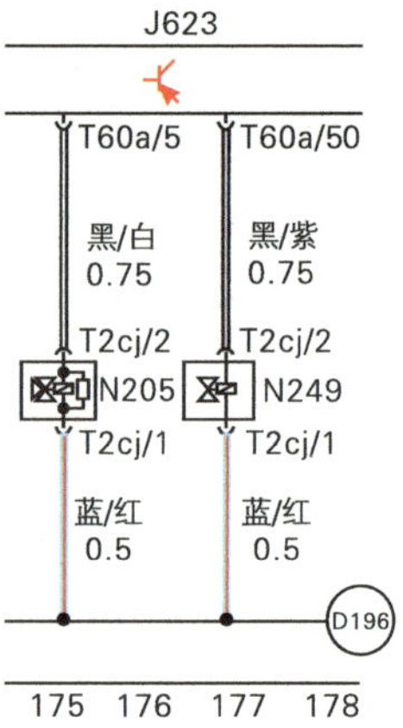

图 4-27 凸轮轴调节器电磁阀电路

2. 本田公司的 VTEC 系统

1）VTEC 系统的控制电路

VTEC 就是 Variable Valve Timing & Lift Electronic Control，翻译成中文是“电子控制可变气门正时和升程”，VTEC 系统的组成如图 4-28 所示。

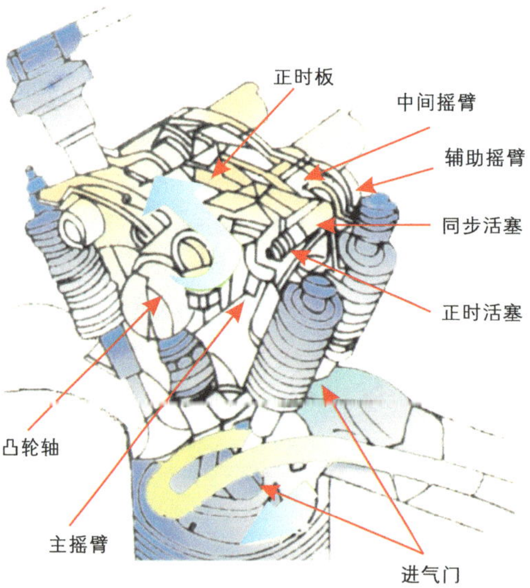

图 4-28 VTEC 系统的组成

VTEC 技术最早来自本田摩托车技术。从 1988 年起，本田开始研究在汽车上应用可变气门技术，早期应用在汽车上的技术有三种：VTEC-E、VTEC、DOHC VTEC。VTEC-E 只能改变进气门数量，应用在 Civic ETi 1.5L 车上。

发动机控制单元根据传感器信号进行判断，输出相应的控制信号，通过电磁阀调节摇臂内的活塞液压系统，使发动机在不同的工况下由不同的凸轮控制，从而使进气门的开度和正时处于较佳状态。VTEC 电磁阀开启后，控制系统通过压力开关反馈信号给 ECU，以监控系统工作，如图 4–29 所示。

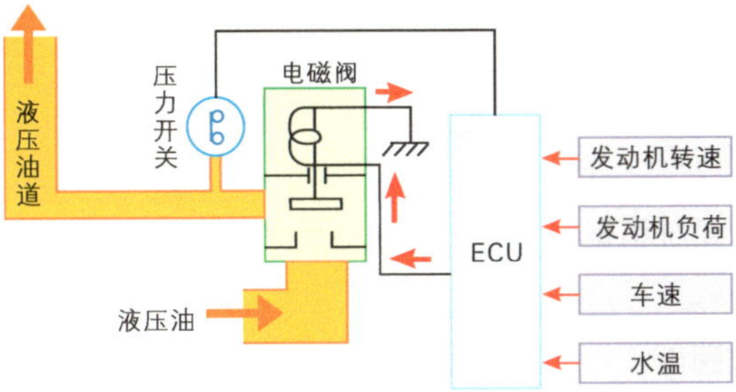

图 4–29　VTEC 控制电路

2）VTEC 系统的检修

拆下 VTEC 电磁阀总成，检测电磁阀滤清器，如有堵塞现象，应更换滤清器和发动机润滑油。电磁阀密封垫一经拆下，必须更换新件。检查电磁阀运动状况，如有发卡现象，应更换。

发动机不工作时，拆下气门罩，转动曲轴分别使各缸处于压缩终了上止点位置，用手按压中间摇臂，应能与主摇臂和辅助摇臂分离而单独运动。

使用解码仪检测，如有故障码 21，则说明 VTEC 电磁阀或电路有故障，可以按以下步骤进行检查。

（1）清除故障码，再重新调取故障码。

（2）关闭点火开关，断开 VTEC 电磁阀线束，测量电磁阀电阻应为 14~30Ω。

（3）检查 VTEC 电磁阀与 ECU 之间的连接线是否有短路或断路故障。

（4）启动发动机运转到正常水温，检查发动机转速在 1000r/min、2000r/min 和 4000r/min 时的机油压力。如果机油压力均高于 49kPa，则说明电磁阀不能开启，应更换电磁阀。

（5）检查 ECU 是否有故障（可采用换件法检查）。

任务练习

一、填空题

1. 谐波增压进气控制系统主要由__________、_________、_________、_________、________和________等组成。

2. 谐波增压进气控制系统根据__________的变化来改变进气歧管内的压力，从而改善发动机性能。

3. 进气歧管转换电磁阀由_________控制。

二、问答题

1. 简述 VTEC 系统的工作原理。

2. 简述可变配气相位控制系统的工作原理。

任务三
增压控制系统的构造与维修

任务目标

完成本学习任务后，你应当达到以下目标。

1. 知识目标

（1）掌握废气涡轮增压系统的构造。

（2）掌握废气涡轮增压系统的过程。

2. 能力目标

（1）会使用解码仪读取废气涡轮增压器的数据流。

（2）会检修废气涡轮增压系统。

任务引入

发动机增压就是利用专门的装置将空气预先进行压缩，再送入汽缸的过程，虽然汽缸的工作容积不变，但因增压后每个循环进入汽缸的气体密度增大，使实际充气量增加，这样可以向缸内喷入更多的燃料并保证充分燃烧。本任务主要讲解废气涡轮增压系统。

相关知识

一、废气涡轮增压系统的构造和原理

废气涡轮增压系统的组成如图 4–30 所示，ECU 控制释压电磁阀，释压电磁阀控制进入驱动气室的气体压力，驱动气室控制废气流动路线切换阀的工作。

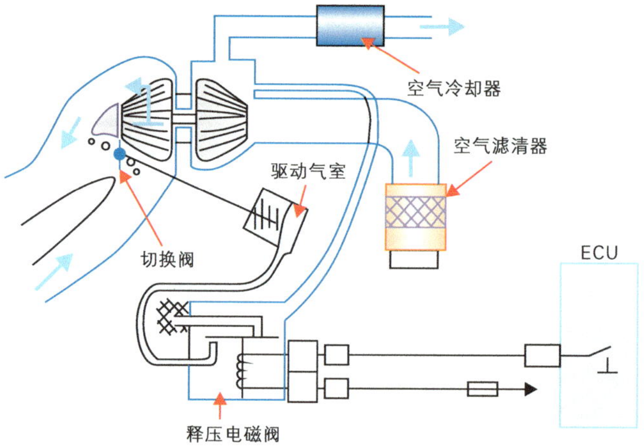

图 4–30　废气涡轮增压系统的组成

当控制单元检测到进气压力低于规定值时，ECU 控制释压电磁阀搭铁电路断开，释压电磁阀关闭，切断释压电磁阀的进气通道，接通增压器进气口与驱动气室的通道，从涡轮增压器进气口引入的进气压力，经释压电磁阀进入驱动气室，克服气室弹簧的压力推动切换阀，打开废气进入涡轮室的通道，关闭旁通气道，废气流经涡轮室，废气的惯性冲力推动涡轮室内的涡轮，涡轮带动同轴的叶轮，从空气滤清器进入的空气被叶轮压送进入汽缸，进气增压。

当控制单元检测到进气压力高于规定值时，ECU 将释压电磁阀的搭铁电路接通，释压电磁阀打开，切断增压器进气口与驱动气室的通道，接通释压电磁阀的进气通道，驱动气室在回位弹簧的作用下打开切换阀，排气旁通道口打开，进入涡轮室的通道被关闭，废气不经涡轮室直接排出，增压器停止工作，进气压力下降。当进气压力降至规定的压力时，ECU 关闭释压电磁阀，切换阀打开进入涡轮室的通道口，废气涡轮增压器开始工作。

ECU 根据发动机加速、爆燃、冷却液温度、进气量等运行工况信号，确定增压压力的目标值，通过进气歧管压力传感器来检测发动机实际增加的压力值，实现闭环控制。

二、废气涡轮增压系统的检修

1. 解码仪检测诊断

1）故障诊断分析

关闭点火开关，连接 VAS5051 或 KT600 解码仪到诊断座（DLC），打开点火开关，开启解码仪电源，按解码仪操作流程读取故障码，见表 4–1。

表 4–1　进气增压限制电磁阀故障

DLC	DLC 含义	故 障 部 位
01262	增压限制电磁阀 N75 对地短路	N75、增压压力系统、ECU
	增压限制电磁阀 N75 对正极短路	

2）读取数据流

选择“读取测量数据块”，全负荷进行测试，控制发动机转速为 4000r/min，查看显示区 4（增压限制电磁阀占空比），规定值为 5%~95%；查看显示区 2（经校正的发动机规定负荷），规定值为 0.00~-800ms；查看显示区 3（发动机实际负荷），规定值与显示区 2 中的发动机规定负荷相同（允许误差为 ±0.3ms）。

执行动作测试，进入解码仪执行动作测试功能，从增压限制电磁阀 N75 上拆下软管，接上辅助软管，操作解码仪触发电磁阀 N75，电磁阀应发出“咔嚓”声，如果电磁阀没有发出声响，则应对电磁阀进行电气检查。

2. 万用表检测诊断

1）电压检测

断开增压限制电磁阀 N75 插接器，将点火开关置于“ON”位置，用万用表电压挡检测端子 1 与搭铁之间的电压（蓄电池电压），如没有电压，则应检查电源线（见图 4–31）。

2）电阻检测

断开增压限制电磁阀 N75 插接器，检测电磁阀电阻，阻值应为 10~20Ω，否则应更换；检测电磁阀线束插接器电磁阀侧端子 2 与 ECU 侧端子 T60a/3 之间的电阻，阻值应小于 0.5Ω，否则应修复线束。

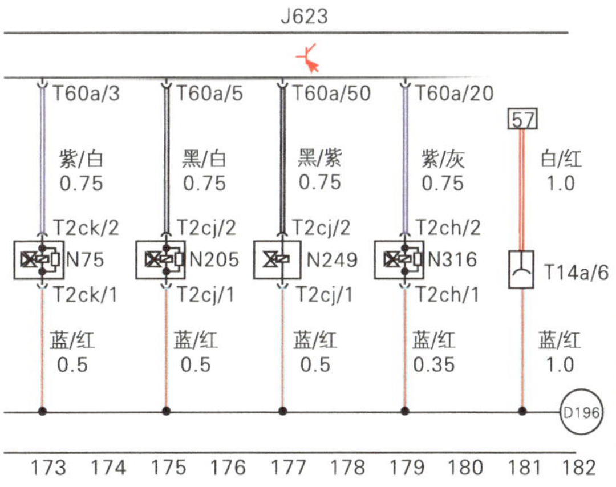

图 4–31　典型发动机涡轮增压控制系统电路

任务练习

一、填空题

1. 汽油机采用增压技术后，爆燃的倾向会__________。
2. 废气涡轮增压器利用__________的涡轮，并带动叶轮旋转以实现增压。

二、问答题

1. 涡轮增压是如何实现废气增压的？

2. 废气涡轮增压器有何特点？

任务四
排放控制系统的构造与维修

任务目标

完成本学习任务后，你应当达到以下目标。

1. 知识目标

（1）掌握汽车排放控制系统的组成和原理。

（2）掌握氧传感器的工作原理。

2. 能力目标

（1）会检修氧传感器。

（2）会检修废气再循环控制系统各部件。

任务引入

随着汽车的日益增多，汽车尾气排放控制成了目前全世界需要面对的问题。汽车尾气中含有一氧化碳、氧化氮，以及对人体产生不良影响的其他一些固体颗粒，尤其是含铅汽油，对人体的危害更大。本任务主要讲解排放控制系统的组成、原理和维修方法。

相关知识

一、空燃比反馈控制系统

1. 空燃比反馈控制系统的组成

为了控制汽车尾气污染，汽车生产商采用了空燃比反馈控制系统（见图 4–32），即在排气管上安装氧传感器，用来检测排气中的氧含量，从而获得混合气的空燃比信号，并将空燃比信号反馈给电子控制单元。电子控制单元根据氧传感器信号对喷油时刻进行修正，实现空燃比反馈控制（闭环控制），将空燃比控制在 14.7 左右，使发动机获得最佳浓度的混合气体，从而达到降低有害气体的排放量和节约燃油的目的。氧传感器在闭环控制过程中向 ECU 发送反馈信号，起到监测尾气的作用。

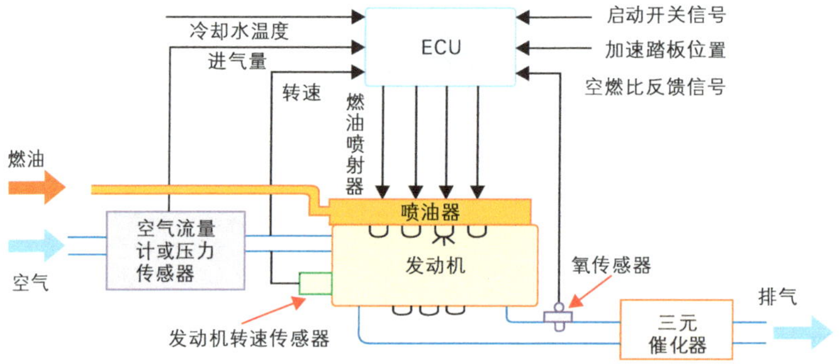

图 4–32　空燃比反馈控制系统的组成

2. 氧传感器

氧传感器是闭环控制的重要部件之一，常见的氧传感器主要有二氧化锆式氧传感器和二氧化钛式氧传感器两种。

氧传感器安装在三元催化转换装置之前的排气管上（见图 4–33），用于检测没有经过三元催化转换装置过滤的尾气中氧气的浓度，由此间接计算出混合气的空燃比。现在越来越多的车型为了更加精确地控制尾气的排放，在三元催化器之后也安装一个氧传感器。通常三元催化器之前的氧传感器称为

图 4–33　氧传感器的安装位置

主（前）氧传感器，三元催化器之后的氧传感器称为副（后）氧传感器。副（后）氧传感器用于检测三元催化转换效率。

1）二氧化锆式氧传感器

二氧化锆式氧传感器的基础元件是锆管（专用陶瓷体），该管是由氧化锆固体电解质制成的。管的内外表面都喷涂有一层多孔的铂膜作为电极，外表面接触大气，内表面接触排气管尾气。在锆管的外面有一个带孔的金属保护套。二氧化锆式氧传感器的结构如图 4–34 所示。

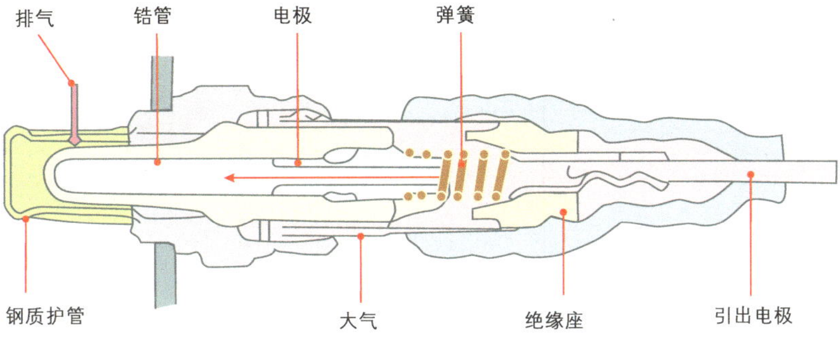

图 4–34　二氧化锆式氧传感器的结构

二氧化锆式氧传感器的工作原理如图 4–35 所示。

锆管是多孔的陶瓷体，氧气渗入其中，在高温时发生电离。因为锆管内（与大气相通）、外侧（与排气孔相通）氧含量不一致，存在浓度差，氧离子就将从大气侧向排气侧扩散，使锆管成为一个微电池，在两铂极之间产生电压。

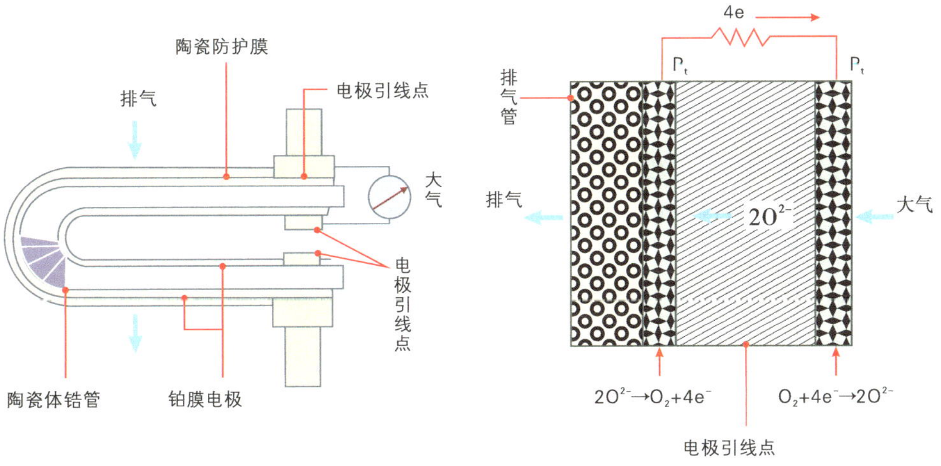

图 4–35　二氧化锆式氧传感器的工作原理

当供给发动机的可燃混合气较稀时，排出的废气中氧离子含量较高、CO 浓度较低，锆管内、外表面的氧浓度差较小，因此锆管两铂膜电极间的电位差小，产生很小的电压，约 0.1V；当供给发动机的可燃混合气较浓时，排出的废气中氧离子含量低、CO 浓度较大，同时伴有较多的未完全燃烧的产物 HC、H_2 等，这些成分在锆管外表面上的催化剂铂的作用下，被氧气氧化，消耗排气中残余的氧，这将使锆管外表面本来就极低的氧含量进一步降低，而锆管内表面仍与大气相通，氧含量较高，这样锆管内、外表面的氧浓度差就较大，因此锆管两铂膜电极之间的电位差就较大，产生较大的电压，约 0.9V。

如图 4–36 所示，这种电压的突变发生在空燃比为 14.7 时，该值即理论空燃比，此时过量空气系数为 1。但要保持混合气为理论空燃比是做不到的。实际的反馈控制只能使混合气在理论空燃比附近一个较小的范围内波动，故氧传感器的输出电压在 0~1V 范围内不断变化（通常每 10s 变化 8 次以上）。如果氧传感器的输出电压变化过缓或电压保持不变（不论保持在高电位还是低电位），则表明氧传感器有故障。

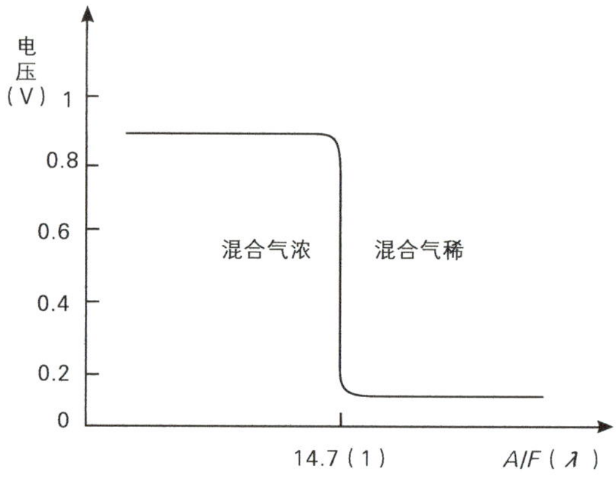

图 4–36　二氧化锆式氧传感器的输出特性

对二氧化锆式氧传感器可用电阻法及电压法来进行检测，具体方法如下。

（1）电阻法。

用数字式万用表测量二氧化锆式氧传感器在暖机和非暖机状态下的电阻，在充分暖机状态下氧传感器的电阻值约为 300kΩ，在非暖机状态下测得的电阻值应为∞。

对于带加热器的二氧化锆式氧传感器，可检测其加热器电阻。将点火开关置于“OFF”位置，拔下氧传感器导线插接器，用数字式万用表电阻挡测量氧传感器接线端子中加热器端子与接地端子间的电阻，其阻值应符合相应的标准值（一般为 4~40Ω）。如果不符合，则表明氧传感器可能损坏，应更换或检修。

（2）电压法。

用数字式万用表的红笔测试线接氧传感器的信号线，黑笔测试线接地，同时将其置于 4V 直流挡。让发动机以 2500r/min 左右的转速运转，当尾气较浓时，输出的信号电压应在 0.9V 左右；当尾气较稀时，输出的信号电压应在 0.1V 左右。若测得值相差很大，则表明氧传感器已损坏，须检修或更换。

2）二氧化钛式氧传感器

二氧化钛属于 N 型半导体材料，其阻值大小取决于材料温度和周围环境中氧离子的浓度。用这种材料制成的氧传感器与二氧化锆式氧传感器工作原理有很大不同，它利用氧气与半导体元件进行氧化反应，使电阻值产生变化，不需要比较排气管内外气体的氧浓度，二氧化钛式氧传感器同样需要外界提供电源。

二氧化钛式氧传感器主要由钛管、壳体、加热元件、护套和护管等组成，如图 4–37 所示。

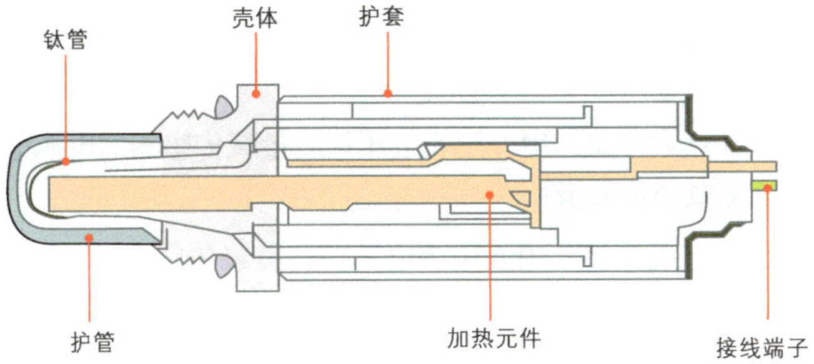

图 4–37　二氧化钛式氧传感器的结构

二氧化钛半导体材料的电阻具有随氧离子浓度变化而变化的特性。二氧化钛式氧传感器的信号源相当于一个可变电阻，二氧化钛阻值与过量空气系数和空燃比的关系如图 4–38 所示。

当发动机的可燃混合气过浓时，由于燃烧不完全，排气中含有少量氧气，传感元件周围氧离子少，二氧化钛呈现高阻状态。同时，在催化剂铂的催化作用下，剩余氧离子与排气中的一氧化碳产生化学反应，生成二氧化碳，将排气中的氧离子进一步消耗掉，从而大大提高了氧传感器的灵敏度。

当混合气体较稀时，燃烧后排气中的氧离子多，传感器周围氧离子浓度高，二氧化钛呈现低阻状态。

二氧化钛式氧传感器的电阻将在混合气的过量空气系数为 1（空燃比 *A/F* 为 14.7）时产生突变。当给二氧化钛式氧传感器施加一个稳定的电压时，在其输出端就可以得到一个交替变化的信号，这个稳定的电压一般由发动机电子控制单元提供，如图 4–39 所示。

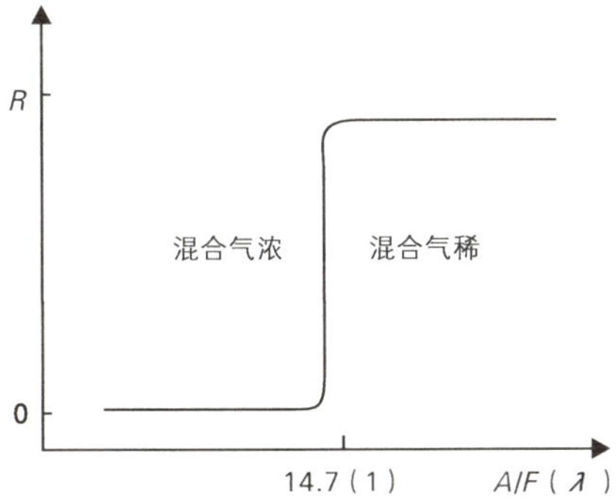

图 4–38　二氧化钛式氧传感器的输出特性

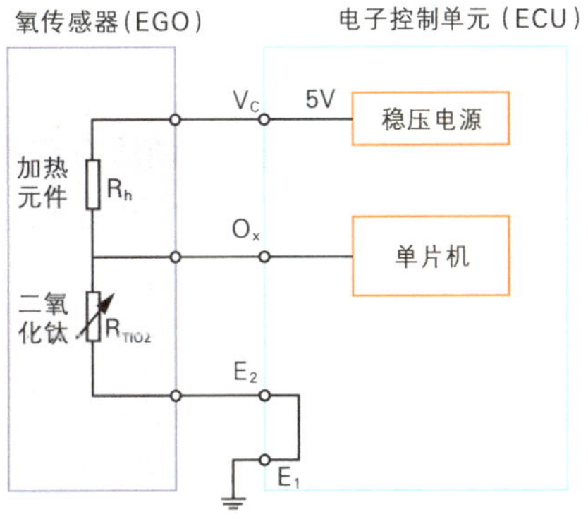

图 4–39　二氧化钛式氧传感器与 ECU 的连接电路

二氧化钛式氧传感器工作可靠，但是必须满足相应的工作条件。由于二氧化钛热敏电阻和元件的电阻受温度影响较大，所以一定要加装加热器，以提高发动机低温时二氧化钛式氧传感器的工作稳定性。当发动机冷却液温度高于 60℃，且二氧化钛式氧传感器本身温度高于 600℃时，它才能正常工作。

二氧化钛式氧传感器可从以下几个方面去检测。

（1）检查加热电阻。

用高阻抗数字式万用表电阻挡对氧传感器的加热电阻进行检测。拔下氧传感器线束插头，测量氧传感器 A、B 接线柱间的电阻值。正常情况下，其阻值为 5~7Ω。如果电阻值为∞，说明加热电阻损坏，应更换氧传感器。

（2）检测氧传感器电源电压。

如图 4-40 所示，打开点火开关，用万用表电压挡测量氧传感器的电源电压，标准值为 1V。

（3）检测氧传感器加热器电源电压。

如图 4-41 所示，打开点火开关，用万用表电压挡测量氧传感器的加热供电电压，其标准值为 12V。

（4）检测氧传感器反馈电压。

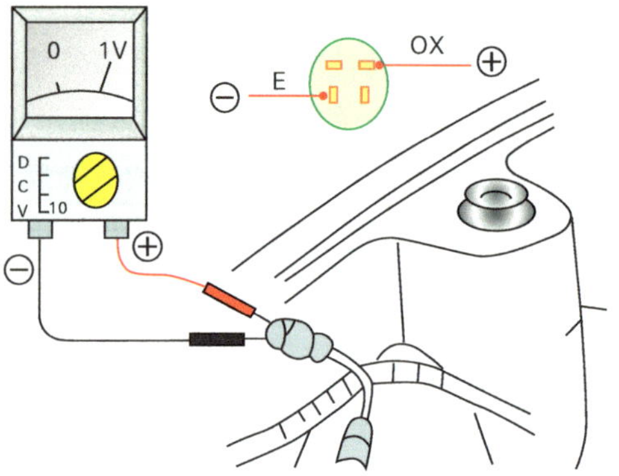

图 4-40 检测氧传感器电源电压

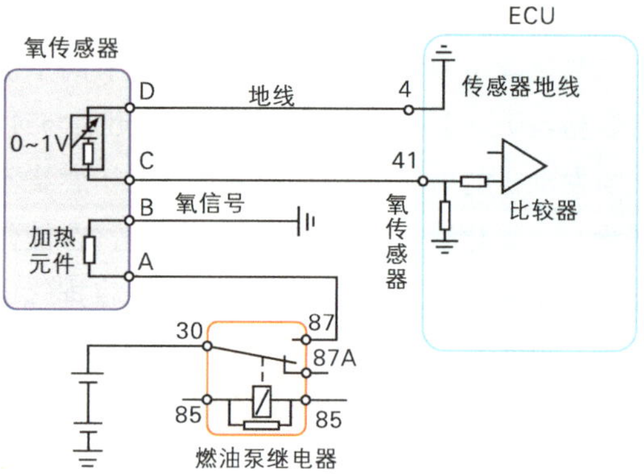

图 4-41 检测氧传感器加热器电源电压

打开点火开关，启动发动机并使其在怠速工况下正常运转，然后用电压表测量电控单元的 4 号端子与搭铁之间的电压值，其值应在 0.2~0.8V。当发动机提高转速后，其电压值应为 0.6~1.0V，否则应更换氧传感器。

（5）动态测试。

使发动机充分预热，拔下燃油压力调节器的真空软管，且堵上歧管，使混合气变浓（空燃比减小）。在怠速状态下测量电控单元插接器上 41 号端子的电压，电压值应大于 0.5V，否则应更换氧传感器。

3. 闭环控制原理

由图 4-42 可以知道，混合气的空燃比在理论空燃比（14.7）附近时转化效率较高。为了实现将实际空燃比精确地控制在 14.7 附近，在电控发动机系统中安装了氧传感器用于空燃比的反馈，形成闭环控制。

用于检测空燃比的氧传感器一般安装在三元催化器前的排气歧管或排气管内，它主要用来检测尾气中的氧含量，以测定实际空燃比相对理论空燃比是大还是小，并将该信息转换为电压信号反馈给 ECU。ECU 依据该反馈信号控制喷油器的喷油量。

闭环控制的具体过程：在实际空燃比小于理论空燃比时，氧传感器向 ECU 输入的是高电压信号（0.75~0.9V）。这时 ECU 控制喷油器减小喷油量，实际空燃比随之增大。当实际空燃比增大至理论空燃比时，氧传感器输出的电压信号会突然降至 0.1V 左右。ECU 收到此信号，将控制喷油器增加喷油量，实际空燃比随之减小。只要实际空燃比降到理论空燃比以下，氧传感器输出的电压就会发生突变，上升到 0.75V 以上，将其反馈给 ECU，ECU 控制喷油器减少喷油量。这样反复便能将实际空燃比精确地控制在理论空燃比附近很小的范围内，因此能保证三元催化器工作在最佳状态。

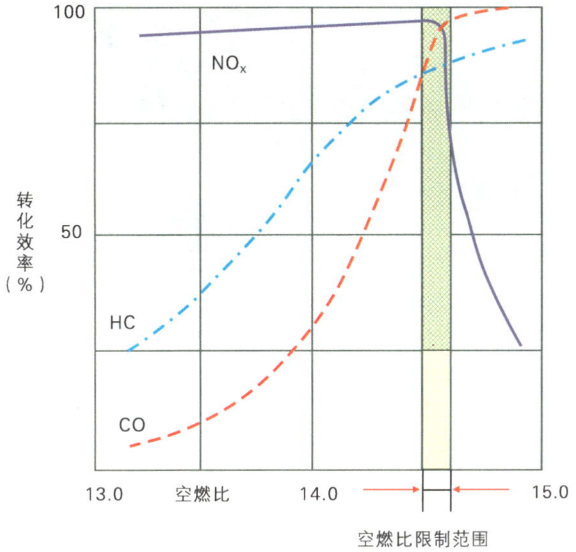

图 4-42　三元催化器的转化效率

二、排气管废气控制系统

1. 三元催化器

1）三元催化器的结构及原理

三元催化器安装在消声器前，外形类似消声器，由金属外壳、钢丝网内衬、载体和催化剂涂层组成。载体有颗粒状、陶瓷蜂窝状、整体式等形式，目前广泛应用的为陶瓷蜂窝状，载体上有无数孔穴，从而增加了催化剂的表面积。当废气通过载体中的孔穴时，因反应表面积增加而提高转化效率。载体一般由三氧化二铝制成，其形状有球形、多棱体形和网状隔板等。三元催化器利用转换器中的三元催化剂，将发动机排出废气中的有害气体转变为无害气体。三元催化器的结构如图 4-43 所示。

三元催化器中起主要作用的是三元催化剂，催化剂的形态和质量不会发生变化，但能促成化学反应。催化剂主要是铂（或钯）、铑和铈等。它促使有害气体 HC、CO 和 NO_X 发生反应，生成无害的 CO_2、N_2 和 H_2O。

汽车使用的汽油中如果含有铅，铅会在催化剂表面形成一层覆盖膜让催化剂失效，所以在安装有三元催化器的车辆上不得使用含铅汽油。

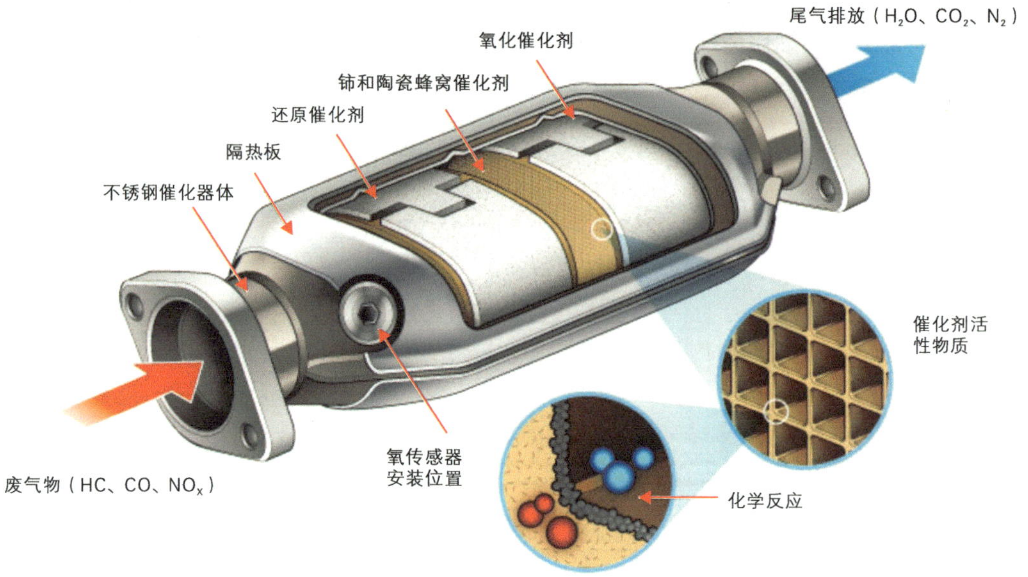

图 4–43　三元催化器的结构

（1）理想工作状态。

当空燃比为 14.7 时，三元催化器处于理想工作状态，NO_X 和 O_2 及 CO 和 HC 的反应完全，生成中性的无害物质 N_2、H_2O 和 CO_2。

（2）燃烧浓混合气体时。

当燃烧浓混合气体时，废气中的 HC 和 CO 浓度高，NO_X 发生还原反应，由于 O_2 不足，反应后还有 CO 和 HC 残余并排出。

（3）燃烧稀混合气体时。

当燃烧稀混合气体时，废气中的 O_2 浓度高，HC 和 CO 反应完全。但是，O_2 氧化 HC 和 CO O_2 氧化 NO_X 要快，如此便有 NO_X 反应不完全，残余的 NO_X 随废气排出。

2）三元催化器失效原因

（1）温度过高。

常温下三元催化器不具备催化能力，其催化剂必须加热到一定温度才具有氧化或还原的能力，通常催化器的起燃温度在 250~350℃，正常工作温度一般在 400~800℃。催化器工作时温度会升高，氧化的温度也会升高，当温度超过 1000℃时，其内涂层的催化剂就会烧结坏死。

（2）慢性中毒。

催化剂对硫、铅、磷、锌等元素非常敏感，硫和铅来自汽油，磷和锌来自润滑油，这四种物质及它们在发动机中燃烧后形成的氧化物颗粒易吸附在催化剂的表面，使催化剂无法与废气接触，从而失去催化作用，即所谓的“中毒”现象。

（3）表面积炭。

当汽车长期工作于低温状态时，三元催化器无法启动，发动机排出的炭烟会附着在催化剂的表面，使其无法与 CO 和 HC 接触，长期下来，便使载体的孔隙堵塞，影响其转化效能。

（4）排气恶化。

催化器对污染物的转化能力有一定的限度，因此必须通过机内净化技术将原始排气降到最低。如果排放的废气污染物各成分的浓度、总量过大，就会影响催化器的转化能力，降低其转化效率。此外，废气中大量的 HC 和 CO 进入催化器后，会在其中发生过度的氧化反应，氧化反应产生大量热量将使催化器温度过高而损坏。

3）三元催化器的检修

（1）用数字式高温检测计检测三元催化器入口和出口的温差，其值不得小于 38℃。

（2）用尾气分析仪检测排气流中的有害物质是否超标，若超标，说明三元催化器转化效率降低，必要时应更换。

（3）检查三元催化器是否破损。

（4）用手电筒检查三元催化器排气口是否被积炭脏堵（不允许使用含铅汽油）。

注意：

催化器不需要定期维护，但装有催化器的车辆要长久地保持良好的排放就必须正确地使用。一般使用或维修中要注意以下几个方面。

①因为铅能使催化剂中毒、活性下降、转化效率降低，所以装有三元催化器的汽车严禁使用含铅汽油。

②不要在易燃路面上行驶或停车。因为催化器表面温度很高，如有干草、酒精或其他有机溶剂等易燃物附在催化器上，有可能燃烧使其过热。

③在崎岖不平的道路上行驶时一定要多加注意。因为催化器装在汽车底部，路况不好时很容易造成托底，损坏催化器。

④对发动机着车困难的故障一定要及时维修。因为发动机启动时，喷油器可能一直在喷油，但如果燃油没有燃烧，就会积聚在催化器中。当发动机运行温度上升时，这些燃油燃烧会使转换器温度过高而损坏。

⑤在维修中尽量不要用拔下高压线的方法试火或进行断缸试验，因为这种情况下火花塞不点火，而喷油器还在喷油，没有燃烧的燃油会积聚在催化器中燃烧，造成催化器温度过高而损坏。

2. 二次空气供给系统

利用排气脉冲或空气泵将新鲜空气送入发动机排气管，从而使排气中的 HC 和 CO 进一步氧化和燃烧，即使导入的空气中的氧在排气管内与排气中的 HC 和 CO 进一步化合形成水蒸气和二氧化碳，从而降低的 HC 和 CO 的排放量。

二次空气供给系统的组成如图 4–44 所示。

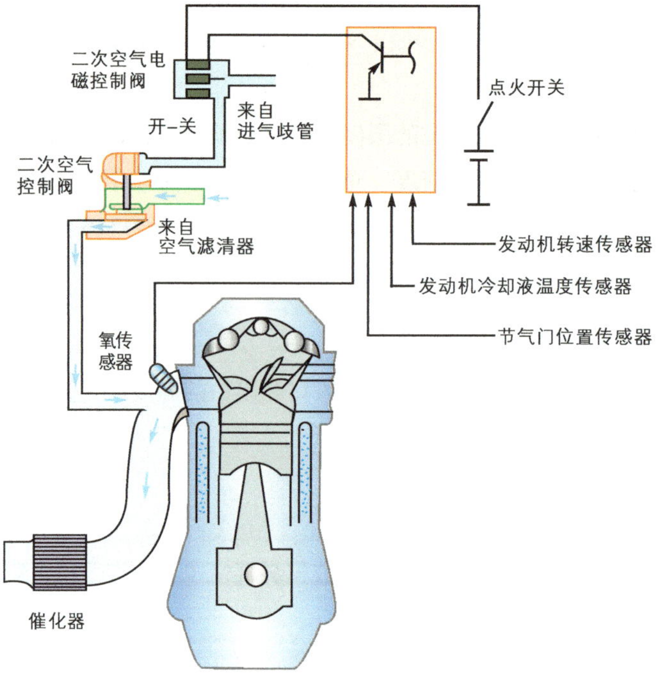

图 4–44 二次空气供给系统的组成

1）空气泵式二次空气供给系统的工作原理

当发动机工作时，通过曲轴传动带带动空气泵运转，泵送量大而压力较低的空气流通过软管进入分流阀。正常情况下，分流阀上阀门开启，空气流经分流阀、单向阀进入空气喷射歧管。空气喷射歧管将空气流喷入发动机排气歧管，与排气中的 HC、CO 反应，使其进一步转化成 CO_2 和水蒸气，以减少排气污染。当空气泵泵送的空气压力太高时，释压阀起作用，瞬间切断向空气喷射歧管供应的空气，防止发动机产生回火，经过几秒后，双向作用阀下落，又恢复向空气喷射歧管供应空气，二次空气供给系统正常工作。

当汽车冷启动时会要求比平常高的空燃比才能保证运转平稳。由于这个原因，电子控制模块在冷启动时会命令发动机在开路循环模式（固定空燃比）下运转 20~120s，直到氧传感器达到正常温度。而在这个过程中，尾气中会生成大量一氧化氮和碳氢化合物等大气污染物。这些一氧化碳和碳氢化合物是可以继续被氧化而减少污染的。只可惜此时的尾气中没有足够的氧气来进行氧化。

2）脉冲型二次空气供给系统的工作原理

脉冲型二次空气供给系统也称吸气器型二次空气供给系统。

该系统不是应用空气泵泵送空气进入喷射歧管，而是应用排气压力的脉冲将新鲜空气吸入排气系统。研究发现，每次排气门关闭时，都会有一个很短的时间周期，在该时间周期内，排气孔和排气歧管内的气压都低于大气压力，也就是说产生了一个负压（真空）脉冲。利用这个真空脉冲，经空气滤清器吸入一定量空气进入排气歧管，用这部分空气中的氧去氧化排气中的 HC 和 CO。如果该车还装有催化式排气净化器，也可以用这部分空气去满足催化式排气净化器对氧的需要。

这就是脉冲型二次空气供给系统的工作原理。

常见的脉冲型二次空气供给系统由钢管、单向吸气器、软管等组成。钢管的一端接吸气器，另一端用连接盘与发动机排气歧管相连，把经空气滤清器、软管、吸气器的新鲜空气导入排气歧管。

三、废气再循环系统

1. 废气再循环控制系统的组成和原理

为解决氮氧化物(NO_X)的污染问题，现代车辆上都装备了废气再循环系统，简称EGR(Exhaust Gas Recirculation)系统，如图4-45所示。它从排气歧管引入一部分废气与新混合气混合后进入汽缸燃烧，实现废气再循环。

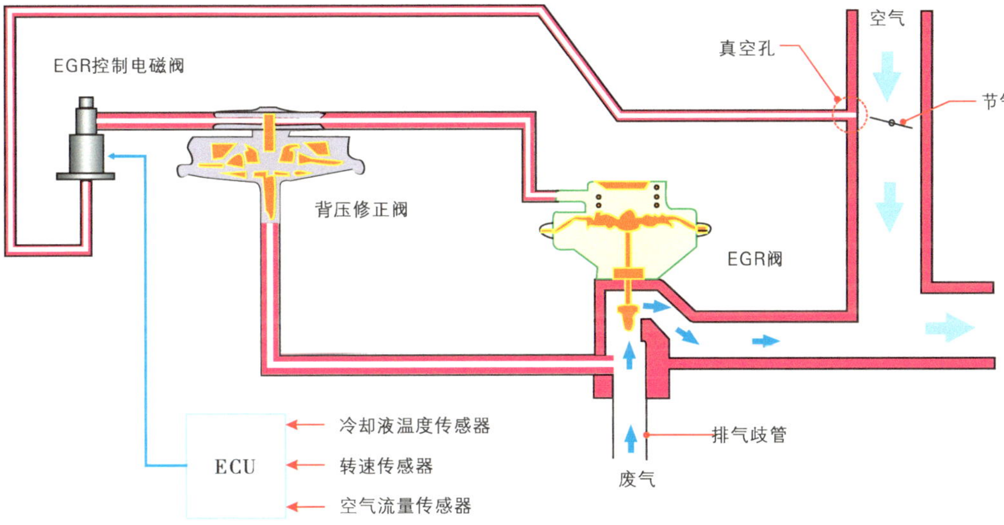

图4-45 EGR系统

尾气中的主要成分是CO_2、H_2O和N_2，这三种气体的热容量较高。当新混合气和部分尾气混合后，温度也随之升高，在进行相同发热量的燃烧时，与不混合相比，可使燃烧温度下降，这样就能抑制NO_X生成，因为NO_X主要是在高温富氧的条件下生成的。但是过度的废气再循环，使混合气的着火性能和发动机输出功率下降，将会影响发动机的正常运行，特别是在怠速、低转速小负荷及发动机处于冷态运行时，再循环的废气将会明显降低发动机的性能。因此应根据发动机结构、工况及工作条件的变化自动调整参与再循环的废气量，并选择NO_X排放量多的发动机运转范围，进行适量的EGR控制。

2. 废气再循环系统的分类

1）普通开环电子控制 EGR 系统

在发动机工作时，ECU 根据各传感器，如曲轴位置传感器、冷却液温度传感器、节气门位置传感器、点火开关等送来的信号，确定发动机目前在哪种工况下工作，以输出指令，控制废气再循环电磁阀打开或关闭，从而控制废气再循环控制阀打开或关闭，使废气再循环进行或停止。EGR 开环控制原理如图 4–46 所示。

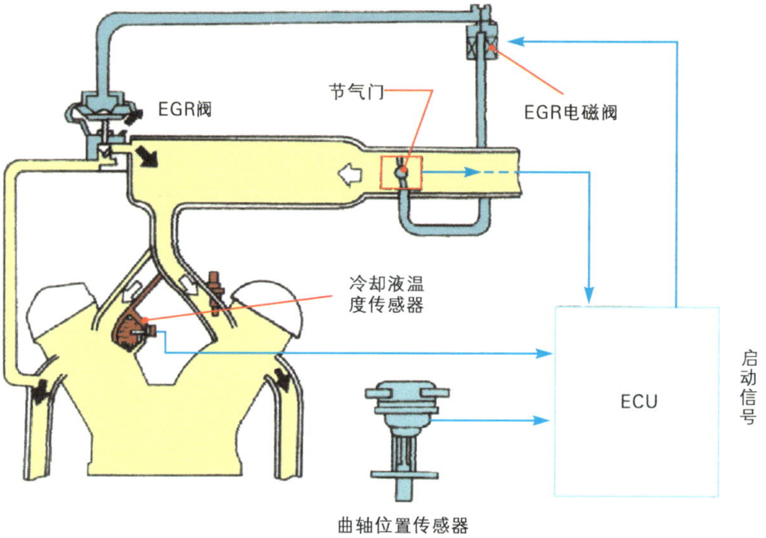

图 4–46　EGR 开环控制原理

2）可变 EGR 系统

可变 EGR 系统如图 4–47 所示。

根据发动机台架试验确定 EGR 率与发动机转速、进气量的对应关系，将有关数据存入发动机 ECU 内的 ROM 中。发动机工作时，ECU 根据各种传感器送来的信号，确定发动机在哪种工况下工作，经过查表和计算修正，输出适当的指令，控制电磁阀的开度，以调节废气再循环的 EGR 率。

EGR 闭环控制原理如图 4–48 所示。EGR 阀上部装有一个可以检测 EGR 阀升程的位置传感器，用来检测 EGR 阀的开度，并利用电位计将其位移转换为相应的电压信号反馈到 ECU，作为 ECU 控制废气再循环的参考信号。在这种 EGR 系统中，根据发动机的转速和负荷，预先设定阀的升程，通过改变 ON–OFF 电磁阀的工作状态，控制膜片室的负压。工作时，将预先设定的 EGR 阀升程与当前的 EGR 阀升程（由 EGR 阀位置传感器提供）进行对比，若不相等，则由 ECU 控制改变 ON–OFF 电磁阀工作状态，将 EGR 阀的升程调至最佳值。在全负荷及高转速下，利用节气门开度、发动机转速等控制参数，由 ON–OFF 电磁阀把空气通入真空室，使 EGR 阀完全关闭，停止废气再循环。

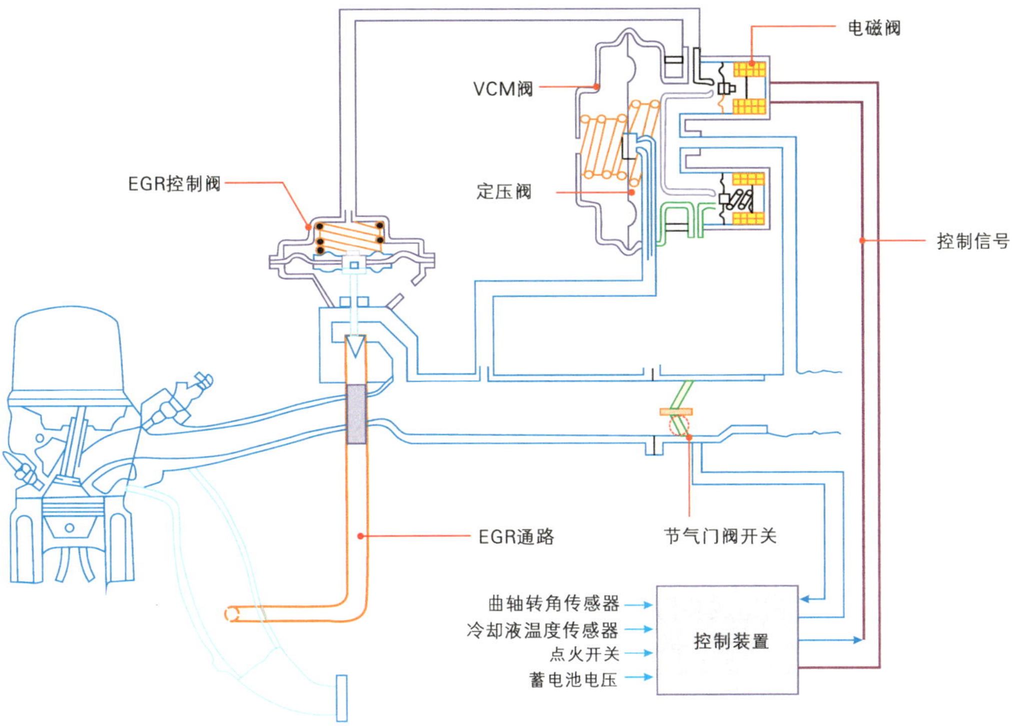

图 4-47　可变 EGR 系统

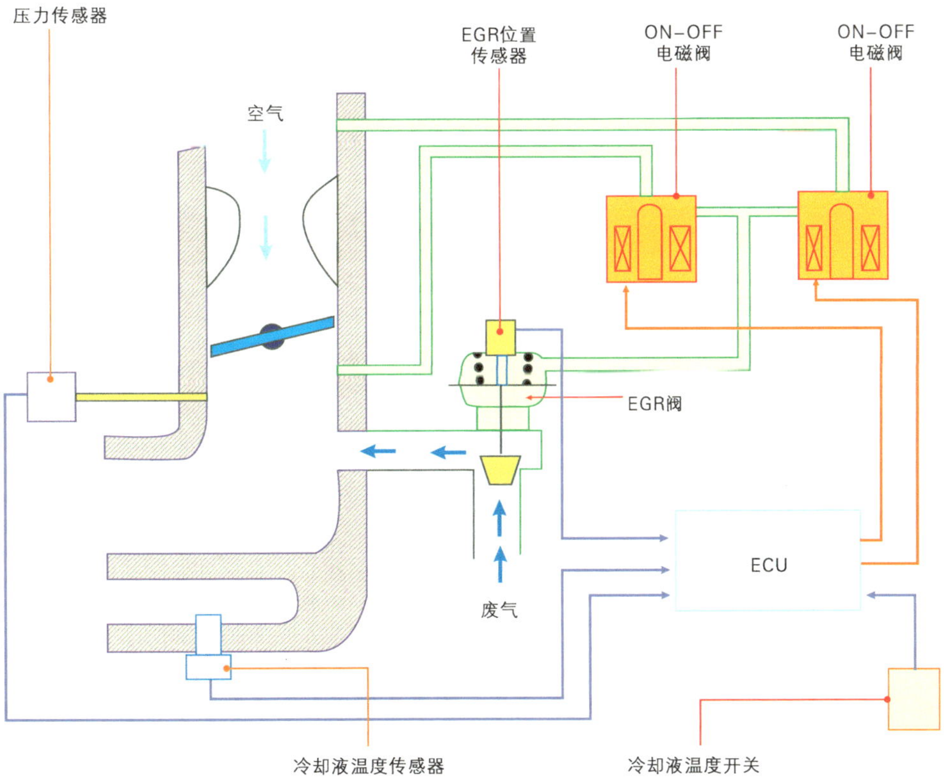

图 4-48　EGR 闭环控制原理

四、燃油蒸发控制系统

1. 燃油蒸发控制系统的作用

在现代汽车上，为了防止油箱中的汽油蒸发到大气中去，以控制 HC 的总排放量，都采用了燃油蒸发控制系统。

燃油蒸发控制系统的作用：利用活性炭吸附原理，把燃油箱中蒸发出来的汽油蒸气收集起来，防止 HC 泄漏到大气中，以免污染环境；然后，将汽油蒸气从活性炭中分离出来，适时地送入进气歧管，与空气混合后进入发动机燃烧，使汽油得到充分利用。

2. 燃油蒸发控制系统的基本组成和工作原理

燃油蒸发控制系统的组成和构造随汽车制造厂和生产年代的不同而不同。早期的燃油蒸发控制系统多利用真空进行控制，而现在基本上都采用 ECU 进行控制。目前常见的比较简单的燃油蒸发控制系统如图 4–49 所示。

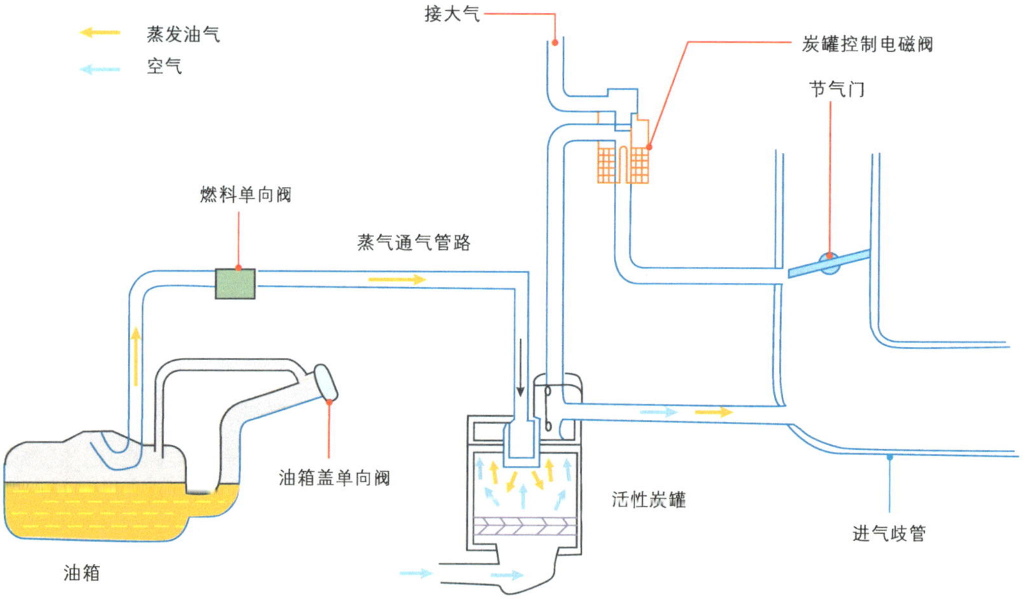

图 4–49　燃油蒸发控制系统

存储燃油蒸气的活性炭罐一般为黑色圆柱形，常位于发动机舱的右前角或左前角。油箱与炭罐连接，燃油蒸气经油箱顶部的油气分离口、管道从进口进入活性炭罐，蒸气中的汽油分子被吸附在活性炭颗粒表面。但活性炭吸收燃油蒸气达到一定程度就会饱和，所以要用新鲜空气将活性炭吸收的燃油输送到发动机的汽缸中去，这就是炭罐的清洗（或称再生）。进入炭罐的新鲜空气直接来自大气，不经过空气流量传感器，而是经过一个电磁控制的截止阀后被吸入炭罐。活性炭罐有一出口，经软管与发动机进气歧管相通。软管的中部设一（常闭的）清污电磁阀，以控制管路的通断。当发动机运转时，如果清污电磁阀开启，则在进气歧管真空吸力的作用下，空气从活性炭罐底部进入，经过活性炭至上方出口，再经软管进入发动机进气歧管，使吸附在活性炭表面的汽油分子又重新蒸发，随新鲜空气一起被吸入发动机汽缸燃烧。

汽油蒸气回收后进入发动机进气歧管的时机和进入量都必须进行控制，以防止破坏发动机正常工作时的混合气成分，影响发动机正常工作。清污电磁阀由 ECU 控制，对回收汽油蒸气进行精确的定量控制。ECU 发给清污电磁阀的是一种脉冲信号，增大脉冲占空比将降低流量。

五、曲轴箱通风系统

在压缩和做功冲程，由于气门和活塞环密封不严，发动机汽缸内一些未被完全燃烧的气体会窜入曲轴箱中，这些气体的主要成分为碳氢化合物（HC）。窜气中的某些成分会破坏机油，使机油产生油泥，腐蚀曲轴箱箱体。为了解决曲轴箱内的窜气问题，在发动机上安装了一个 PCV 阀，如图 4–50 所示。

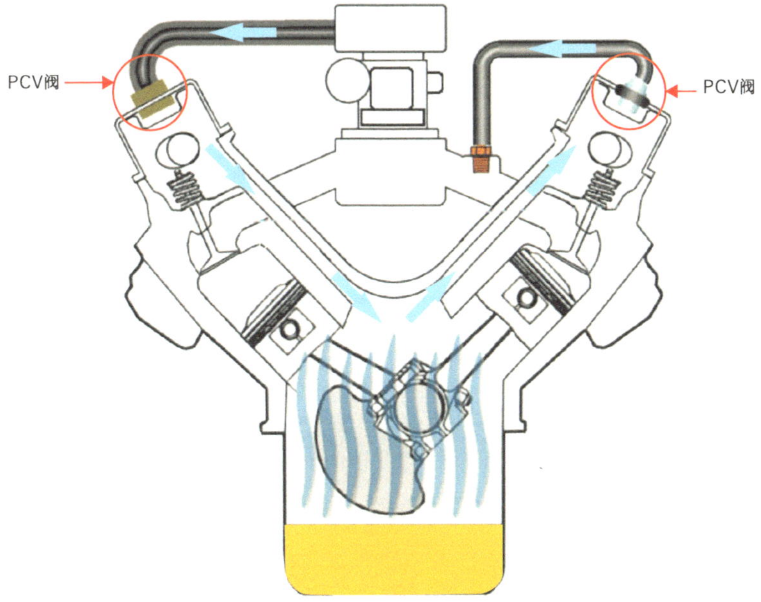

图 4–50　PCV 阀的安装位置

发动机工作时，进气歧管的真空度作用在 PCV 阀上，此真空度还吸引新鲜空气经空气滤清器、软管、汽缸盖罩上的孔道进入曲轴箱与窜缸气体进行混合，混合后在进气歧管真空度的作用下经汽缸盖罩上的孔道、PCV 阀、软管进入进气管，和新鲜空气混合后进入汽缸燃烧。

曲轴箱通风系统工作原理如图 4–51 所示。

当 PCV 阀和软管堵塞时，将造成怠速不稳、失速或怠速转速过低、漏机油、曲轴箱及气门室罩油泥增加；当 PCV 阀和软管泄漏时，将造成怠速不稳、怠速失速和怠速转速过高。检测方法是发动机怠速运转时拔去 PCV 阀，若此时发动机转速未提升 100r/min，则表示 PCV 阀不良或管路不良。怠速时将拇指按在 PCV 阀末端，拆下软管，应感觉到有真空度，若无真空度，说明有堵塞或泄漏。拆下 PCV 阀，摇动时应能听到阀内有“咔啦”声，否则应更换 PCV 阀。

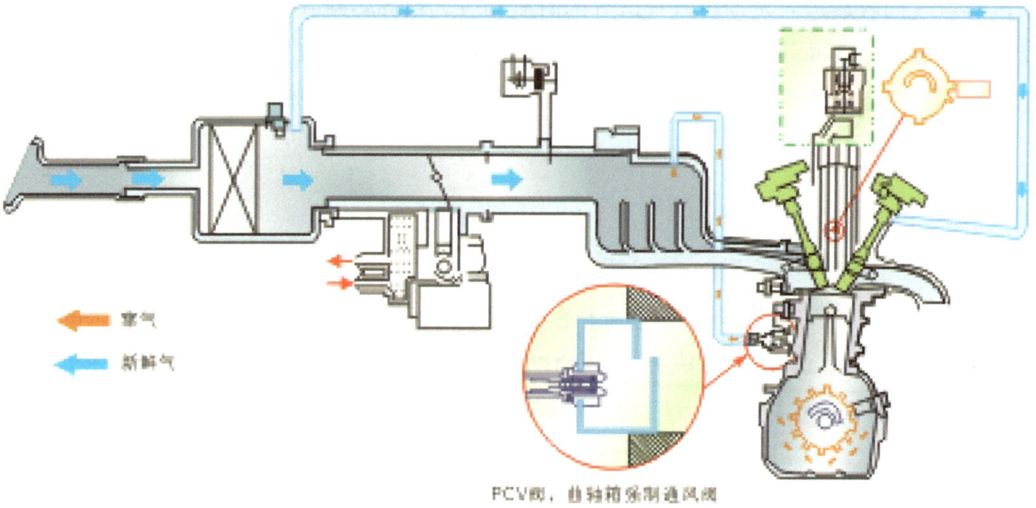

图 4-51 曲轴箱通风系统工作原理

任务实践

1. 实践名称

氧传感器的检修。

2. 实践准备

（1）轿车一辆。

（2）专用工具、量具、仪器若干套。

（3）工具车、零件车若干。

3. 实践要求与注意事项

1）实践要求

每班分成若干个小组，每次同时进行三个小组的实训，其他小组在教室复习实训的内容，分几次完成。实训时以教师讲解、演示，学生操作、考核为主，学生完成实训报告及考核，最后填写实训内容。

2）注意事项

（1）听从安排，不要随意走动。

（2）不要随意操作车上的各个系统。

（3）操作所学系统时必须在指导教师的指导下完成。

（4）注意保持教学场地卫生。

（5）不能蛮力操作所学系统。

（6）严格遵守拆装程序及操作规程。

4. 操作步骤及检修

（1）将解码仪与发动机诊断接口连接，打开点火开关，读取故障码，故障码为__________。

（2）拔下氧传感器插头，测量加热电阻阻值，实测值为________。测量插头上的电源电压，实测值为________。

（3）将发动机热车至正常工作温度，并以 2500r/min 转速运转，用万用表测量氧传感器信号电压，电压在__________波动，10s 内变化次数为________次。

（4）突然踩下加速踏板时，混合气变浓，信号电压_________；突然松开加速踏板时，混合气变稀，信号电压________。

5. 实践总结

任务练习

一、填空题

1. 电子控制单元根据氧传感器信号对喷油时刻进行修正，实现空燃比__________。

2. 氧传感器主要有__________和__________两种。

3. 检测空燃比的氧传感器一般安装在三元催化器前的__________或__________。

4. 燃油蒸发控制系统主要由__________、__________、__________、__________和________等组成。

二、判断题

1. 氧传感器是闭环控制不可缺少的部件之一。（　）

2. 为了防止油箱中的汽油蒸发到大气中去，一般都安装有燃油蒸发控制系统。（　）

3. 为了实现将实际空燃比精确地控制在 14.7 附近，一般都安装氧传感器用于空燃比的反馈，形成闭环控制。（　）

4. 废气再循环的作用是减少 HC、CO 和 NO_X 的排放量。（　）

三、选择题

1. 废气再循环的主要目的是控制（　）的排放。

A. HC　　B. CO

C. NO_X　　D. 有害气体

2. 减少 NO_X 的最好方法是（　）。

A. 增加喷油量　　B. 减少喷油量

C. 提高进气温度　　D. 降低进气温度

四、问答题

1. 燃油蒸发控制系统有何作用?

2. PCV 阀有何作用?

3. 废气再循环的目的是什么?

项目五

电控发动机综合故障诊断

项目描述

现代汽车电子控制系统中，一般都设有故障自诊断系统。故障自诊断系统主要由ECU中的部分软件和故障指示灯等组成，不需要专门的传感器。电控系统工作时，自诊断系统对电控系统各种输入、输出信号进行监测，并运用程序进行推理、判断，将结果迅速反馈到主控系统，改变控制状态；此外，还根据自诊断结果控制故障指示灯工作。本项目主要讲解电控发动机常见故障诊断方法及诊断流程和故障案例分析。

任务一
电控发动机常见故障诊断方法

任务目标

完成本学习任务后，你应当达到以下目标。

1. 知识目标

（1）掌握自诊断法的操作过程。

（2）掌握仪器诊断法的操作过程。

2. 能力目标

（1）能够使用自诊断法对故障进行检修。

（2）会手动读取故障码 。

任务引入

电控发动机在多数人眼里仍然很陌生，大家仍沿用传统观念，利用经验法进行维修。这种方法是不适用于电控汽车维修的。因为目前电控汽车类型较多，系统形式也较多，对于每辆车都积累经验后才修是不现实的。下面就来讲解电控发动机常见故障诊断方法。

相关知识

根据所采用的手段与方法的不同，可分为直观诊断法、自诊断法和仪器诊断法三种。

一、直观诊断法

直观诊断法就是通过人的感觉器官对车辆故障现象进行问、看、听、摸、嗅、试等初步、直观的检查。通过“问”可以了解故障出现的时间、出现的过程（是自然产生还是人为造成）、故障现象的特征等。通过“看”可以观察到元件损坏的表面现象，如断裂、脱落、松旷、泄漏、堵塞、脏污、烧蚀等。通过“听”可以听到各种正常和不正常的响声，如漏气、高压漏电、爆燃、放炮、回火、电磁阀动作等响声。通过“摸”可以感觉到抖动、温度、湿度等。通过“嗅”可以嗅出漏油、异常的尾气排放和高温烧煳味等。通过“试”可以直观地试验出某些元件或系统的性能好坏，如火花塞的跳火、油压调节器的调压性能、点火的时刻、发动机的动力性、自动变速器的各项检验效果和 ABS 的工作效果等。诊断时要做到认真、细心和周到。

通过以上诊断，可以再现故障的全过程，了解和掌握故障现象的详细特征，根据积累的经验，通过分析和判断，可以直接推断出故障的具体部位。这种方法简单、实用，不需要任何仪器与设备，有很多故障可以通过这种方法排除，但是对于诊断人员的要求较高。

二、自诊断法

汽车电子控制系统是一个相当复杂的系统，ECU 在完成各项控制功能的同时，还带有自诊断功能，即控制系统中有一套监控程序，能够对系统中的传感器及其电路、执行器及其电路、ECU 的自身情况进行监控，如果被监控的电路信号超出正常的范围，ECU 将以故障码的形式记录并存储下来，同时采用应急容错控制技术，启动备用程序，调节备用参数来替代错误的信号，以维持车辆的基本工作状态。在进行故障诊断时就可以利用这一功能，如可以利用 ECU 的自诊断功能进行故障码读取和清除、数据在线检测、执行器功能测试和基本设定。

1. 故障码的读取

故障码的读取方法有两种：一种是人工读码，另一种是用故障诊断仪读码。

1）人工读码

根据不同车型可以选用不同的方法进行人工读码。

根据故障指示灯闪烁的规律读取故障码。用跨接线短接故障诊断插座上的诊断输入插脚 TE1

与搭铁插脚 E1，ECU 根据诊断输入插脚上的电压信号进入故障码读取状态，如图 5–1 所示。

一般在汽车仪表板上有发动机故障指示灯。根据故障指示灯闪烁的规律可以读出故障码，大部分发动机电子控制系统都采用这种显示方法。

当故障自诊断系统进入故障码显示状态时，仪表板上的发动机故障指示灯以闪烁次数和亮与灭的时间长短来显示故障码。如图 5–2 所示为发动机故障指示灯的闪烁方式。

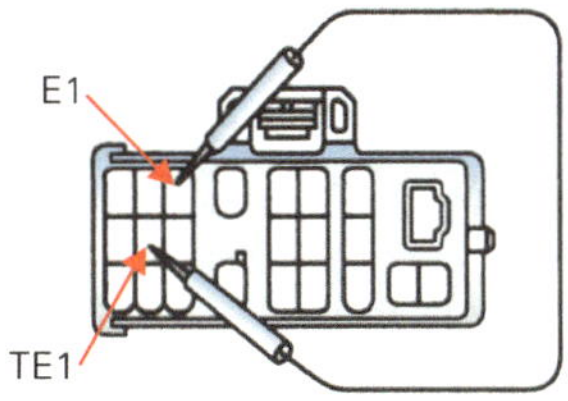

图 5–1　用跨接线短接故障诊断插座上的两插脚

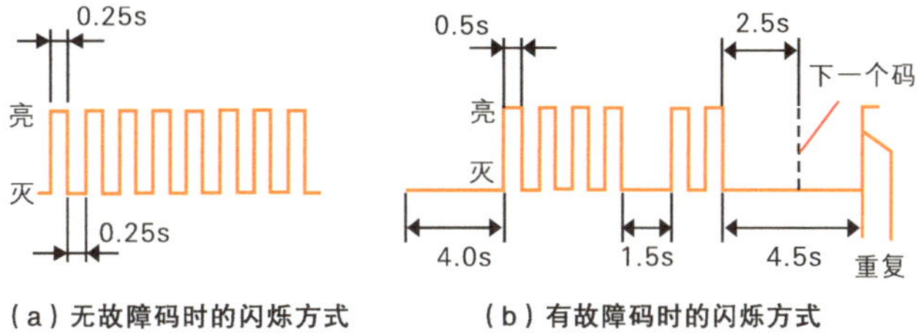

图 5–2　故障指示灯的闪烁方式

根据故障指示灯闪烁的规律读取故障码的方法应用较多，下面以丰田汽车为例讲述人工读码的过程。

（1）故障警告灯的检查。

①点火开关置于“ON”位置，发动机尚未运转时，发动机故障警告灯会发光。

②当发动机启动后，发动机故障警告灯应熄灭。如果灯仍亮，表明诊断装置检测出了发动机系统故障或异常。

（2）正常状态故障码输出。

①初始条件。蓄电池电压在 11V 或以上。节气门完全关闭（节气门位置传感器 IDL 触点闭合）。变速箱置于空挡。附件开关均位于“OFF”（断开）位置。发动机处于正常运行温度。

②将点火开关拧至“ON”位置，但不要启动发动机。

③用维修专用工具（导线）连接检查连接器端子 TE1 及 E1。

④根据发动机故障警告灯闪烁次数，识别故障码。发动机电控系统运行正常（无故障）时，故障警告灯每秒交替亮灭两次。

（3）故障码显示法。

①出现故障时，警告灯每 0.5s 闪烁一次。开始时的闪烁次数等于两位数故障码的十位数；间歇 1.5s 以后，闪烁次数等于故障码的个位数。如出现两个或以上的故障码，其间有 2.5s 的间歇，如图 5–3 所示。

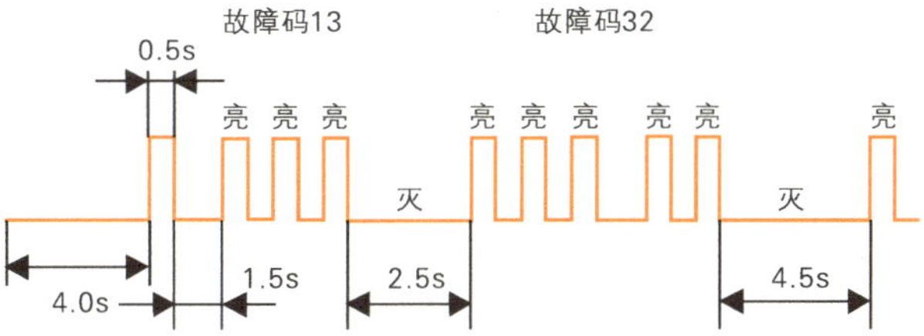

图 5–3　故障码显示法

②所有故障码显示后，有 4.5s 的间歇。其后只要检查连接器的端子 TE1 及 E1 相连接，故障码将重复显示。在出现数个故障码时，从数字小的故障码开始，按由小至大的顺序显示。

③双程检测逻辑电路。故障码 21 及 25 采用双程检测逻辑。当首次检测出故障时，故障码暂时存储在 ECU 存储器中。点火开关从“OFF”位置转到“ON”位置，在第二次道路试验中，再次检测出这一故障，发动机故障警告灯就会发光，如图 5–4 所示。

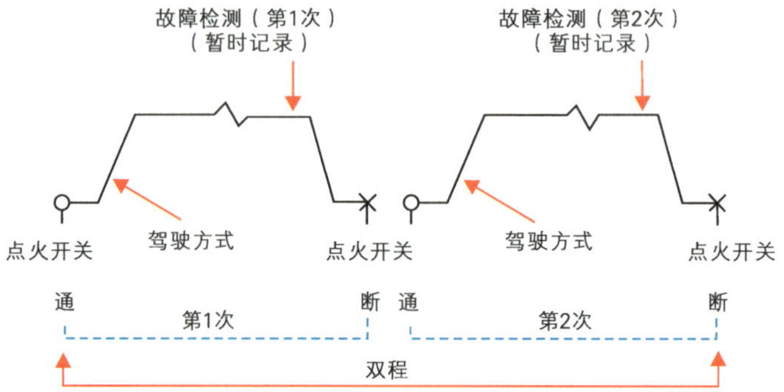

图 5–4 双程检测逻辑电路

④完成诊断检查后，从检查连接器上拆下维修专用工具。

（4）测试状态故障码输出。

与正常状态相比，测试状态的故障检测灵敏度较高，还能检测出来自节气门位置传感器的 IDL（节气门开关）接触信号、空调器信号及空挡启动开关信号的失灵。

①初始条件与上述正常状态故障码输出相同。

②将点火开关拧至“OFF”位置。

③用维修专用工具将检查连接器端子 TE2 与 E1 连接。

④将点火开关拧至“ON”位置，开始测试状态诊断。这时，发动机故障警告灯应间隔 0.13s 连续闪烁。

⑤启动发动机，并以 10km/h 或更高的车速行驶。

⑥模拟客户所述的故障情况。

⑦用 SST 将检查连接器端子 TE1 与 E1 连接。

⑧从发动机故障警告灯的闪烁次数识别故障码。

⑨完成后，从检查连接器上拆下维修专用工具。

提示：点火开关拧至“ON”位置后，如检查连接器端子 TE1 与 E1 连接，测试状态就不会启动。A/T（自动变速箱）变速杆在“D”“2”“L”“R”位，或空调器打开，或踩住加速踏板时，会输出故障码 51，这并不表示异常。

（5）清除故障码。

①在修理后，ECU 存储器所存储的故障码必须清除。其方法是断开点火开关，拆下 EFI15A 熔丝 10s 以上，如图 5–5 所示。环境温度越低，熔丝取出时间就越长。

断开蓄电池负极（–）端子，也能清除故障码，但其他存储系统中的内容（如防盗、时钟等）也会被清除。故障码如不清除，就会存储在 ECU 存储器中。在出现其他故障时，该故障码会与新故障码一起显示。如在检修发动机部件时，需要断开蓄电池端子，必须首先检查是否有故障码记录。

②清除故障码后，进行车辆道路试验时，发动机故障警告灯应闪烁正常故障码。如显示的仍是同一故障码，表明故障未被排除。

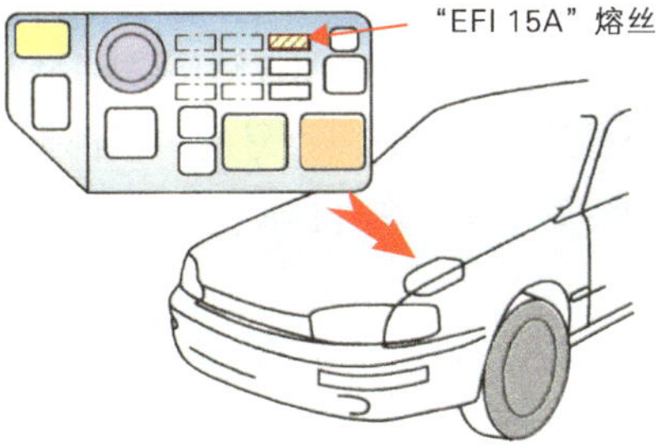

图 5-5　EFI15A 熔丝

（6）诊断显示。

①显示两个或更多的故障码时，首先显示数字小的。

②从检测至清除这段时间中，除故障码 16 和 51 外，所有检测到的故障码都存储在 ECU 存储器中。

③故障被排除后，仪表板上的发动机故障警告灯就会熄灭，但故障码却被存储于 ECU 存储器中（除故障码 16 及 51 外）。

④用专用的发光二极管读取故障码。将专用的发光二极管（带 330Ω 电阻）跨接在故障诊断插座上指定的两插脚间，如图 5-6 所示。进入自诊断状态后，发光二极管开始闪烁。

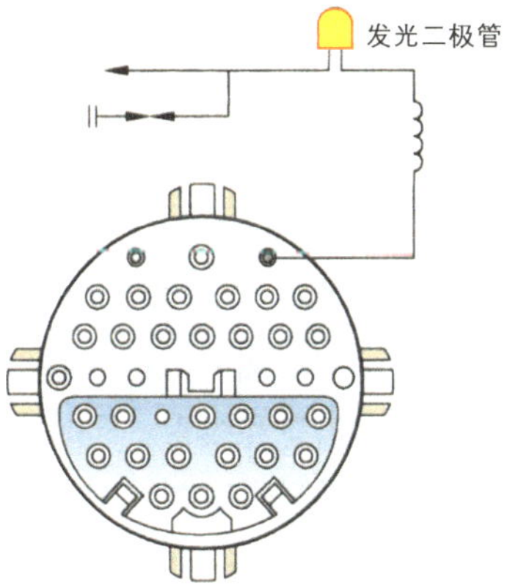

图 5-6　用专用的发光二极管读取故障码

用专用的发光二极管读取故障码的方法通常应用于马自达车系、奔驰车系、福特车系、现代车系等。

⑤按空调控制面板上的“OFF”“WARMER”和“TEMP”等键，使 ECU 进入故障码读取状态，适用车型有通用公司部分车型（如凯迪拉克）、福特公司部分车型（如林肯）、新款奔驰等。进入自诊断状态后，空调面板板的液晶显示屏将显示故障码。

⑥在规定时间内连续转动点火开关 3 次（或 5 次），使 ECU 根据点火开关输入的脉冲信号进入故障码读取状态。适用车型有克莱斯勒车系、切诺基等。进入故障自诊断状态后，组合仪表的故障指示灯将开始闪烁，闪烁方式如图 5-2 所示。

⑦按压诊断按钮，ECU 根据按钮开关的触发信号进入故障码读取状态，适用车型为沃尔沃车系。

⑧转动 ECU 外壳上的诊断模式选择开关，ECU 根据旋钮转动的方向进入故障码读取状态，适用车型为日产公司系列车型。

2）用故障诊断仪读码

在车辆线束总成上有一个故障诊断插座，故障诊断插座上设有一条串行数据传输线，接上故障诊断仪，操作键盘，按菜单提示进入故障码读取通道，即可将 ECU 内存储的故障码读出并显示在显示屏上。

汽车故障诊断仪有两类，一类是专用故障诊断仪，每个汽车厂家一般都开发了专用故障诊断仪，如通用 TECH2、本田 PGM/HDS、日产 CONSULT、丰田 IT-Ⅱ、奔驰 XP-star/star2000/Diagnosis compact-Ⅲ、宝马 GT-I/3S、大众 VAG1551/VAG1552/VAS5052 等；另一类是通用故障诊断仪，这种诊断仪适用于较多的车型，不同型号的车辆都配有形状各不相同的连接插头，如美国 Snap-on 公司的 Scanner（即红盒子）、美国 IAE 公司的 OTC，以及我国研发的修车王、车博士、电眼睛、金奔腾等。

2. 故障码的清除

故障码的清除可以采用人工断电方式，将电控系统主电源熔丝或车辆蓄电池拆除 10s 以上，即可清除电控单元中存储的故障码；也可利用故障诊断仪的消码功能，根据屏幕提示操作键盘，即可将故障码清除。

3. 数据流

利用故障码进行故障诊断虽然方便、快捷，但存在两方面的局限性：一方面是故障码只能指明某一部分电路有故障，不能具体到故障部位；另一方面是 ECU 只能监测到信号的范围，不能监测到被测信号的变化特性，即只对值域区和时域区超出有效范围的信号设置故障，而对于没有超出有效范围，但不合理的数据则无法判断。所以，故障码只是一个重要参考，不能完全依赖于故障代码，在排除故障时还必须进行更进一步的检测。许多车辆的自诊断系统除具有故障码的设置功能外，还有行车记录功能，能记录车辆在行驶过程中传感器、执行器及相关电路的数据和资料，将故障诊断仪通过故障诊断插座与车辆 ECU 相连，在故障诊断仪的显示屏上便可以显示出所测的数据，通过分析、比较这些数据，可以为进一步诊断故障和排除疑难故障提供更多的信息和线索。同时，利用故障诊断仪还可以通过车辆 ECU 向执行器发出控制指令，使某些执行器产生动作，以测试其功能的好坏，如喷油器动作的测试、活性炭罐电磁阀动作的测试、换挡电磁阀动作的测试等。目前一般的故障诊断仪都具有这样的功能，即数据流功能。

4. 基本设定

在大众系列的某些车型中，更换元件之后需要进行参数匹配，又称为基本设定。例如，节气门体上有节气门电位计、节气门定位器、节气门定位电位计和怠速开关，更换后需要将节气门体与 ECU 进行匹配。如果更换了 ECU，也需要在节气门体与新 ECU 之间进行匹配，否则会出现发动机怠速抖动、行驶无力等现象，这一工作必须由故障诊断仪来完成。VAG1551、VAG1552 及一些通用故障诊断仪都具备这样的功能，具体设定方法可以参考故障诊断仪的使用说明书。

三、仪器诊断法

仪器诊断法是利用最基本的检测仪器对控制电路中的输入信号和输出信号进行直接测量，测量参数可以是电阻、电压、电流、频率、信号波形等，采用的仪器可以是万用表、示波器、LED 试灯等。

1. 万用表法

此方法应选用高阻抗的数字式万用表或汽车专用万用表，它们一般都具有测量电阻、电压、温度、频率、电容等功能，可直接测量元件或电路的电阻、电压和通断情况，对于交流信号和脉冲信号可以测量其频率，外接上温度传感器后还可以测量外界的温度。在确定具体故障部位时，万用表往往是最简单而实用的诊断仪器。

2. 示波器法

示波器是现代汽车故障诊断中一种重要的诊断仪器。

能够用作示波器的设备有汽车示波器、故障诊断仪和发动机综合分析仪等。采用示波器可以截取 ECU 与传感器或执行器之间的电子信号，并以波形的方式显示出来。波形记录了信号的幅值与时间的关系，从波形上可以得到信号的幅值（电压的大小）、频率、占空比、脉冲宽度、特性和信号的变化规律等。从理论上讲，通过对波形的分析，可以将导致汽车故障的所有原因一一检查出来，尤其在对付疑难杂症时特别有效。

用示波器测量时，要将点火开关置于“OFF”位置，拆下连接插头，用细铜线将信号插脚引出来，再插上连接插头，然后将引出线与示波器相连，特别要注意防止线路短路。

3.LED 试灯法

利用 LED 试灯可以快速、方便地检查电路的供电、搭铁情况，可以直观地检查 ECU 对执行元件的控制功能，如可以检查喷油器、电磁阀、继电器、点火放大器等的控制电路是否正常工作。

由于汽车电控系统相当复杂，所产生的故障现象也多种多样，其中有些是连续性故障，有稳定的故障现象或故障码，且只要条件满足，故障就会出现，这类故障比较容易排除。有些是偶发性、间歇性故障，属疑难杂症，在诊断时往往很难再现故障症状。在遇到这类故障时，根据驾驶员反映的情况可以采用条件模拟法来诱发故障，常用方法有振动模拟、加热模拟、水淋模拟、加速模拟、减速模拟等。然后根据自身的条件，综合应用上述故障诊断方法，快速、准确地查找出故障部位。

四、汽车电控系统诊断注意事项

为了保证系统安全，提高诊断效率，在诊断汽车电控系统时应注意以下事项。

（1）故障诊断遵循由外到内、先易后难、由简单到复杂的原则。

（2）虽然汽车的很多系统都采用了电子控制技术，但汽车的很多故障都是由非电路故障引起的，在诊断故障时往往要先排除传统结构可能存在的问题，如真空漏气、汽油泄漏、火花塞积炭和高压漏电等，再检查电子控制系统可能出现的故障。

（3）在检查电路故障时，不能用传统的刮火方式来检查电路是否通断，否则容易损坏电气元件。

（4）不可在发动机运转时拆下蓄电池，否则电路中的浪涌电压会击穿电气元件。

（5）在点火开关处于“ON”位置时，不可拆下或装上线路连接插头，尤其是那些带电感线圈的用电器插头，否则用电器的自感应电压可能会击穿某些电气元件。

（6）安装蓄电池时，千万不能将正负极接反，且蓄电池极柱夹一定要固定好，否则易烧毁蓄电池极柱或损坏电气元件。

（7）对采用电子控制技术的车辆进行焊接时，要注意保护好各个控制系统的 ECU，最好是将其拆下来，等焊接完后再装上去。

（8）清洗车辆时，不要将水洒到电路连接插头处，尤其是分电器上，更不能用高压水枪直接喷射，否则易造成电路锈蚀、漏电和短路，甚至会造成发动机不能启动。

（9）在对控制系统的元器件进行检测时，一般先检查元器件的供电与搭铁电路是否正常，再检测元器件本身。

（10）拔开线路插头时，应注意规范操作，安全解锁，如图 5-7 所示。

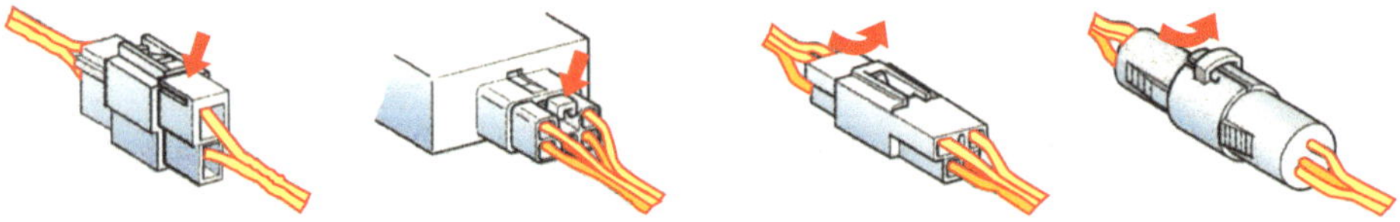

图 5-7 线路插头的正确解锁

任务二
电控发动机故障诊断流程

任务目标

完成本学习任务后，你应当达到以下目标。

1. 知识目标

掌握电控发动机故障诊断的基本流程。

2. 能力目标

会按照故障诊断流程对故障进行检修。

任务引入

电控发动机的电子控制系统工作状况对发动机的性能有很大的影响，该系统的线路或任何一个传感器、执行器出现故障，都会在一定程度上影响发动机的启动、运转、动力性、经济性及排放。因此，电控发动机故障诊断需要一个完整的工作思路。

相关知识

一、发动机故障诊断的基本流程

发动机故障诊断的基本流程如图 5–8 所示。

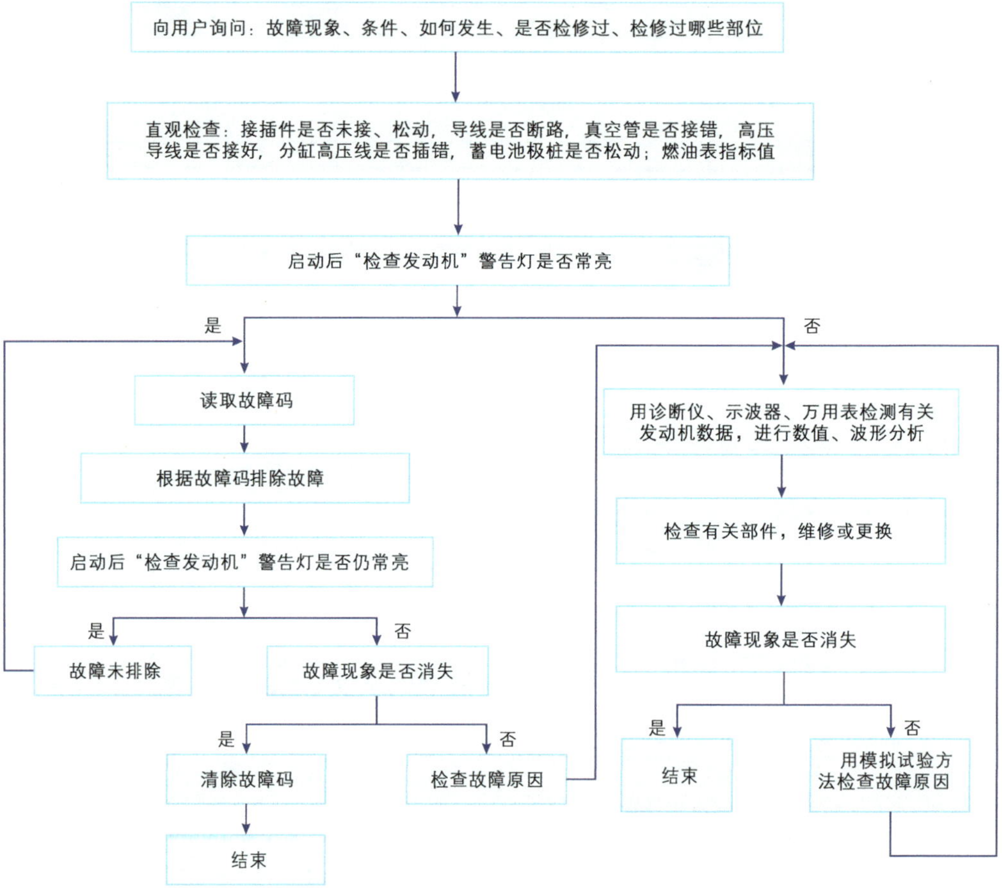

图 5–8　发动机故障诊断的基本流程

二、发动机不能启动的故障诊断流程

发动机不能启动的故障诊断流程如图 5–9 所示。

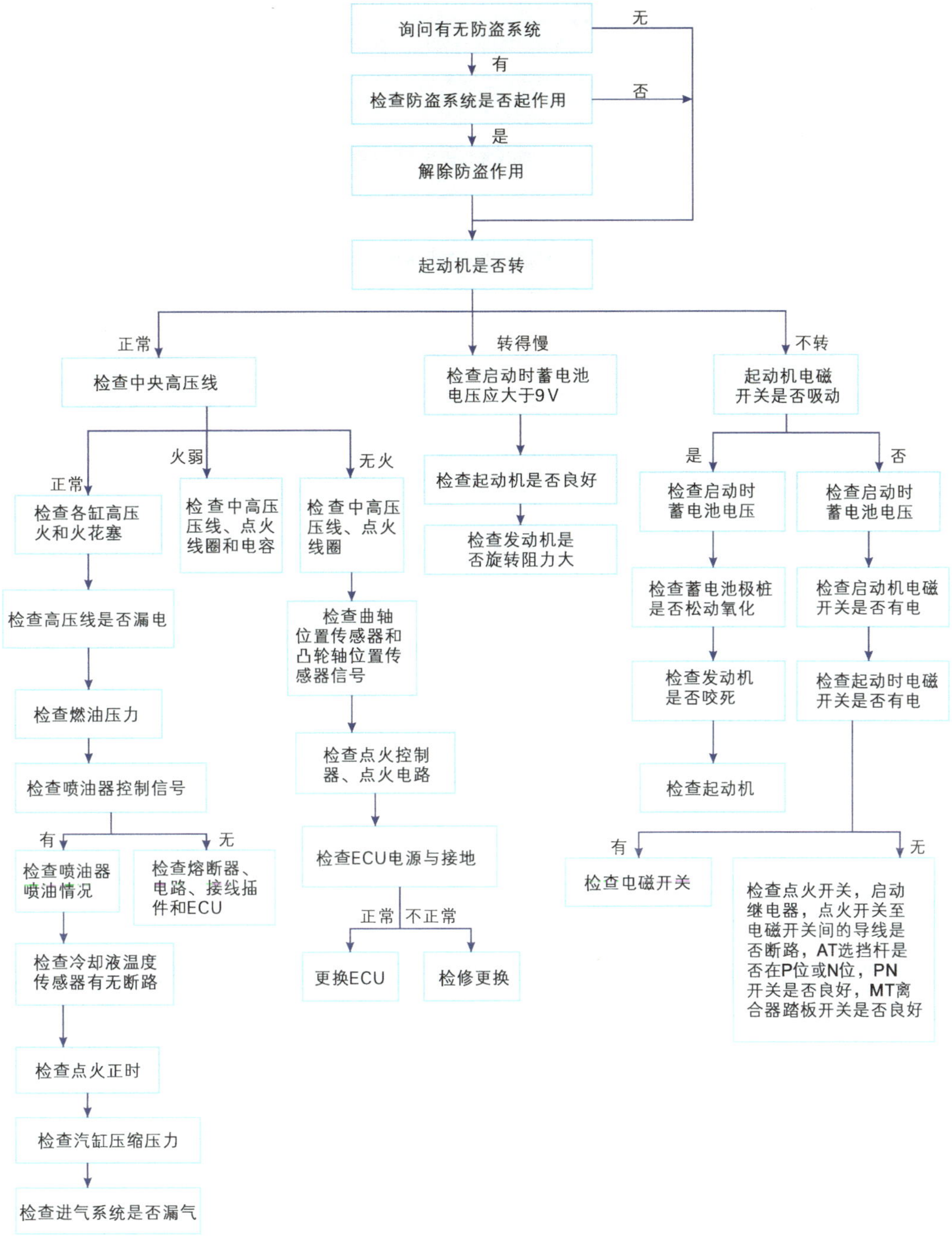

图 5–9　发动机不能启动的故障诊断流程

三、冷车难启动的故障诊断流程

冷车难启动指冷车启动时要启动几次才能着车，而在热车时启动立即能着车。其根本原因是混合气过稀或过浓。导致冷车难启动的原因有冷启动喷油器不喷油、冷却液温度传感器故障、进气温度传感器故障、喷油器雾化不良、进气管积炭、点火能量不够、火花塞故障、怠速控制阀故障等，其诊断流程如图 5–10 所示。

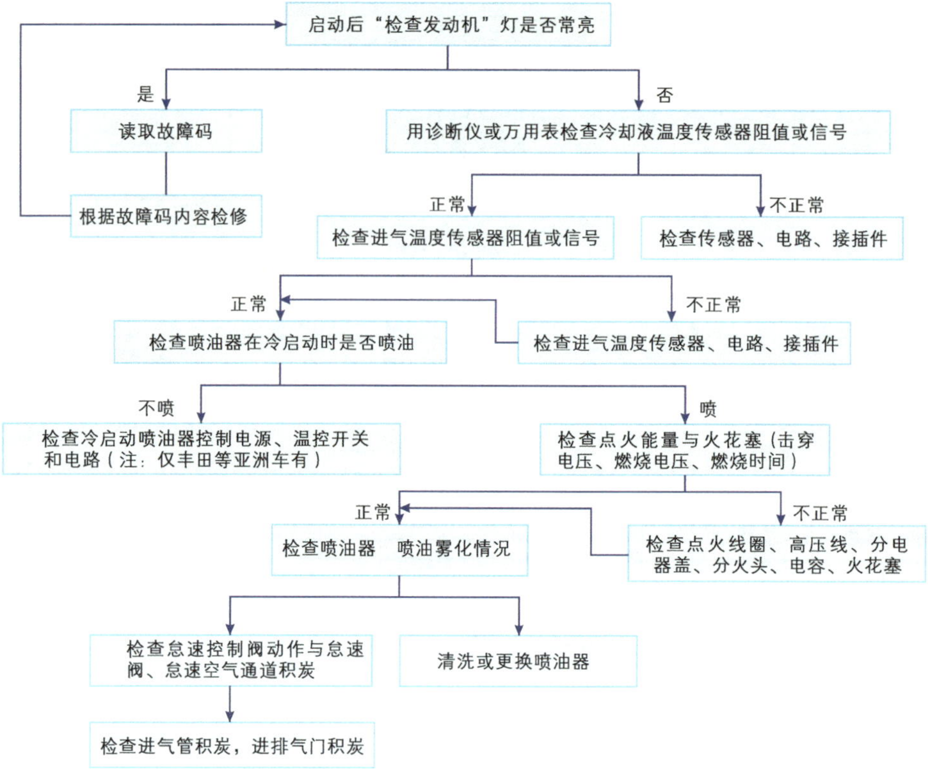

图 5–10　冷车难启动的故障诊断流程

四、热车难启动的故障诊断流程

热车难启动指冷启动正常，热启动困难，甚至不能启动。热车难启动的根本原因是混合气过浓。导致热车难启动的原因有冷却液温度传感器故障、进气温度传感器故障、喷油器漏油或严重雾化不良、冷启动喷油器故障、油压过高、怠速阀故障、点火故障等。其诊断流程如图 5–11 所示。

五、怠速转速过低的故障诊断流程

怠速转速与发动机温度、负荷有关。冷车时怠速转速高，热车时怠速转速低。怠速时接通空调开关，打转向（动力转向开关接通），变速杆从 P 位或 N 位改为 D 位，都必须提速。如果怠速转速太低或上述开关接通时怠速转速下降，造成怠速不稳甚至熄火，说明怠速控制系统有故障。

怠速转速过低的原因包括：怠速控制阀故障、怠速空气通道堵塞、节气门位置传感器信号不正确、空气流量计或进气压力传感器信号不良、氧传感器信号错误、油压过低、喷油器故障、点火正时不正确、真空管插错、点火系统故障、开关信号不良、废气再循环阀故障、ECU 故障和发动机机械部分故障等。其诊断流程如图 5–12 所示。

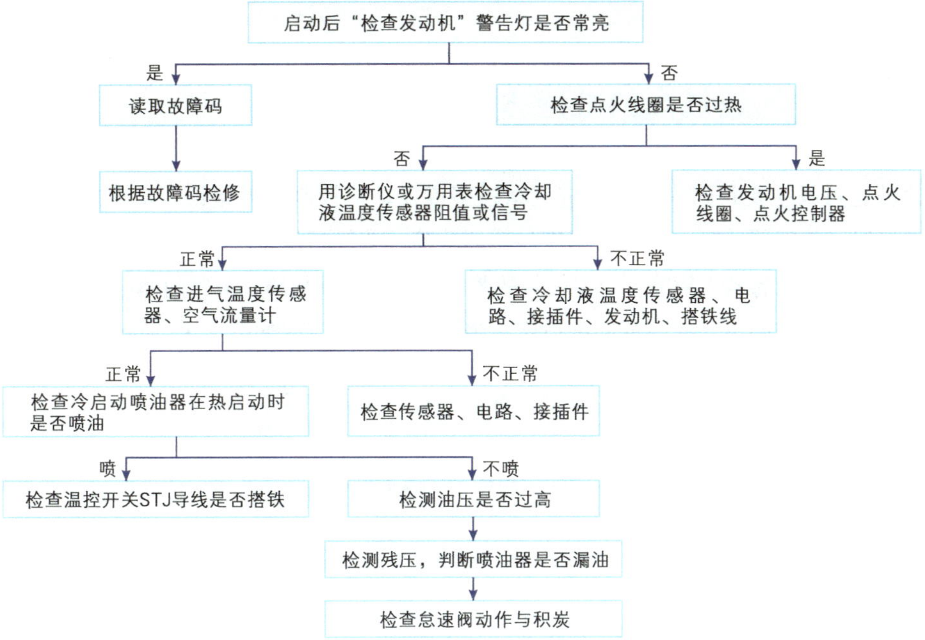

图 5-11　热车难启动的故障诊断流程

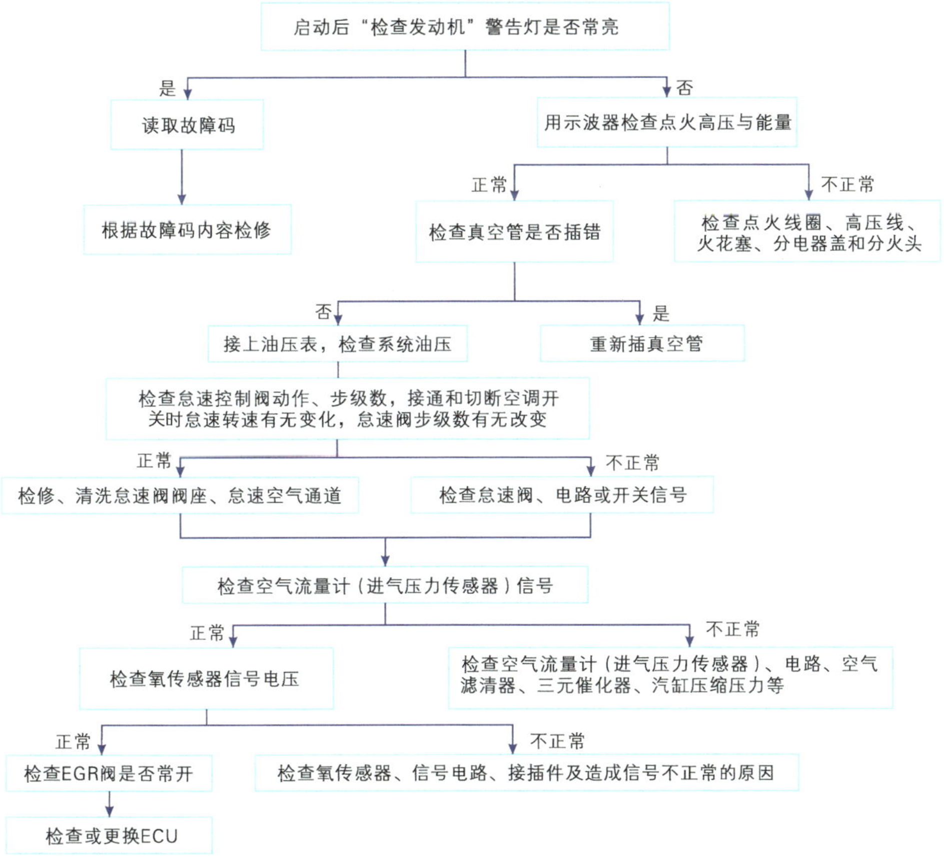

图 5-12　怠速转速过低的故障诊断流程

六、怠速转速过高的故障诊断流程

怠速转速过高主要是因为怠速时进气量过多或发动机控制信号错误。造成怠速转速过高的原因有进气温度传感器故障、冷却液温度传感器故障、节气门位置传感器故障、空气流量计（或进气歧管绝对压力传感器）故障、开关信号故障、怠速控制阀故障、节气门体故障、喷油器故障、真空漏气、发动机控制单元故障或匹配设定故障等。其诊断流程如图 5-13 所示。

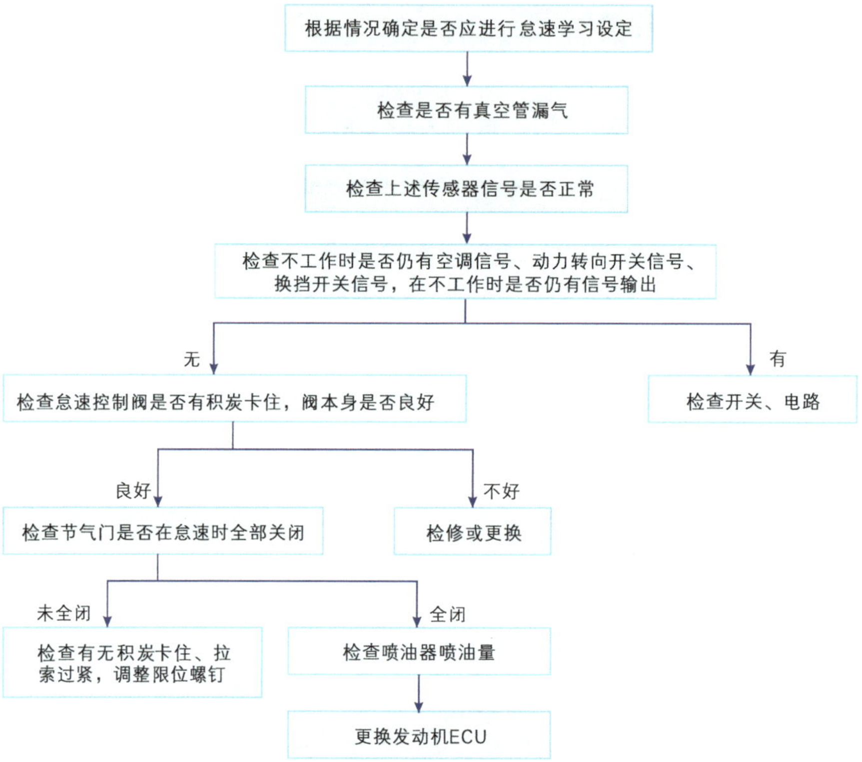

图 5-13　怠速转速过高的故障诊断流程

七、怠速抖动不稳与喘车的故障诊断流程

怠速抖动不稳是指怠速时发动机抖动及发动机转速表上下快速抖动，怠速喘车是指怠速时发动机转速忽高忽低。造成怠速抖动不稳和怠速喘车的原因很多。怠速抖动不稳的原因主要是混合气过浓或过稀、喷油器不喷油、雾化不良、某缸无高压火、点火能量小、某缸压缩压力过低等造成发动机缺缸，燃烧不完全；还有高压线漏电、燃油系统油压过低、喷油器喷油不良、各缸喷油器喷油量不均衡、传感器信号不正确使发动机 ECU 控制喷油信号与实际工况不匹配、废气排放控制系统故障、发动机机械部分故障和真空漏气等。造成怠速喘车的故障原因基本与

怠速抖动不稳相同，但怠速控制阀故障、真空漏气、点火正时不正确和废气再循环阀在怠速时不能关闭是发生怠速喘车的主要原因。某传感器信号不正常或某部件发生故障，由于信号大小不同，部件损坏位置或损坏程度不同，可能造成怠速过低、过高或不稳，也可能造成怠速喘车。故障诊断流程如图 5–14 所示。

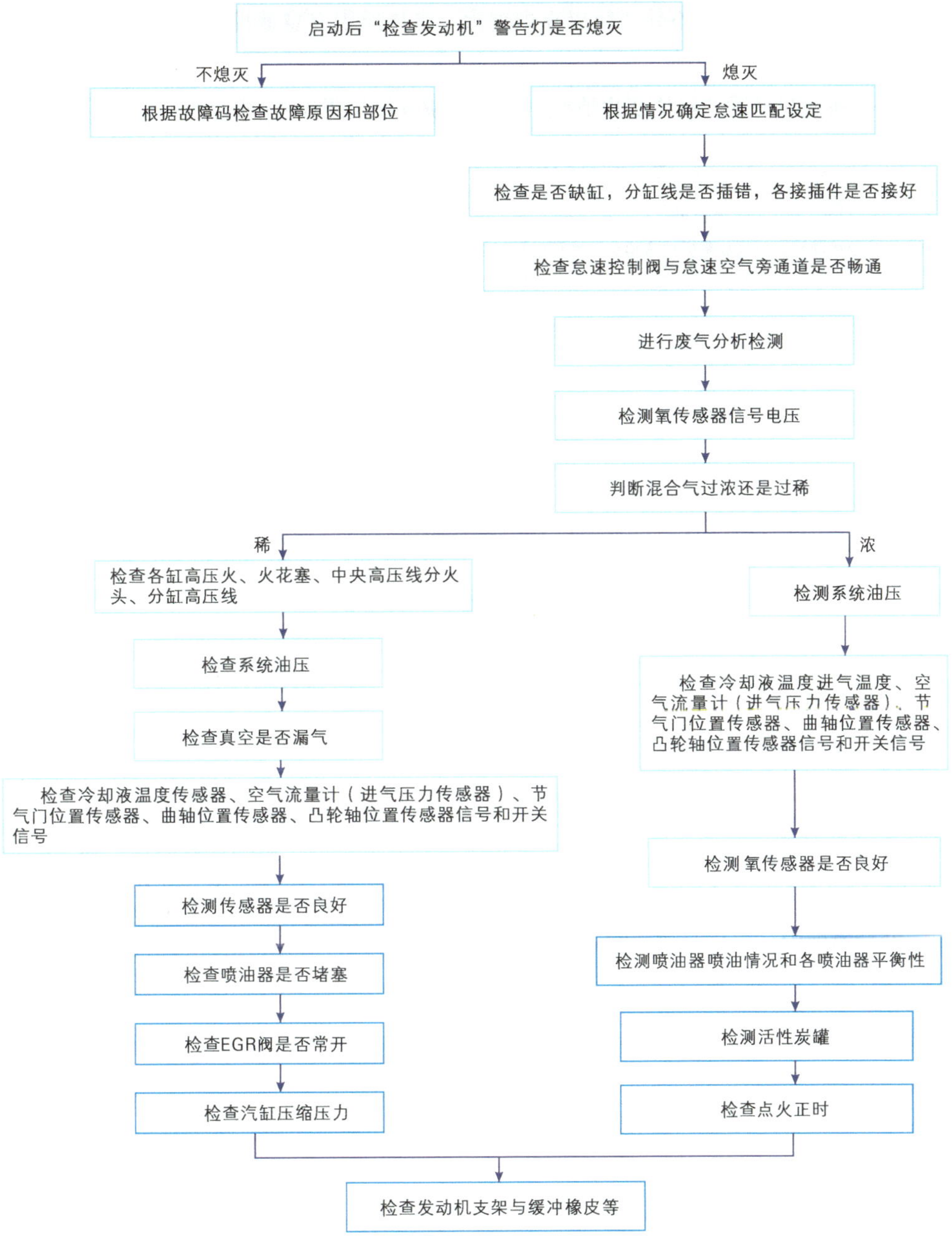

图 5–14　怠速抖动不稳与喘车的故障诊断流程

八、发动机减速或停车后立即熄火的故障诊断流程

发动机运行时放开加速踏板，或踩制动踏板，汽车停驶后立即熄火，其根本原因是发动机从非怠速至怠速时，怠速稳不住，所以立即熄火。具体原因有怠速控制阀故障、节气门位置传感器怠速信号错误、油压故障、氧传感器信号错误、点火系统故障和点火正时不正确等。应重点检查从非怠速至怠速时的数值变化情况，故障诊断流程如图 5-15 所示。

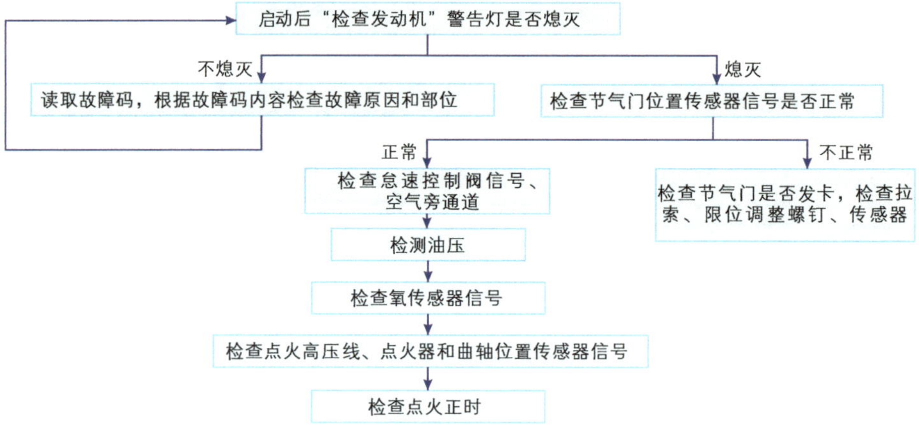

图 5-15　发动机易熄火的故障诊断流程

九、油耗高的故障诊断流程

电控发动机的喷油量是发动机 ECU 根据传感器和开关信号，精确计算而输出喷油控制信号来控制的，因此电控发动机油耗比较低。造成油耗高的原因有传感器或开关信号错误、燃油压力过高、喷油器故障、点火系统故障、发动机机械部件故障等。其诊断流程如图 5-16 所示。

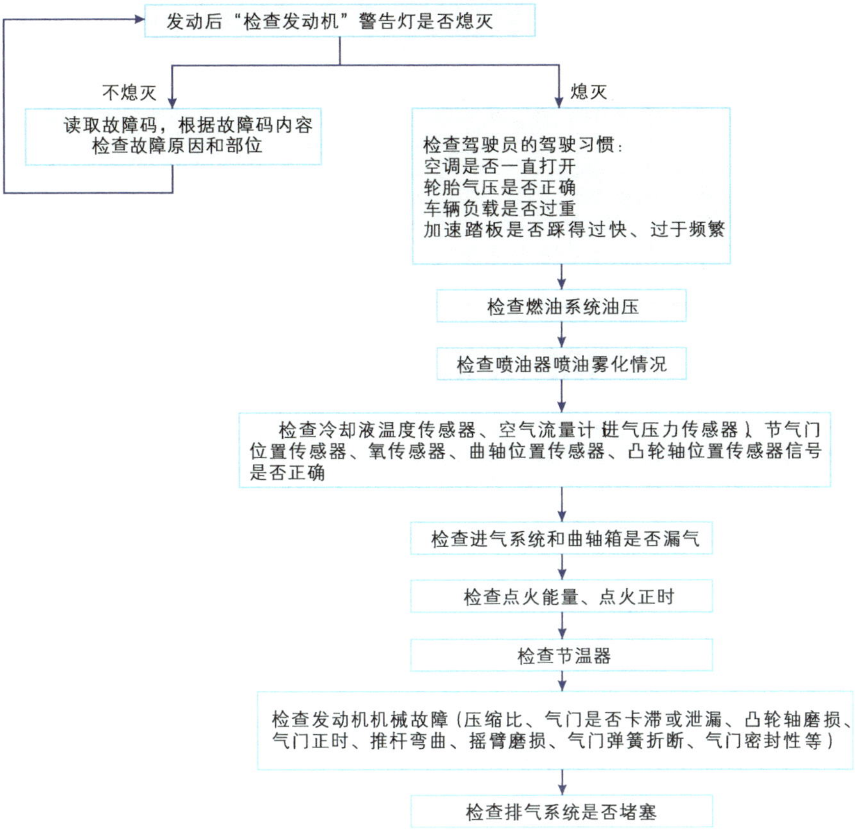

图 5-16　油耗高的故障诊断流程

任务三
典型车型故障诊断分析

任务目标

完成本学习任务后，你应当达到以下目标。

1. 知识目标

掌握不同车型故障诊断方法。

2. 能力目标

会使用不同仪器对故障进行检修。

任务引入

由于电控汽车结构的特殊性，如果维修人员仍采用传统的维修方法，势必会感到“无能为力”。尽快适应现代汽车的维修要求，已成为广大汽车维修工作者的迫切愿望。本任务主要以常见车型为例详细讲解电控发动机的检修过程。

相关知识

一、迈腾轿车行驶中急加速不良，仪表 EPC 灯点亮

1. 故障现象

车辆行驶时急加速不良，仪表 EPC 灯点亮。

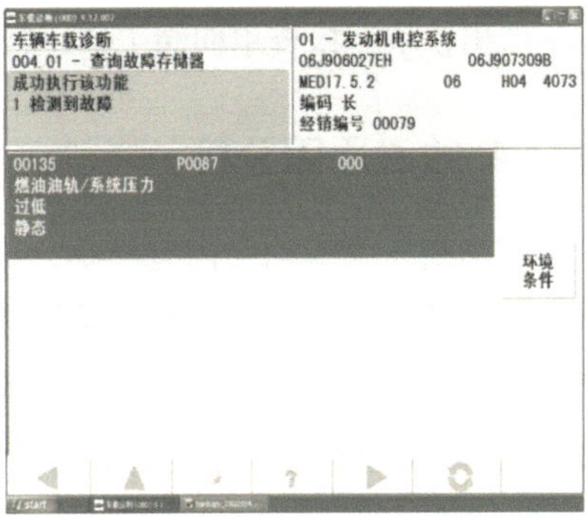

图 5-17　读取故障码

2. 故障诊断过程

该客户多次反映行驶时发动机有时加速不良，仪表 EPC 灯报警。进厂后用 VAS5052A 检测发现发动机控制单元有故障码“00135 P0087”。清除故障码，急加速行驶一段路程后，故障码再现，如图 5-17 所示。

3. 根据故障码判断故障原因

（1）低压燃油管路。

（2）电子油泵及滤清器。

（3）油泵控制器及线路。

（4）燃油压力调节阀 N276 及线路。

（5）发动机控制单元。

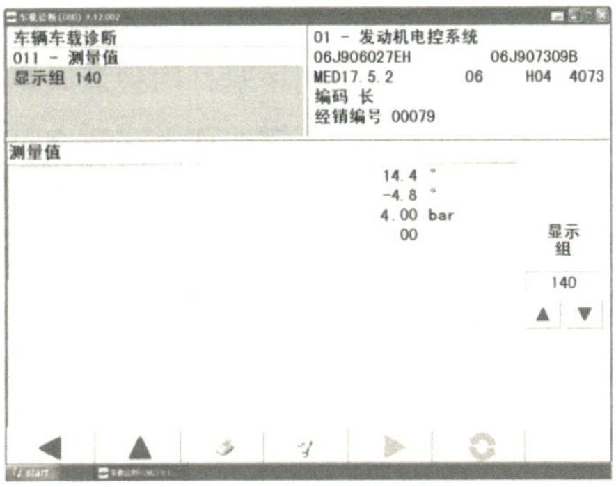

图 5-18　读取高压系统压力

按维修经验判断，出现该故障码，油泵控制器、油泵及高压泵损坏的故障比较常见，首先更换了电子油泵和油泵控制器，接上 VAS5052A 试车，发现怠速、匀速行驶或缓慢加速均正常。急加速时故障出现，EPC 灯点亮，发动机抖动，最高转速达不到 3000r/min。出现故障时读取发动机高压系统压力，01–08–140 组 3 区显示高压系统压力只有 4bar，正常车辆高压系统压力为 50~150bar（见图 5–18）。检查低压系统油压为 6bar 左右，排除低压燃油系统的故障。

一般高压泵燃油调节阀损坏，高压系统压力在 7bar 左右，该高压系统油压低于低压燃油系统压力。根据缸内直喷高压形成原理，燃油压力通过安装在燃油泵上的压力调节阀 N276 来调节。在喷油过程中，发动机控制单元根据计算出的供油始点向燃油压力调节阀 N276 发送指令使其吸

合，此时针阀克服针阀弹簧的作用力向前运动，进油阀在弹簧力作用下被关闭。随着泵活塞向上运动，在泵腔内建立起油压，当泵腔内的油压高于油轨内的油压时，出油阀强制开启，燃油便被泵入油轨内，在油轨内形成稳定的高压燃油压力，由压力传感器识别并把信号传送给发动机控制单元，通过读取数据流 01–08–140 组 3 区显示的压力，我们可以分析高压是否正常建立。

基于以上对燃油高压建立过程的分析，导致燃油供给系统高压不能建立的可能原因包括：凸轮轴驱动装置损坏，高压泵及输油管堵塞，低压燃油系统压力过低，高压泵燃油调节阀及线路故障，发动机控制单元故障。正常车辆将燃油压力调节阀 N276 拔掉，高压油压力在 7bar 左右。该车出现故障时高压油压力只有 4bar，低于低压燃油压力，怀疑高压泵进油口堵塞，更换高压泵后故障依旧，最后故障集中在高压泵输油管单向阀上，拆下高压泵输油管准备检查单向阀是否损坏时，发现在高压泵仅有口处有一个圆锥形铁块。

取出铁块后检查单向阀工作正常，重新安装高压泵输油管，试车后发现故障排除。

4. 故障原因分析

该车高压泵输油管内有异物，该异物尺寸远大于单向阀内部孔径，起初异物离高压泵进油口较远且呈不规则形状，不至于完全堵塞进油管，车辆虽供油不畅，但尚能保持系统压力，不至于引起 EPC 灯报警。随着车辆不断使用，异物沿着燃油流动方向缓慢移动位置，直到碰到高压泵进油口，加速时异物完全堵塞高压泵进油口，从而出现发动机加速不良，仪表 EPC 灯报警故障。

5. 故障处理方法

取出高压泵输油管内的异物。

6. 结论

日常维修中我们检查高压系统与低压系统压力时，容易忽视高压系统与低压系统相连接的部位，燃油表测量燃油压力显示的是燃油表到燃油泵之间的系统压力，如高压泵输油管堵塞或输油管内部的单向阀堵塞，均会造成燃油表测量显示压力正常，但是实际低压燃油系统不正常，导致高压泵无法输入燃油和无法建立高压的故障，误导我们对车辆故障的判断。

二、迈腾轿车发动机怠速不稳

1. 故障现象

行驶中发动机怠速不稳。怠速时“游车”现象严重，排气管尾部能够明显听到类似缺缸发出的“突突”的声音，加速到中速和高速时一切正常。

2. 诊断过程

（1）用 VAS6150 读取发动机控制单元故障记忆，存有故障码“00022 P0016 000”，具体如表 5-1 所示。

表 5-1　用 VAS6150 读取发动机控制单元故障记忆

车辆自诊断 02- 查询故障 1 检测到故障 / 说明	01- 发动机电子系统 06J906026CC　06J90626B MED17.5　H03 2064 编码 长 经销编号 00079	
00022 P0016 000 汽缸列 1，凸轮轴位置传感器 -G40-/ 发动机转速传感器 -G28- 布置错误		环境要求

（2）读取数据流，如表 5-2 所示。

表 5-2　读取数据流

车辆自诊断 08- 读取测量值块	01- 发动机电子系统 06J906026CC　06J90626B MED17.5　H03 2064 编码 长的 经销编号 00079	
读取数据块		
	840r/min 45.9% 34.0kW 34.0kW	显示框 91

（3）检查正时状态为正常。

（4）使用 VAS6356 读取发动机凸轮轴位置传感器 G40 和发动机转速传感器 G28 对应信号波形，如图 5-19 所示。

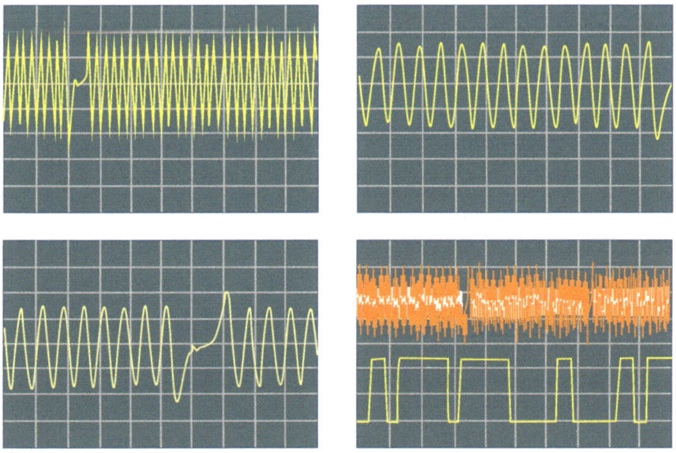

图 5-19　G40 和 G28 信号波形图

（5）根据 G28 和 G40 波形状态及对应关系发现 G40 的波形有反应滞缓，检查凸轮轴调整电磁阀工作波形（该波形为 PWM 控制波形），如图 5–20 所示。

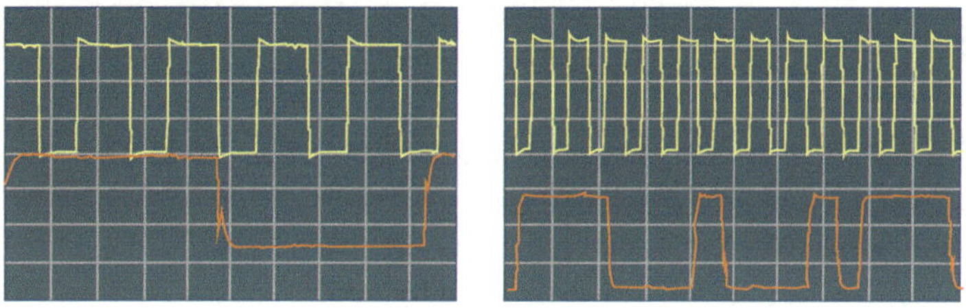

图 5–20　凸轮轴调整电磁阀工作波形

（6）凸轮轴位置传感器 G40 与 N205 占空比的对应状态说明 N205 的 PWM 信号正常，凸轮轴的信号杂波对应的 N205 的 PWM 信号无变化，说明是机械部件导致 G40 产生杂波。由于凸轮轴调整系统需要机油驱动，所以检查机油及压力状态条件，结果为正常。

（7）根据以上分析和检查，拆检凸轮轴调整机械阀，发现机械阀严重卡滞。将机械阀更换后启动车辆并行驶测试，一切正常。

3. 原因分析

故障车由于凸轮轴调整机械阀卡滞导致配气相位错乱，从而导致气门关闭时刻错误，引起该故障。

发动机在低转速时进气门应提前关闭，以避免混合气回流到进气管。此时，进气凸轮轴相位应提前调整。而在高转速时进气管内气流快，混合气可继续涌入汽缸，此时进气门应延迟关闭。

那是如何实现这样的功能呢？由机油泵提供压力油，调节单元的转子与进气凸轮轴相连（调节范围为 60°　曲轴转角），通过 PWM 激活电磁阀 N205 控制四位三通阀来给不同的凸轮轴前段调整阀内的不同油腔提供压力油，以达到提前或推后开启气门的目的。

但是 N205 的 PWM 信号与转速不构成直接线性关系。N205 的占空比与凸轮轴调整量及转速的关系如图 5–21 所示。

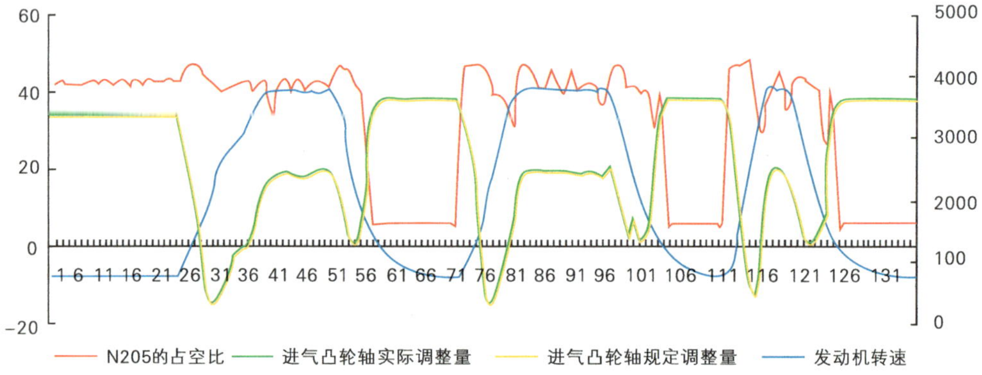

图 5–21　N205 的占空比与凸轮轴调整量及转速的关系

4. 处理方法

将故障车凸轮轴调整机械阀更换后，故障排除。

5. 结论

对于故障现象及故障码的内容要认真分析，因为这些故障码也有可能是机械故障引起的。具体故障要具体分析。

三、发动机排气系统故障灯报警

1. 故障现象

车辆行驶过程中发动机排气系统故障灯报警，车辆行驶状况无明显变化。清除故障码后行驶一段时间，故障再现。

2. 诊断过程

（1）用 VAS5052 诊断，故障码为“08583”，如图 5–22 所示。

（2）读取发动机数据，发现在怠速工况下，发动机系统显示组 3 中第 2 区数据为 1.8g/s，如图 5–23 所示，该数据为空气流量值。对比其他车辆，在同样的工况下，故障车此值偏低，由此判断进气系统有漏气的地方。

（3）检查进气系统相关管路，包括节流阀体、进气歧管、曲轴箱通风系统及相关连接管路，未发现有漏气的地方。但检查中发现，该车机油尺未完全插入。

（4）将机油尺完全插入后，再读取发动机数据，显示组 3 中第 2 区数据为 30g/s，恢复正常。

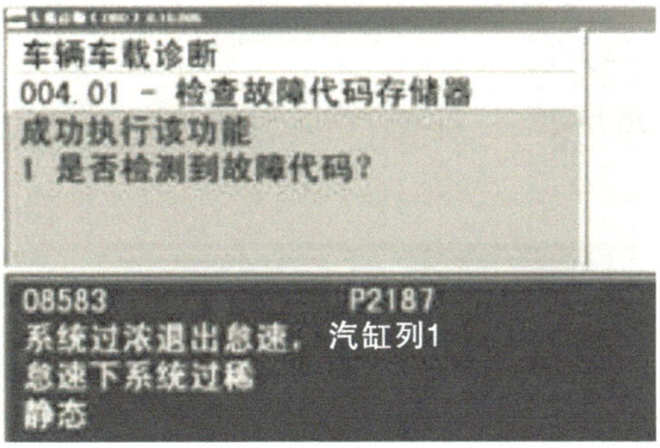

图 5–22　读取故障码

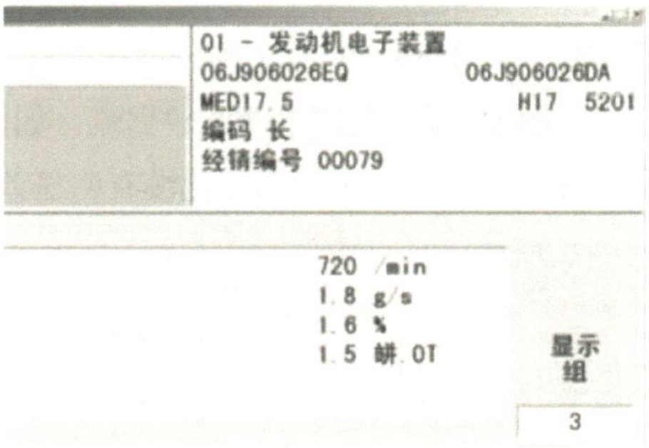

图 5–23　读取发动机数据

（5）为验证是不是机油尺未完全插入导致该故障现象，将路试车的机油尺拔出一段，模拟用户车的情况，路试一天后发现该车的发动机排气系统故障灯报警，用 VAS5052 读取故障码为“08583”，和用户车的故障码完全一样。此时读取发动机数据，显示组 3 中第 2 区数据为 2.0g/

s，低于正常值，和用户故障车相差不多。现可确认用户车因机油尺未完全插入，密封不严，导致出现此故障。

四、高尔夫 GTI 发动机排气故障灯报警

1. 故障现象

发动机排气故障灯报警，加油动力不足。

2. 故障诊断过程

（1）使用 VAS6150B 读取发动机存储故障码，如图 5-24 所示。

（2）读取发动机 32 组数据流，各数据均无异常，如图 5-25 所示。

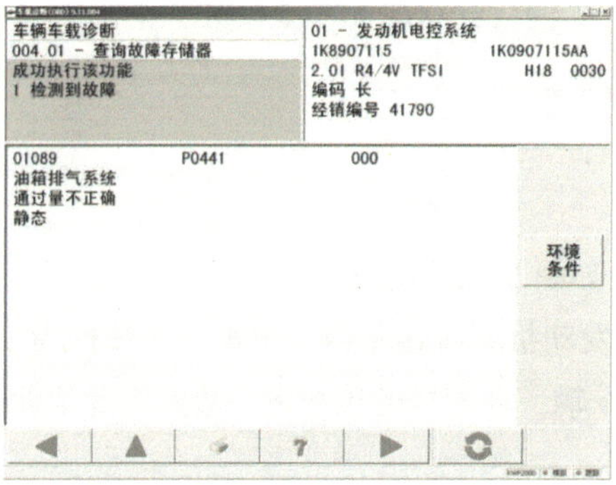

图 5-24　读取发动机存储故障码

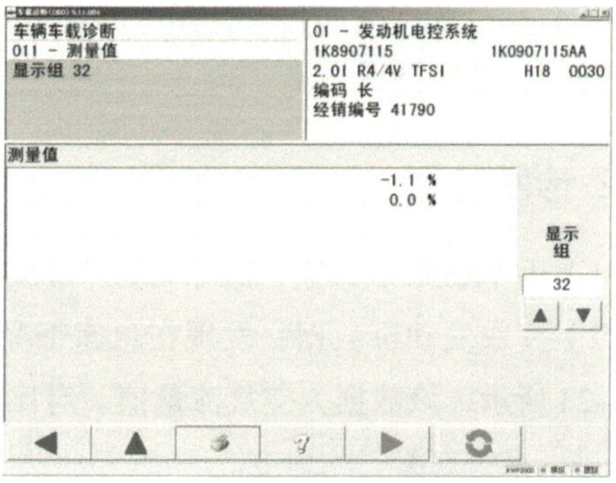

图 5-25　读取发动机数据流

规定值：

第一区：-10.0%~10.0%（怠速时 λ 的自学习值）。

第二区：-10.0%~10.0%（部分负荷时 λ 的自学习值）。

（3）读取发动机炭罐电磁阀数据流，如图 5-26 所示。

数据流显示情况与正常车相比没有明显差别。

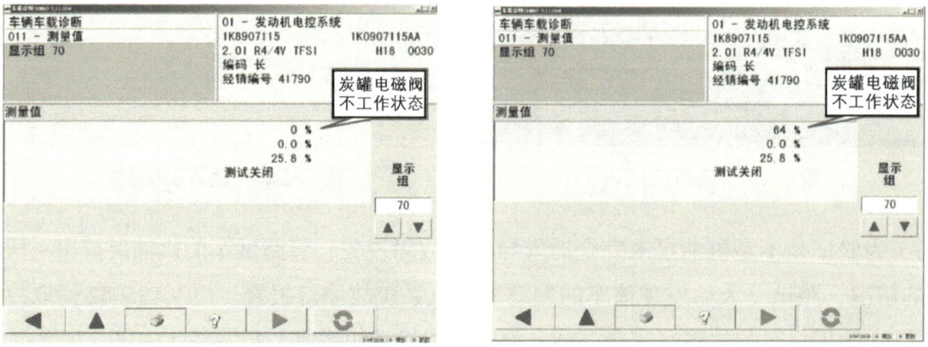

图 5-26　读取发动机炭罐电磁阀数据流

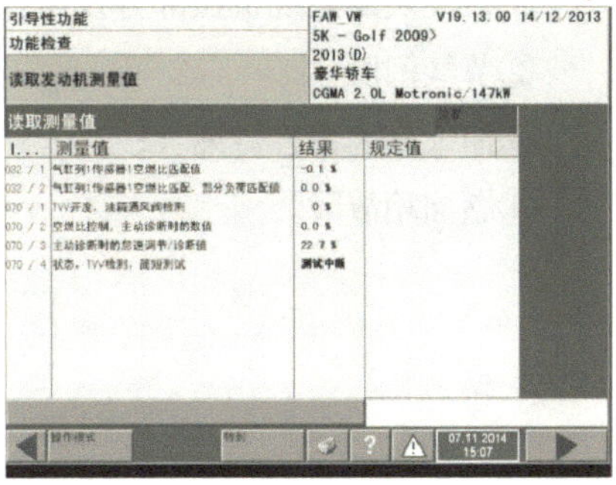

图 5-27　70 组炭罐电磁阀数据分析

70 组炭罐电磁阀数据分析如图 5-27 所示。

①第一区：炭罐电磁阀开度。

②第二区：空燃比控制。

③第三区：诊断数值。

④第四区：基本设置状态下诊断结果。

（4）检查燃油箱通风系统，显示“TVV 不正常”，如图 5-28 所示。再次读取数据流查看状态，如图 5-29 所示。

（5）检测炭罐电磁阀，当 70 组第一区数据块有占空比时，炭罐电磁阀可以正常开启；当数据显示 0% 时，炭罐电磁阀可以正常关闭。

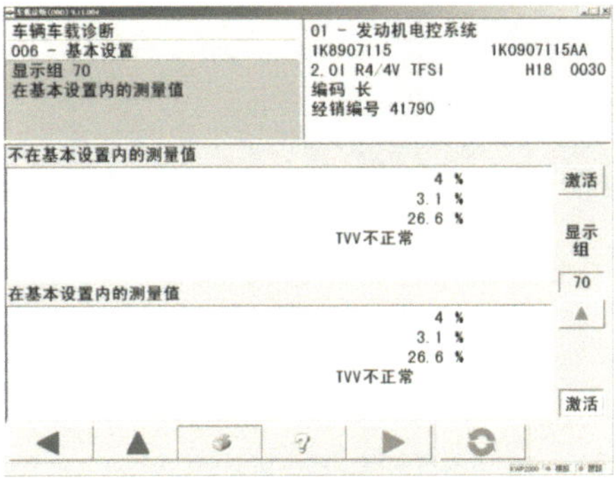

图 5-28　检查燃油箱通风系统

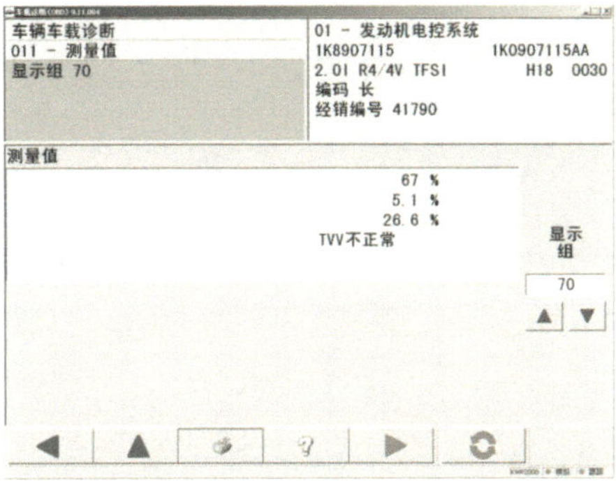

图 5-29　读取燃油箱通风系统数据流

（6）按照第二区数据块判断炭罐汽油也没有达到饱和状态，决定更换炭罐电磁阀并使车辆行驶一段时间看看，结果故障再现。

（7）检查炭罐电磁阀管道没有发现漏气情况，之前有车辆出现油气分离器轻微漏气也会产生一样的故障码，更换油气分离器后故障依旧出现。

（8）订购活性炭罐，更换后故障排除。

3. 故障原因分析

对换下的活性炭罐进行检查后发现，活性炭罐通气管与大气通气管之间阻力较大，汽油蒸气吸附过多，汽油味较大，与 70 组第二区数据流相比不匹配（数据流显示活性炭罐正常状态）。

4. 故障处理方法

更换活性炭罐。

5. 结论

熟练掌握发动机重要数据流，充分利用数据流判断发动机故障。

导致 01089 P0441 000 燃油排气系统通过量不正确故障的可能原因有：

①活性炭罐系统机械部分及电控部分故障；

②节气门脏；

③油气分离器轻微漏气；

④燃油箱故障。

附录 Appendix

参考答案

项目一　汽油发动机电控系统概述

任务一

一、填空题

1. 电控汽油喷射系统、点火控制、怠速转速控制、燃油泵控制
2. 硬件、软件
3. 燃油供给系统、空气供给系统、电路控制

二、问答题

（略）

任务二

一、填空题

1. ECU
2. 电信号、ECU
3. 开环控制系统、闭环控制系统

二、问答题

（略）

项目二　电控燃油喷射系统的构造与维修

任务一

一、填空题

1. 连续喷射、间隙喷射
2. 脉冲喷射
3. 同时喷射、顺序喷射、分组喷射
4. 空燃比

二、判断题（对的打“√”，错的打“×”）

√√√

三、选择题

D A

四、问答题

（略）

任务二

一、填空题

1. 传感器、电子控制单元、执行器

2. 测量、控制汽油燃烧、空气量

3. 喷油器

二、问答题

（略）

任务三

一、填空题

1. 直接法、间接法

2. 空气滤清器、进气总管、空气流量计、进气歧管绝对压力传感器、节气门体及节气门位置传感器、进气歧管

3. 热线式、热膜式

4. 卡尔曼涡流式空气流量计

5. 霍尔元件式、滑动电阻式

二、判断题（对的打“√”，错的打“×”）

× × √ √

三、选择题

A A

四、问答题

（略）

任务四

一、填空题

1. 燃油

2. 燃油泵、燃油滤清器、油压脉动阻尼器、燃油压力调节器、喷油器

3. 杂质、水分

二、判断题（对的打“√”，错的打“×”）

√ √ ×

三、选择题

C B

四、问答题

（略）

任务五

一、填空题

1. 热敏电阻

2. 进气温度传感器

3. 模拟信号、 数字信号

4. 磁脉冲式、光电式、霍尔式

二、问答题

（略）

项目三　电控点火系统的构造与维修

任务一

一、填空题

1. 点火提前角控制、通电时间控制、爆燃控制

2. 击穿电压

3. 恒流控制

二、问答题

（略）

任务二

一、填空题

1. 独立点火、双缸同时点火、二极管配电点火

2. 传感器、电子控制器、点火器、点火线圈、分电器、火花塞

3. 各缸火花塞

二、判断题（对的打“√”，错的打“×”）

√ × √

三、选择题

B C A

四、问答题

（略）

任务三

一、填空题

1. 闭磁路、开磁路

2. 配电器、信号发生器、机械式点火提前角调节机构

3. 电磁感应式、霍尔式、光电式

二、判断题（对的打“√”，错的打“×”）

√ √

三、选择题

C C

四、问答题

（略）

项目四　辅助控制系统的构造与维修

任务一

一、填空题

1. ECU

2. 进气量

3. 减小旁通进气量

二、判断题（对的打“√”，错的打“×”）

√ √ ×

三、选择题

B C

四、问答题

（略）

任务二

一、填空题

1. 进气导流管、副谐振室、空气滤清器、空气流量传感器、主谐振室、进气歧管

2. 发动机转速

3. 发动机 ECU

二、问答题

（略）

任务三

一、填空题

1. 增大

2. 废气推动增压器

二、问答题

（略）

任务四

一、填空题

1. 反馈控制

2. 二氧化锆式氧传感器、二氧化钛式氧传感器

3. 排气歧管、排气管内

4. 燃油箱、油气分离阀、活性炭罐、清污电磁阀、ECU

二、判断题（对的打“√”，错的打“×”）

√√√√

三、选择题

C D

四、问答题

（略）

反侵权盗版声明

举报电话：（010）88254396；（010）88258888

传　　真：（010）88254397

E-mail：　dbqq@phei.com.cn

通信地址：北京市万寿路 173 信箱

　　　　　电子工业出版社总编办公室

邮　　编：100036